◆ 高等院校会展专业教材

◆ 南开大学出版社

◆庚为　主　编◆

◆于苗　副主编◆

会展营销

图书在版编目(CIP)数据

会展营销 /庚为主编. --天津：南开大学出版社，2011.8(2019.3重印)

高等院校会展专业教材

ISBN 978-7-310-03749-0

Ⅰ.①会… Ⅱ.①庚… Ⅲ.①展览会-市场营销学-高等学校-教材 Ⅳ.①G245

中国版本图书馆 CIP 数据核字(2011)第142451号

南开大学出版社出版发行

出版人:刘运峰

地址:天津市南开区卫津路94号 邮政编码:300071

营销部电话:(022)23508339 23500755

营销部传真:(022)23508542 邮购部电话:(022)23502200

*

唐山鼎瑞印刷有限公司印刷

全国各地新华书店经销

*

2011年8月第1版 2019年3月第4次印刷

787×960毫米 16开本 19印张 347千字

定价:42.00元

如遇图书印装质量问题，请与本社营销部联系调换，电话:(022)23507125

前 言

主讲《会展营销》这门课已经5年多了，我深感一本合适的教学用书对教师组织教学、引领学生进入知识殿堂之重要。有幸应南开大学出版社彭海英编辑之邀，我组织编写了这本《会展营销》。本书紧密结合我国会展业的发展实际，立足于会展营销实务，注重学生会展营销能力的培养和提升。

本书以商业性会展活动，特别是商业性展览为研究对象，站在会展组织者的角度，研究会展活动的营销规律。本书编写过程中，作者借鉴了国内外会展营销领域的前沿理论和成功经验，同时，注重理论联系实际，在各章节中有针对性地介绍一些最新的营销案例，力求做到深入浅出、通俗实用。作为教学用书，本书在注重理论的前瞻性和系统性的同时，力求应用性和可操作性，旨在培养和提升学生会展项目营销与管理的实务运作能力。

本书由北京联合大学旅游学院庚为副教授和商务学院于苗博士合作撰写完成。全书共分十章，第一、三、五、六、七、八、十章由庚为撰写完成，第二、四、九章由于苗撰写完成。全书由庚为总纂定稿。本书获得北京市属高等学校人材强教计划项目资助（项目编号：PHR201108425）。

本书的出版得到了南开大学出版社彭海英编辑的无私帮助和大力支持，在此表示衷心的感谢。近年来我国会展营销领域的一些研究成果，为我们编写本书提供了有益帮助，特别是华谦生独著的《会展策划与营销》、刘大可独著的《会展营销教程》等，使我们获益良多。在此，向这些学术界的专家、同仁表示由衷的谢意！由于作者水平有限，书中有许多不足或疏漏之处，恳请同行专家和广大读者批评指正。

庚　为

2011年3月于北京

前言

目录

第一章

会展营销导论

学习目标

- 理解会展营销与市场营销的关系
- 理解会展活动的内涵
- 掌握会展营销的定义与特点
- 掌握会展营销所涉及的相关概念
- 理解招展与招商之间的关系
- 能够将市场营销学的基本理论与会展营销进行有效对接，为后续章节的学习做好铺垫

引　言

会展营销是会展活动的组织者以满足参展商和专业观众的需求为核心，组织和开展的一系列商务活动过程。完整的会展营销活动包括会展市场分析、关系营销及服务系统设计、会展产品定价、招展与招商、会展项目的宣传推广、会展市场销售技巧等诸多工作。有效开展会展营销对会展项目的成功举办起到举足轻重的作用。

本章将对会展营销的内涵、特点及理念进行深入阐述，希望通过本章的学习，使读者了解会展营销的基本概念，掌握会展营销活动的主要内容，建立正确的营销理念。同时，本章作为全书的导引，力求帮助读者对会展营销建立初步的认识，为后续章节的学习做好铺垫。

引导案例

营销工作是成功举办一个会展项目的核心环节。再好的会展项目，如果不

能有效地找到目标客户并满足其需求，都无法实现该项目的市场价值，也就谈不上实现会展企业自身的收益。下面是“2005 中国江苏酒类及副食品交易会”的营销策划实例。

“2005 中国江苏酒类及副食品交易会”由江苏省经贸委牵头，省酒类管理办公室、省酒类流通协会和南京国展中心为具体承办单位。本次展会的口号之一是“振兴苏酒”。江苏省经贸委对此次展会特别重视，力图借此契机推动苏酒的全面发展。在这个大前提下，展会得到了江苏省各地区经贸委的大力支持，江苏名酒比较集中的地区如宿迁、徐州、淮安等市的经贸委明确表示将组团参展，为展会的招展提供了保证。

展会举办要有差异化的卖点，为此主办方在卖点策划方面做了以下工作：

首先，采取“以展带会，以会促展”的基本思路。在展会举办的同时，召开行业高峰论坛，特别邀请江苏省副省长、商务部主管会展的领导、中国酒类商业协会的秘书长、白酒学会的专家、供应链管理专家协会的领导到会做精彩演讲，从政策、市场等角度阐述行业的发展前景。对于参展商来说，能够参加这样的行业高峰论坛是有很深意义的。

其次，专门组织经销商参会。对于参展商而言，参展效果很大程度上取决于参会经销商数量的多少，为此专门组织经销商参会，设计经销商邀请函，按照酒类流通协会提供的江苏省上千家经销商资料，以传真、邮件、信函等方式寄发，邀请各经销商到会观展。

再次，为参展商举办“新产品推介会”，组委会充分利用南京国展中心的资源优势，提供免费场地为需要做现场推介的厂家服务，并负责为厂家组织经销商，同时，做好相关的服务工作。

此外，展会现场设专门的媒体接待处和专业观众接待处，由主办方集中收集专业观众名片，会后将整理的名片资料分别通过电邮或传真分发给各参展企业，以便他们后续的联系。

最后，展会期间邀请媒体对江苏几大参展酒类品牌进行专访，比如洋河、双沟等企业都有媒体专访，这样大大提升了参展企业的形象，为他们的进一步发展助力。

为保证本届展会招展和招商工作的顺利进行，主办方对展会进行了精心的宣传推介，采取了以下宣传与推广策略：

1．联合行业内门户网站如糖酒商务网、中国糖酒网、新浪网、中国企业网等各类门户网站，采取广告互换的方式，双方不产生费用，对方为展会做宣传，展会为网站做会刊宣传或者提供免费现场标准展位等方式进行交换，这样在行业内有了一定的宣传效果，而且费用可以说没有。

2．在江苏省内产酒大市进行区域性宣传，选择了宿迁、徐州、南通等地各做几期区域报纸的广告，时间选择在开幕前一个月，因为这时候是招展的高峰期，这次将近两周的广告宣传，效果非常明显，招展电话不断，最后宿迁展团将近40个标准展位，徐州食品类展团超过30家，近40个展位，大大超出了预计。

3．在同年三月份成都举办的全国糖酒会上，派专人到会进行招展，重点瞄准华东地区的参展企业。现场沟通的效果非常明显，很多参加全国糖酒会的企业最后也参加了本届江苏糖酒会。

4．由于举办地是南京，所以南京本地的宣传必不可少。主办方制作了宣传本届展会的电视短片，在江苏省电视台、南京电视台等多个频道播放，时间持续一个月。

5．在行业内影响力比较大的杂志，如《糖烟酒周刊》、《新食品》、《酿酒科技》等，分别刊登了15期招展广告，并附带性地发一些“软文”。这几种杂志发行量大且目标客户非常集中，是行业内非常有影响力的刊物，从另一个层面上保证了展会的权威性。

6．距开展前一个月召开了第一次新闻发布会，邀请了《江南时报》、《新华日报》、《现代快报》、《扬子晚报》、《南京日报》、《金陵晚报》等南京主要媒体的记者到场，并发了系列宣传稿件；距开展前半个月，又集中在南京几大报纸媒体全面宣传了一周，做好前期预热，为现场人气的提升打下基础。

7．在南京国展中心租用了一块400多平米的户外广告牌用于本次展会的宣传，户外招展广告矗立了两个月，宣传效果良好。

由上述“2005中国江苏酒类及副食品交易会”的营销策划实例可见，正是得益于主办方运用了现代市场营销的理念与手段，使得该展会在题材选择、卖点策划、市场定位以及宣传推介等方面均有所创新，最终保证了展会的成功举办。

第一节 会展与会展营销

会展营销是市场营销理论在会展领域的具体应用，换言之，利用现代市场营销的理念与手段，把会展活动这一特殊的产品营销出去。为此，有必要对会展以及市场营销的内涵进行分析和理解。

一、会展活动的内涵

要给任何一个事物下定义，首先应对该事物的内涵与外延进行界定。会展有广义和狭义之分。广义的会展在国际上通称为 MICE（M: meeting；I: incentive；C: convention；E: exhibition），是会议、展览、大型活动等集体性活动的总称。其概念内涵是指在一定地域空间，由众多人聚集在一起形成的，定期或不定期、制度或非制度的传递和交流信息的群众性社会活动，其概念的外延包括各种类型的会议、展览、奖励旅游，以及各种事件活动，如庆典活动、节庆活动、文化活动、科技活动、体育活动等。

狭义的会展仅指会议和展览。欧洲是会展业的发源地，会展在欧洲被称为 CE（convention and exposition）或者 ME（meeting and exposition）。其中，会议指人们为了解决某个共同的问题或出于不同的目的而聚集在一起进行讨论、交流的活动，它往往伴随着一定规模的人员流动和消费。会议的形式包括产品推介会、学术交流会、行业高峰论坛、企业内部会议、客户联谊会等。展览指在固定或一系列的地点、特定的日期和期限里，通过展示达到产品、服务、信息交流的社会活动。展览的形式包括博览会、展览会、展销会、交易会、贸易洽谈会等。

在实践中我们发现，一些会议和展览是公益性的，以宣传、教育或文化传播为目的，如科普展、成就展、反腐倡廉展等，这类展览通常由政府部门或其他公共机构组织，不以营利为目的。而另一些会议或展览，如绝大多数的贸易性展览会或经营性会议，则完全是经济领域的活动，它们的特征是以追求经济利益为主要目的，由营利组织以企业化方式运作。此种以营利为目的的商业性会展活动属于更为狭义的会展活动。

本课程的研究对象是商业性会展，即前述最后一个层面的会展活动（图 1-1 中虚线框中的部分）。因为营销是一种商业行为，对于以公益性为主的会展活动，是不需要商业意义上的营销的。故此，本书站在会展组织者的角度，研究如何为商业性会展项目策划和实施市场营销活动，以帮助会展组织者实现盈利最大化。本书除非特指，所提到的均为商业性会展。

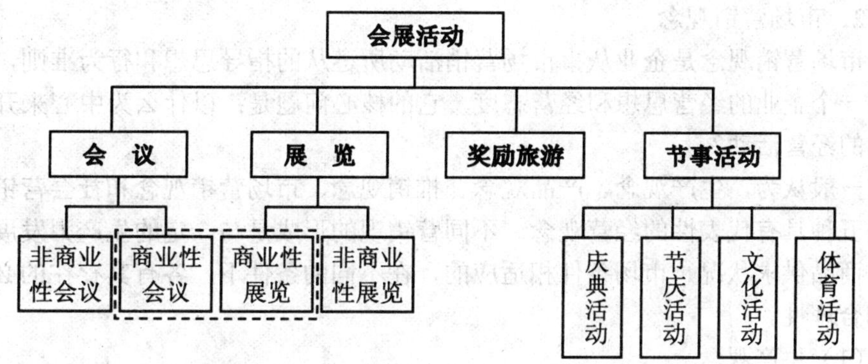

图 1-1 会展活动的内涵

二、市场营销的内涵

如前所述，会展营销是利用现代市场营销的理念与手段，为商业性会展项目策划和实施市场营销活动。在学习会展营销以前，我们先对市场营销的基本理论进行回顾和梳理。

1．市场营销的定义

市场营销指企业在变化的市场环境中，旨在满足客户需求、实现企业预期目标的商务活动过程，包括市场调研、产品开发、选择目标市场、产品定价、渠道设计、产品促销、提供服务等一系列与市场有关的业务经营活动。①

图 1-2 是市场营销活动示意图。由图可见，市场营销活动不仅仅局限于商品流通领域（售中活动），而是贯穿于企业经营销售的全过程，向前可追溯到售前活动，如发现市场机会、调研客户需求、策划产品卖点、进行产品定位等；向后可延伸至售后活动，如售后服务、征求客户意见与反馈、维系客户关系等。

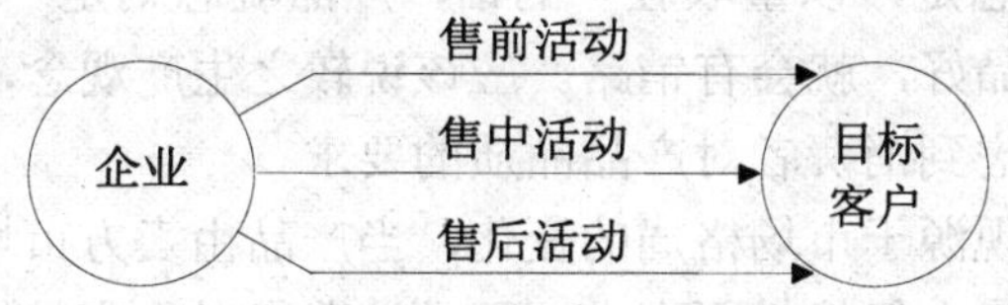

图 1-2 市场营销活动示意图

在市场营销中，“市场”特指产品的目标客户，市场营销的本质就是研究客户，更准确地讲是研究客户的需求，研究如何以客户的需求为中心，组织和开展营销活动。

① 纪宝成. 市场营销学教程（第三版）. 中国人民大学出版社, 2003:17

2．市场营销观念

市场营销观念是企业从事市场营销活动所遵从的指导思想和行为准则，它反映一个企业的经营思想和经营态度，它的核心问题是：以什么为中心来开展企业的经营活动？

一般认为，生产观念、产品观念、推销观念、市场营销观念和社会营销观念是五种具有代表性的经营观念。不同营销观的形成是与一定的生产力发展水平、商品供求状况、市场条件相适应的，在不同的条件下，各有其存在的必然性和合理性。

（1）生产观念

这是一种古老的营销观念，产生于20世纪20年代前，其核心思想是：只要有生产，就会有销路。

生产观念的产生有其特定的市场条件：一是在卖方市场条件下，产品供应短缺，明显供不应求；二是某种产品的市场前景被普遍看好，企业只要能够提高生产效率，降低产品生产的单位成本，就会诱发出大量的潜在需求；三是价格竞争是市场竞争的主要形式，为了体现在价格方面的竞争优势，企业必须采取手段降低成本；四是在计划经济体制下，企业依照政府的计划进行生产，无需考虑生产之外的其他经营活动。

在生产观念指导下的企业，其营销工作的重点在于生产环节，企业通过产品标准化、降低制造成本、增加产量以及提高劳动生产率，就可以获得可观的利润。企业的中心问题是如何提高劳动生产效率，建立广泛的分销网络，并在物资短缺的条件下为市场提供物美价廉的产品。在我国实行计划经济体制的时期，生产观念也曾是许多企业长期奉行的经营观。

（2）产品观念

如果说生产观念是“以量取胜”的话，产品观念则是“以质取胜”，其核心思想是：只要产品好，就会有销路。应该说较之生产观念，产品观念有所进步，因为它至少考虑到消费者对产品品质的要求。

产品观念的出现源于市场格局的变化，当产品由卖方市场向买方市场过渡时，虽然在产品总量上仍然供不应求，但是消费者对于产品结构提出了更高的要求，而且购买行为趋于理性化。在市场竞争压力之下，企业关注的中心问题开始由产品的生产总量转向产品的质量和功能。

在产品观念指导下的企业，其营销工作的重点在于如何生产出功能齐全和品质优良的产品。但是，这种营销观过多地把注意力放在产品上，而不是放在市场需求上，只看到自己的产品质量好，而看不到市场需求在变化，可能导致企业经营陷入困境。大量事实证明，经久耐用、货真价实的产品并不会永远畅销。

（3）推销观念

推销观念产生于卖方市场向买方市场转化的时期，同类产品的供应激增，消费者可挑选的余地加大，生产企业之间的竞争日渐激烈。推销观念的核心思想是：光有好的产品是远远不够的，必须大力推销，消费者才会采取购买行动。

在推销观念指导下的企业，其营销工作的重点在于推销，通过大力使用推销术和广告术，激发顾客的购买欲望，并采取各种手段促使顾客购买行为的发生。

推销观念是在市场需求由卖方市场转变为买方市场的条件下出现的。市场竞争愈发激烈，企业认识到，不能仅埋头于生产，还要面对市场，与消费者沟通，进而把产品销售出去。推销观念较之前两种营销观又有所进步，开始重视与消费者的沟通，以及产品的宣传和市场推广，但这种营销观仍是以生产为中心的，从企业的角度出发，其本质上依然是生产什么就销售什么。

（4）市场营销观念

这是一种全然不同于前三种营销观的现代营销理念，其核心思想是：企业利润目标及其他目标能否实现，企业能否在市场竞争中取胜，最终取决于消费者是否购买你的产品以及企业能否全方位地满足消费者的需求，因此要以消费者的需求为中心组织生产和经营活动。

在营销观念指导下的企业，考虑问题的逻辑顺序不是从既有的产品出发，以现有的产品去吸引或寻找顾客，而是正好反过来，从目标顾客的需求出发，研究并准确把握其需求。营销的出发点不再是“生产什么，就销售什么”，而是“消费者需要什么，企业就生产什么，进而满足其需求”，这是一种以消费者为中心，或者说以消费者为起点、又以消费者为终点的营销过程。

市场营销观念的出现，使企业的经营思想发生了根本性的变革。美国营销学家西奥多•莱维特曾对市场营销观念与前三种营销观进行深刻的比较并指出，“营销就是一个发现、创造、激发和满足客户需要的紧密结合的商业流程”。从本质上说，市场营销观念是一种以消费者需求为导向的经营哲学，其四个支柱是：市场中心、顾客导向、协调的市场营销和利润；而前三种营销观的四个支柱是：工厂、产品导向、推销和赢利。

（5）社会营销观念

社会营销观念产生于20世纪70年代西方资本主义社会出现能源短缺、通货膨胀、环境污染严重、消费者保护运动盛行的形势下。其核心思想是：企业营销不仅要满足消费者的需求并因此获利，而且要符合全社会的整体利益和长远利益。

不可否认的是，单纯的市场营销观念提高了人们对消费需求的期望，加剧了满足眼前消费需求和长远的社会福利之间的矛盾，导致产品更新过快、环境污染严重、有限资源被过度利用等问题。正是在这种背景下，社会营销观念应运而生。社会营销观念强调企业在制定市场营销战略时，要统筹兼顾三方面的利益，即企业利润、消费者需要的满足和社会利益，因此它是市场营销观念的重要补充与完善。近年来流行的绿色营销正是社会营销观念的具体体现。

以上介绍的五种市场营销观念中，生产观念、产品观念、推销观念被归类为传统营销观；而市场营销观念、社会营销观念属于现代营销观。两类营销观在出发点、内容、实现手段等方面存在明显差异（见表1-1）。

表1-1 营销观的比较

	出发点	营销导向	营销目的	实现方法
传统营销观念	产品	生产者导向 由内向外	通过扩大销售获利	增加生产或加强推销
现代营销观念	需求	消费者导向 由外向内	通过满足需求获利	包括售前、售中、售后活动在内的整体市场营销

三、会展营销的定义与特点

1．会展营销的定义

从前面的分析可知，市场营销研究如何以目标客户的需求为中心，组织和开展营销活动。那么，会展营销中的目标客户是哪些人呢？首先是参展商，他们是会展产品的主要购买者，是会展组织者的主要营销服务对象。除了参展商外，观众也是会展组织者需要关注和服务的目标客户，尤其是那些出于贸易目的而来，从事的职业一般与展览题材密切相关的观众，我们称之为专业观众、采购商或买家。因此，会展营销的目标客户包括两大类，即参展商和专业观众，而会展营销就是会展组织者以参展商和专业观众的需求为核心，组织并开展的一系列市场营销活动。

我们将会展营销定义为：

会展活动的组织者以满足参展商和专业观众的需求为核心，组织和开展的一系列市场营销活动，包括对会展项目和会展服务的策划、设计、定价、宣传推广、招展、展后服务的计划和执行过程。

2．会展营销的特点

由于会展行业所特有的一些属性，使得会展营销活动具有如下特点：

（1）营销产品特殊性

会展产品与一般的实体商品相比，有其独有的特点。首先，会展产品是满足参展商和观众需求的有形产品和无形服务的集合体，这就决定着会展营销具有有形的产品营销和无形的服务营销的双重特性。其次，会展产品作为一种“服务产品”，只有在展会举办期间到展览现场才能“完整地消费”[①]，其具有不可储存性。再次，会展产品具有不标准化和质量难以控制的特点。会展产品的上述特点决定了会展营销具有与实体商品营销活动所不同的特点。

（2）营销内容整体性

会展活动的举办时间、地点、主题及内容都是参展商和观众所关心的。因此，会展营销的内容必须具有整体性，既包括举办会展的外部环境，如城市的安全状况、旅游综合接待能力等，又包括会展的创新之处、能够给目标客户带来的独特利益，以及配套服务项目水平等，这一切都会影响到参展商的参展决策以及观众的参观决策。[②]

（3）营销手段多样性

在会展营销实践中，会展活动的组织者吸收和借鉴整合营销的理念，综合运用各种有效的营销手段，包括人员销售、广告、直复营销、新闻宣传、营销公关、机构推广、网络营销等，力求全方位、多角度、高渗透地与目标客户进行沟通。在媒体选择上，从传统媒体（如广播、报纸、电视）到新兴媒体（如手机、互联网），从大众媒体到专业媒体（如各类行业期刊、会展杂志、行业网站），再加上会展场馆内外、户外路牌、交通设施等众多媒体形式，可谓异彩纷呈、丰富多样，通过密集性、高频度的会展宣传与推广，以达到预期的营销目的。

（4）营销对象参与性

参展商和专业观众是会展组织者的营销服务对象，他们在会展营销中不仅仅是被服务的一方，有时也是营销的主导者。在许多时候，会展组织者虽然谙熟会展项目的组织与策划流程，但对会展主题所涉及的专业领域并不十分了解，因而在会展举办的整个过程中还需广泛征询参展商和专业观众的意见与建议，根据自身能力，结合参展商和专业观众的意见与建议调整营销内容，以更好地满足他们的需求。以会展强国德国的品牌展——纽伦堡玩具博览会为例，2004年主办方曾以“户外产品是否单独设置专区”征求观众意见，调查结果显示，53%的专业观众和购买者对户外这一专区特别感兴趣。为此，主办方迅速做出反应，在2005年的玩具博览会中，把户外休闲列为独立的产品专区。由此可见，在会展活动中，参展商和专业观众的参与性都很强，会展组织者必须与他们实现互动，设法提升其对会展活动的满意度。

① 刘大可. 会展营销教程. 高等教育出版社, 2009: 16

② 任鄂湘. 论会展营销创新策略〔J〕. 改革与战略. 2007（4）

四、会展营销的内容

1. 分析市场机会

当前，我国会展市场的竞争日趋激烈，绝大部分会展产品已由卖方市场转变为买方市场，对会展组织者而言，有利可图的市场机会日渐减少。只有对包括营销环境、市场结构、客户需求、竞争者行为等在内的一系列情报信息进行深入调研和系统分析，才能识别、评估和发现市场机会，进而在市场竞争中站稳脚跟并有所建树。

2. 选择目标市场

在对市场机会进行评估后，会展组织者需要选择进入某一个或某几个目标市场。目标市场的选择建立在会展市场细分的基础上，会展组织者根据目标客户对会展产品和服务的不同需求，把会展客源市场划分为若干子市场，再根据自身的实际情况选择进入不同的目标市场。选择目标市场时，一般考虑以下因素：一是该市场应有一定的规模和发展潜力；二是竞争者未完全控制；三是该市场符合组织目标和资源能力。

3. 确定会展营销组合策略

针对所选定的目标市场的需求，会展组织者有计划地运用各种可控制的市场营销手段，组合成一个优化系统的整体策略，以达到营销目标并取得最佳经济效益。此处营销组合策略包括产品策略、定价策略、渠道策略和促销策略（见图 1-3）。

图 1-3 会展营销组合策略

在图 1-3 中，产品指会展组织者向参展商及观众提供的，旨在满足其参展或参观需求的有形产品和无形服务的集合体；定价指会展组织者为各种可供出售的会展产品和服务定价；渠道指会展项目由组织者转移至目标客户的路径及其规划；促销指会展组织者整合各种宣传与推广手段，与目标客户进行的有效沟通。

知识链接

会展营销中可供出售的产品有哪些？

会展组织者举办展会的首要目的是希望通过为参展商和观众提供贸易平台来从中获得经济收益。展会作为一种由一系列要素构成的“综合性”服务产品，需要可供出售的“载体”以使组织者获得最终收益。通常情况下，会展营销中可供出售的产品包含以下四个板块：

1. 展位

展位是供参展商展示商品和技术的空间，通常由会展组织者按一定的价格从会展中心“批发”过来，然后按照一定的销售策略和技术要求划分成若干块小的空间，“零售”给参展商，中间的差价是组展商的首要收益来源。

2. 广告

展会举办过程中蕴含着非常多的广告机会，因此，广告产品是会展组织者重要的销售对象。展会中可开发的广告形式很多，例如会刊广告（在展会会刊上发布广告）、网络广告（在展会的网站上发布广告）、展馆室内广告、户外广告、展会胸卡广告、手提袋广告、观众门票广告等。会展组织者开发的广告形式越丰富，其出售广告产品的盈利点就越多。

3. 商业赞助

赞助是参展企业为了获取展会举办期间特殊的宣传机会而向会展组织者提供资金或者实物支持的行为。商业赞助是会展组织者推出的重要产品，是组织者重要的收入来源之一。

4. 展会门票

展会的性质不同，对入场券的管理也有所不同。一般来说，观赏价值较高的展会需要出售入场券，这对于会展组织者来说也是一笔不菲的收入。但专业性展会通常其观赏价值不是很高，所以一般不出售入场券，只要观众通过网络或者现场注册，就可以免费入场参观。

（资料摘自：刘大可. 会展营销教程. 高等教育出版社. 2006，本文有所删改）

4．会展营销管理

会展营销管理是会展组织者对会展营销活动进行计划、组织、执行和控制的过程，旨在创造、建立和维持与目标客户的良好关系，实现会展营销目标。

其中，会展营销计划既包括较长期的战略规划，决定会展项目的发展方向和目标，又包括具体的会展营销活动计划；会展营销组织是为执行营销计划而组建的一个高效的营销组织结构，需要对组织人员实施筛选、培训、激励和评估等一系列管理活动；会展营销控制是会展组织者跟踪营销活动过程的每一个环节，从而确保营销活动按照计划目标运行而实施的一套完整的工作程序，旨在改善营销活动程序，提高会展营销效率。

上述内容既是会展营销活动的主要工作内容，也是本书的研究框架，本教材将对以上内容分别进行研讨和讲解。其中，第二、三章分别研究会展营销环境、会展营销信息与调研；第四章研究会展营销战略，包括会展市场细分、会展目标市场选择和会展市场定位；第五、六、七、八章研究会展营销的产品策略、定价策略、招展和招商策略，以及宣传与推广策略；第九章研究会展营销管理。

第二节　会展营销的相关概念

本节介绍会展营销的相关概念，便于读者对会展营销活动有初步认识，同时为后续学习做好铺垫。

一、会展组织者

顾名思义，会展组织者是会展项目的组织者和提供者。在实际运作及对外联络、媒体宣传中，会展组织者常常包括主办方、承办方、协办方、支持单位等相关机构（见图 1-4）。

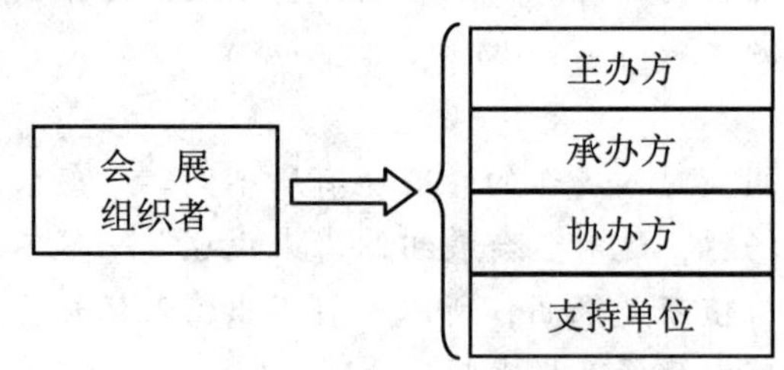

图 1-4　会展组织者的构成

1．主办方

商务部研究院沈丹阳、俞华在《中国展览组织者状况》一文中指出，主办方是负责制定展会的实施方案和计划，对招展办展活动进行统筹、组织和安排，并对招展办展活动承担主要责任的单位。

从我国的会展运作实践看，主办方分为三种情况。第一种情况，主办方就是会展项目的实际策划、组织、操作与管理者，例如“中国国际机床展”的主办单位中国机床工具工业协会就是该展会的实际策划、组织、操作与管理者。第二种情况，主办方不直接参与会展项目的实际策划、组织、操作与管理，但对会展项目承担主要法律责任。第三种情况，主办方既不参与会展项目的实际策划、组织、操作与管理，也不对会展项目承担法律责任。

上述第二和第三种形式均属于名义主办，主办方多为政府主管部门，之所以产生这种情况，是希望利用主办方的影响力和号召力，来提升会展项目的档次，以利于招展和招商。会展项目究竟需要哪种形式的主办方，在策划举办展会时要根据实际需要做出安排。

2．承办方

承办方是根据与主办单位的协议，负责会展项目的策划、组织、服务与管理，并承担主要财务责任的机构。

承办方对会展营销的各个方面均会产生重大影响，是会展组织者系统中较为核心的机构。除上述职能外，大部分承办单位还负责会展项目的招展、招商和宣传推广等工作。

3．协办方

协办方是协助主办或承办单位，部分地承担会展项目的策划、组织、操作与管理等工作，一般不承担财务责任。

4．支持单位

支持单位指对会展主办或承办单位的工作起支持作用的组织机构。支持单位基本上不参与展会的招展工作，也不对展会承担任何财务责任。

案例链接

“第14届宁波国际服装服饰博览会”的组织机构

“第14届宁波国际服装服饰博览会”于2010年10月21日–24日在宁波国际会展中心举办。该展会的组织机构为：

主办单位：中国服装协会、宁波市人民政府

承办单位：宁波市经济委员会

执行承办单位：宁波华博会议展览有限公司

支持单位：浙江省经济和信息化委员会

以上我们介绍了会展组织者及其分工。需要指出的是，一些会展书籍及文章常常把会展组织者与组展商视为同一概念。本书认为，二者之间还是有区别的，政府、同业商协会、会展公司、媒体以及其他组织，都有可能组织展会，他们都是会展组织者；而组展商一般指营利性的会展公司。二者是不同的概念，不能混为一谈。

知识链接

独立组展商协会

独立组展商协会（简称 SISO）的总部设在芝加哥，目前在全球拥有 200 余家会员，世界上有影响、实力雄厚的展览会组织者，如法兰克福展览公司、励展公司、蒙哥马力展览公司等均是该协会的会员。该协会的会员每年在全世界举办 3000 多个贸易展览会。在美国，商业性展览会有两类组织形式，一类是由行业协会组织，另一类是由 SISO 的会员来组织。近年来，SISO 成员所举办的展览会已占美国展览会总数的 45%，并有逐年扩大的趋势。

（以上资料摘自百度百科 http://baike.baidu.com）

二、参展商

参展商是会展产品的主要购买者，是会展组织者的主要营销服务对象。

随着会展业的快速发展，越来越多的企业认识到通过参加展会进行产品推广，已成为重要的市场营销手段。美国贸易展览局的一份调查显示：制造业、通讯业和批发业中，2/3 以上的企业经常参加会展；金融、保险等服务性行业虽然只能展示资料和图片，但依然有 1/3 以上的公司将会展视为主要的营销手段。在德国，企业将参展作为生产研发之后的头等大事，他们认为没有哪一项商业活动能像参展这样每天与数十个客户面对面交谈，并最终促成签约。[①]

一般来说，企业参展主要出于以下考虑：一是展示品牌、树立企业形象；二是与目标顾客进行集中沟通，将新产品信息快速准确地传达给目标客户，并接收到他们的即时反应；三是可以了解到行业内的前沿信息、最新的发展动态和行业发展趋势，为企业进行战略决策提供参考；四是能够收集到有关竞争者、分销商和新老顾客的大量信息。

为取得理想的参展效果，参展商必须在展前、展中、展后均做好相应的工作。具体包括：展前收集展会信息，做好参展决策，培训参展人员，进行展台设计与搭建；展中有效地展示和宣传产品，进行贸易洽谈，收集行业信息、竞

① 孙晓兵. 会展营销五步制胜. 企业改革与管理. 2009（7）

争者以及客户信息等；展后对潜在客户进行追踪，对参展效果做出评估，进行展后总结。

知识链接

五步制胜——谈参展商的展会营销

企业参展是一个复杂的系统工程，从制定参展计划、市场调研，到展位选择、展品征集、报关运输，再到客户邀请、展场布置、广告宣传、组织成交直至展品回运，形成了一个互相影响、互相制约的有机整体。参展商要在展会营销中取得预期效果，需要做好以下工作：

第一步，制定适宜的参展策略。包括明确参展目的，选择展会，周密计划好展前、展中、展后活动、营销策略效果评估以及作为补充的网上展览等。每个企业由于各自情况不同，其参展的目标也有所不同，在决定参展之前，必须设定好参展目标，再从策划的角度考虑如何有效配置资源。例如福建柒牌男装，为了让公众更多地了解具有中国传统文化的柒牌服装，在制定营销推广计划时选择了盛况空前、亚洲规模最大的第12届中国国际服装服饰博览会作为推广媒介，并颠覆参展企业惯常采用的手法（如规模大、风格欧化等），选择了位置较好但面积并不大的展位，打出了“时尚中华”的主题。在品牌推广、品牌美誉度提升、招商等方面，均取得了非常不错的效果。

第二步，选择展位。选择合适的展台位置是企业参展计划的重要部分，特别应考虑人潮在整个会场内移动的方向，并依此挑选展位。一般来说，最佳的展位位置是会场的入口或入口两侧，一是位置显眼，开门见山；二是刚入场的观众大都体力充沛，参观兴致很高。其次是出口处，其位置的显眼程度和入口处相当，不过因为观众经过此处时多少都有些倦意或已经谈妥了业务，所以人气指数较入口处稍逊一筹，但观众此时已经对展会的情况心中有数，所以在这里和客户最终谈成业务的成功率还是较高的。主要人行干道的两头或“十”字干道的中心四角处、展览问讯处、新闻中心以及各类基础服务设施（如餐厅、小卖部、洗手间）附近也是人潮流量较大的地方。值得一提的是，跨国企业或知名国企的展位一般都是大家关注的热点和目标，在它们周围选址，也是不错的选择。

第三步，做好展台设计。展台是显示参展企业实力和产品特色的窗口，有个性、有视觉冲击力的展台设计可以使企业在众多参展商中脱颖而出。展台设计的根本任务是帮助企业达成参展目的，因此要能体现企业的形象，能吸引观众的注意，能提供展示工作的功能环境。展品是参展企业给观众留下深刻印象的最重要因素，在展品的选择上应遵循三条原则，即针对性、代表性和独特性。针对性指展品要符合展出的目的；代表性指展品要能体现企业的技术水平和生产能力；独特性指展品要有别于竞争对手的同类产品。在展示方式上，除展品外，一般还需要配以图表、照片、模型、道具、模特或讲解员等真人实物，借助装饰、布景、照明、视听设备等展示手段，进行说明、强调和渲染。总之，展示设计应做到内容与形式的统一、整体与局部的统一、科学与艺术的统一、继承与创新的统一。

第四步，选派优秀的参展人员。参展人员的职业素质、服务意识、沟通交流能力、亲和力等对提升展出效果是非常重要的，因此，选择合适的参展人员并进行展前培训与准备是至关重要的。展台人员的配备应从以下方面来考虑：其一，根据展会性质选派相关部门的人员参展；其二，根据工作量的大小决定参展人员的数量；其三，注重人员的基本素质，如相貌、声音、性格、能动性等；其四，加强现场技能的培训，如专业知识、产品性能、演示方法等。此外，对一些技术含量高的产品，参展企业应派出高层经理人员及技术主管在场。许多专业买家都希望在展览现场与经理人员、技术主管交谈，以了解更多的情况和对交易条件进行磋商，这也是企业管理层直接接触市场、掌握第一手市场信息的极好机会。除此之外，参展人员的仪容、仪表、言行也需进行严格规范，应当禁止出现以下行为：穿奇装异服；留怪异发型；在展台上吸烟、吃东西、打电话、看报纸杂志；与同事闲谈聊天，到处闲逛；怠慢参观者，或以貌取人，根据参观者的衣着好坏而态度不同；对参观者提出的问题漫不经心，态度冷漠；对顾客软磨硬泡，强迫对方购买等。

第五步，注意展后沟通。在展会期间，对那些很关注公司产品，或实力较强的买家，要及时派出业务负责人与之接触，安排更深入的商务洽谈。要对在展会上所收集到的信息进行快速而有效的分类处理，并尽可能快速地与潜在客户建立进一步的联系，使合作落到实处。后续跟进主要有三种方法：直接材料邮寄、电话营销和上门拜访。企业可根据不同客户的情况，灵活运用这些方法，使后续跟进顺利展开，为深入合作做好铺垫。

（资料来源：孙晓兵. 会展营销五步制胜. 企业改革与管理. 2009（7），本文有所删改）

三、观众

观众是会展组织者的另一大类营销服务对象。展览会的观众一般分为两类，即专业观众和一般观众。

1．专业观众

专业观众是出于贸易目的而来，他们所从事的职业一般与展览题材密切相关。例如，汽车展的专业观众就是那些专门从事汽车生产、贸易、研发的人士，如汽车厂商、汽车零配件商、汽车研发及设计工作者、汽车专业院校的专家、研究人员、各地政府主管汽车产业的官员、相关行业协会人员及媒体记者等。

拥有一定数量与质量的专业观众是展会成为“品牌展”的重要标志之一。展会成功的关键在于能否给参展商和专业观众搭建沟通交流、贸易洽谈的平台。如果会展组织者邀请到的专业观众数量多且质量好，就会给参展商创造更多的贸易机会，企业参展的效果就好，其对展会的满意度高，对下届参展的积极性也会相应提高。因此可以说，专业观众是展会发展的生命线。

综观我国会展营销的发展历程，有相当长的一段时间存在主办方重参展商而轻观众邀请的现象，原因很简单，参展商是会展产品的直接购买者，可以为主办方带来直接的经济收益。但是随着会展市场的不断成熟以及营销观念的发展，越来越多的会展组织者认识到专业观众对展会可持续发展的重要意义。香港雅式展览公司董事长朱裕伦指出：“组织好专业观众，让参展商满意，你的展位就供不应求了。”而青岛金诺会展有限公司的负责人认为，以往会展公司片面追求参展商和展览面积的增长，表面上看，这两者多了，展会收入自然水涨船高。殊不知如果没有一定规模的成熟观众，再多再好的展品也难以获得专业的市场评价和成交，展会将不会长久。会展组织者必须认识到，邀请高质量的专业观众到会参观，是为参展商提供的最好服务。

2．一般观众

参观展会的观众除了专业观众外，还有一般观众，他们主要是以增长见识、开拓视野为目的来参观展会。

一般观众对增加展会人气、活跃展会气氛、扩大参展商的广告效应和知名度是有一定作用的。但一般观众过多，也会对展会（特别是专业展会）的正常商务活动造成一些负面影响，如人声嘈杂、现场拥挤、秩序混乱，影响参展商与专业买家的业务洽谈等。对此一些业内人士认为，专业展是会展业发展的趋势，展会需要的是专业观众，他们是主办方的目标观众，是参展商的潜在客户。企业参展主要是希望见到专业观众，并不期望过多的一般观众，因此专业展需要控制一般观众的数量，不能喧宾夺主。目前一些专业展专门设置了对专业观众的开放时间，就是出于此考虑。还有一些展会组织者对参观者进行严格的控制，符合条件方可参观展览，力求在一定程度上保证展会的质量，协助参展商提高参展效益。

知识链接

专业展取胜不在观众多寡

在招募和组织专业观众方面，我们应建立这样的观点，即观众的质量比数量更重要。德国在我国举办的展会，与我国举办的同类展会相比，对媒体公布的到会观众人数要少很多。例如慕尼黑国际博览集团在上海举办的物流展，会后统计的观众数量只有9000多人,尽管观众人数不多,但并不影响展会的声誉。对此，专家指出，物流展主要是针对专业观众，观众在拿到入场券之前必须进行预登记，慕尼黑国际博览集团能够准确知道参展观众的人数和性质，媒体和未登记的嘉宾并不算做观众。对于专业展会而言，最重要的是观众的质量，而非数量。只有参展商和其目标买家之间有了密切的接触机会，才有可能进行商务交流，参展商的参展目的也才能达成。如果参展商面对的只是很多的普通观众，他们就需要花费更多的时间和精力从其中分辨出真正的客户。

四、会展服务商

会展服务商是受主办方委托、为展会提供各种服务的。比较常见的会展服务商包括场地提供商（即展馆）、展位承建商、展品运输商、展会指定旅游公司和酒店等，他们在展会举办期间与参展商和观众直接接触，他们服务质量的好坏直接影响到参展商和观众对展会的整体评价。

1．展馆

举办展会的展馆有室内场馆和室外场馆之分。办展机构在选择展会的场地提供商（即展馆）时，要结合展会的题材和定位，室内场馆多用于举办一般的展览题材的展会；室外场馆多用于举办那些展品超大、超重及其他特殊题材的展会。另外，有些展会，如机械设备展，对展馆的高度、地面承重有特殊要求；有些展会定位是高档次的，如奢侈品展，对展馆各方面的要求都很高，在选择展馆时就要格外注意。

除此之外，主办方选择展馆还要综合考虑该展馆的成本、展期安排以及场馆设施和服务等因素。

2．展位承建商

展位搭建既是一项专业性很强的工作，也是一项关系到展会形象和声誉的重要工作。观众对展会的第一印象是从展位效果上得来的，展位外观设计效果在很大程度上影响到展会的整体形象和展出效果。

随着会展行业内部专业分工的日益细化，很多会展组织者都把展位搭建工作交给专门的展位承建商，自己则致力于搞好展会的招展招商和组织管理工作。在举办展会时，会展组织者会事先选择一家或几家展位承建商来具体负责搭建工作，而展位承建商则根据参展商的不同要求，做出相应的展台设计方案并进行施工搭建。展位承建商不仅对会展的主办方负责，还要对有搭装要求的参展商负责，一方面要将参展商的展出理念通过展位搭建艺术地体现出来，另一方面要能全面领会主办方的办展目的和展会定位，在展位设计中把握展会的整体形象。

3．展品运输商

展品运输是展会筹备过程中的一项重要工作。参展商的展品只有安全及时地到达展会现场，才能按计划布展和展出，而从事此方面服务的就是展品运输商。和展位搭建一样，展品运输也是一项专业性很强的工作，办展机构通常不会亲自办理，而是交由一些专业的物流公司或运输公司来负责。展品运输包括来程运输和回程运输，所运输的除展品外，也包括展架、展具、布展用品、维修工具、宣传资料和招待用品等其他物料。对展品运输商而言，需要的不仅是精通物资管理知识和技能的专业人才、通畅的物流渠道和仓储中心，更重要的是专业、高效的物资配送手段和完备的信息网络。

4．展会指定旅游公司和酒店

会展活动涉及交通、住宿、餐饮、旅游等一系列问题，如参展商和特邀买家的往返机票预定、他们在展会期间对住宿、观光游览的需求等。举办展会是一项有大量人员聚集的活动，如每届“广交会”仅海外观众就 12 万之多，如此之多的人员聚集在一起，吃、住、行、游等问题都需要办展机构的协调和指引。

为满足参展商和观众的需求，提高目标客户的满意度，大多数会展组织者都会向参展商和专业观众指定旅游公司和酒店，这是一个多赢的选择。以指定酒店为例：从主办方的角度，这是一个提供给目标客户的服务项目；从参展商和观众的角度，可以以较低的折扣解决住宿问题；从酒店的角度，可以获得大量稳定的客源。

会展服务商除上述常见的几种外，还包括提供展会宣传资料印刷的印刷商、提供会展广告策划的广告商、提供现场礼仪服务的服务商、提供观众注册登记的服务商等。近几年，一些提供行业咨询、管理信息系统、网络信息服务和传媒服务的新兴服务商也进入会展经济产业链的各个环节，为会展活动提供全面服务。

需要注意的是，尽管会展组织者将很多服务外包给服务商了，但从参展商和观众的角度看，这些服务是展会提供的，是与展会服务融为一体的，他们会将服务商的失误归结到展会身上。因此，会展组织者决不能把服务外包出去后就不闻不问，而应严格甄选和委托高质量的服务商，并时刻监督其服务质量。

五、招展与招商

招展和招商是会展营销中的两项极为重要的工作。会展组织者通过将展位销售给参展商以赚取展位费，这一过程叫“招展”；会展组织者在积极销售展位的同时，进行买家和专业观众的招徕工作，这一过程叫“招商”，即招徕一批对参展商的产品具有潜在购买能力的目标企业或相关人员到展会现场参观。

会展活动的成功举办离不开参展商和观众的参与，参展商是展会存活的根基，而观众是展会的生命线。招展和招商两者之间的关系密切，相辅相成。一方面，如果展会的招展效果好，参展企业尤其是行业知名企业多、展品新、信息集中，观众到会参观就会更加踊跃；另一方面，如果展会的招商效果好，到会观众数量多且质量好，参展商的展出效果就有保证，企业来参展的积极性也就会高。

如前所述，很长一段时期内，国内组展机构都将营销的重点放在参展商身上，出现所谓的“重招展、轻招商”现象。随着会展市场的日益成熟以及会展营销理念的不断发展，已有越来越多的组织者认识到专业观众对展会发展的重要意义，并将营销重点倾向于专业观众或买家。一些会展组织者专门制定“特邀买家计划”，对重要买家，特别是顶级买家给予免费往返机票、展会期间星级酒店免费住宿以及其他不同形式的服务，旨在确保参展商会见到有影响力的买家，促成参展商与采购商之间的贸易合作。

鉴于招展和招商工作对展会成功举办的重要作用，会展组织者除了自行招展、招商外，通常还会借用外部力量，即利用代理商做大、做活展会的招展和招商工作。组展机构通常会指定一个或多个代理商，相关公司、行业协会或商会、专业媒体、国外驻华商务机构，甚至个人，都有可能成为招展或招商代理。为保证招展和招商工作顺利有序地展开，组展机构须严格甄选代理商，同时，在合作过程中应对代理商进行有效的管理、协助与激励。相关内容在本书第七章有详细介绍，此处不做赘述。

知识链接

招商比招展更重要

“要令展会具有生命力，招商比招展更为重要”，展览业资深人士如此点评。中国第一展广交会的成功表明，万商云集的旺盛人气是吸引参展商、促成展会规模滚动发展的前提。因此，招商也是展会成功的秘诀所在。有业内人士认为，展览会依赖的是产业和市场两大因素：产业因素是指展览题材所涉及的产业，相对全国来说是否拥有优势；而市场因素是指商业展览所在地，也就是企业销售的主要目标市场。由此可见，产业优势有利于招展，市场优势则有利于招商，而市场优势对展览业的影响及促进作用更大。

目前认同“展会成功的关键在于招商”这一观念的会展公司越来越多，一些以往只注重招展、紧盯展位收益的公司也逐渐改变思路，不断加大招商力度，把工作重点放到专业观众的组织上来。参展商花费巨资参加展会，主要是为了拓展销路和市场，如果专业观众很少或者专业观众的质量不高，参展商的展出效果不好，则很可能就不再参加下届展会。据悉，颇具知名度的会展项目是不愁找不到参展商的，就怕专业买家的数量少、质量低。从某种意义上讲，专业观众是展会的生命线，展会的成功与否，主战场是专业观众的组织，而不单纯是寻求参展商的数量。

香港贸发局办展的成功秘诀在于：将展览办好，就必须让参展商有生意可做。他们不会只考虑增加收益而盲目扩大展会的规模，而是根据市场的需要，逐年增加参展商数量，以便让买家和参展商数量成正比，展会规模与参观人数同步增长。

香港贸发局建立了世界一流的厂商资料库，根据不同的行业将厂商分类。举办展览时，向相关厂商发出邀请，给获邀厂商寄送条码磁卡，凭卡入场，以控制专业展会的参观者数量，确保参展商的展出效果，以此造就了亚洲最大的玩具展、电子产品展等国际专业展。

本章小结

会展营销是市场营销理论在会展领域的具体应用，换言之，就是利用现代市场营销的理念与手段，把会展这一特殊的产品营销出去。

会展有广义、狭义、更狭义之分。广义的会展是会议、展览、奖励旅游、大型活动等集体性活动的总称；狭义的会展仅指会议和展览；而更狭义的会展特指以盈利为目的的商业性会展活动。本课程的研究对象是商业性会展，即站在会展组织者的角度，研究如何为商业性会展项目策划和实施市场营销活动，以帮助会展组织者实现盈利最大化。

市场营销是企业以满足目标客户的需求为中心，组织和开展的一系列商务活动过程，此处的“市场”特指产品的目标客户。会展营销的目标客户是参展商和专业观众。因此，我们将会展营销定义为：会展活动的组织者以满足参展商和专业观众的需求为核心，组织和开展的一系列市场营销活动，包括对会展项目和会展服务的策划、设计、定价、宣传推广、招展、展后服务的计划和执行过程。

会展营销具有营销产品特殊性、营销内容整体性、营销手段多样性、营销对象参与性的显著特点，其营销工作的主要内容包括分析市场机会、选择目标市场、进行会展营销组合决策、会展营销管理等。

本章还介绍了会展营销的相关概念，包括会展组织者、参展商、观众、会展服务商、招展与招商等，以便读者对会展营销活动有初步的认识，同时为后续章节的学习做好铺垫。

习　题

一、名词解释

市场营销	会展营销	主办方
参展商	会展服务商	专业观众
招展	招商	

二、简述题

1. 简述会展活动的内涵。
2. 简述五种市场营销观。
3. 与实体商品的营销活动相比，会展营销的突出特点表现在哪些方面？
4. 什么是会展营销组合策略？其包含哪些内容？
5. 参展商的主要工作内容有哪些？
6. 简述招展与招商的关系。

三、论述题

1. 如何理解“专业观众是展会发展的生命线”这句话？
2. 作为会展组织者，如何处理好与会展服务商的关系？

四、案例分析

德国会展营销的8个特点

综观德国会展业发展，研究和利用产业发展、合理的主题定位、积极的观众参与、打通整个产业链、建立客户合作伙伴关系、全方位的网络化服务、实施全球营销战略、精心安排相关活动，是德国会展营销的8个特点，也是其展会成功的主要特征。

一、研究行业发展趋势，融入展会新题材

有“行业晴雨表”之称的展会，需要实时跟踪所属行业的最新动态，适时通过新立、分列、拓展、合并等方式调整展会题材，以保持强大的生命力。

例如，享誉世界的汉诺威工业博览会，从2004年开始举办“过程控制自动化和制造自动化工业展”，这实际上是两个展会的合并，合并后的汉诺威工业博览会覆盖面更广，题材更加完善，而“过程控制自动化和制造自动化工业展”则可以充分利用汉诺威工博会庞大的客户资源和影响力。与此同时，随着企业内部物流概念的逐步推广，原来作为汉诺威工博会中一个题材的“国际企业内部物流展”（CeMAT）则被分离出来单独办展。

二、精心策划展会主题，建立“展会航母”

精心策划展会主题，赋予每届展会以准确的定位，使该展会从众多同题材展会中脱颖而出，这无疑成为塑造品牌展会的核心工作。德国展会非常注重在主题的鲜明性和时代特色方面做文章，给业内及观众以深刻的印象。

德国的办展机构注重运用品牌形象策略打造“展会航母”，挖掘相关相似展会题材中的共同点，给予这些展会以相同或相似的市场定位，采用相同或相似的营销策略，服务于彼此有密切联系的目标市场。这样不仅有利于增强展会品牌的整体含金量，而且可以降低推广成本。

杜塞尔多夫展览公司建立的主题为“移动休闲”的展会群，就是将均为年度举办的国际旅行车展、国际水上运动及船艇展、欧洲老爷车及概念车展、国际远足及徒步旅行技术装备展整合在一起，彼此服务于有密切联系的休闲旅游目标市场。

三、突出人性化和亲和力，与观众互动

德国展会把文化元素融入其中，给大众开辟领略世界文化、畅游科技创新的空间。展会主题体现专业精神，具有时尚元素，文化和时代气息都很浓厚。会展主办者经常有意识地将展会打造为行业教育平台。在德国展会上经常可以见到该行业的研究教育及培训机构的展位，他们带来最新的研究成果和教育理念。同时，很多与该行业相关专业的大学生也带来自己的设计作品、科技发明与商业计划。德国绝大多数展会在门票方面给予学生半价优惠，以鼓励与该展会行业相关专业的学生参观。

例如，全球IT及办公技术领域最大的展会——CeBIT（德国汉诺威信息及通讯技术博览会）就提出了“掌握未来的精神”的响亮口号，为观众营造了内涵极其丰富和深远的 IT 技术完整概念，通过灵活多样的新产品展示，为观众展现了 IT 技术的美好前景。展会对参展商也是极好的交流和学习机会，对于国际IT产业则起到了引导新潮流的作用。

四、打通整条产业链

将展会打造为所属行业的信息交流、产品展示、贸易合作的综合平台，打通整条产业链，使展会可持续发展。在德国展会上，一个投资者可以配齐从生产设备、技术指导、原料甚至相关的物流配送、企业员工培训等所有环节的产品和服务。

例如，慕尼黑展览公司主办的房地产展会ExpoReal，汇聚了房地产行业的资深专家，提供从规划咨询到融资、设计建造、销售和物业管理等一系列产业链的全程服务，使得整个房地产产业链上所有的相关者都能参与交流，互动合作。再如，杜塞尔多夫展览公司主办的国际水上运动及船艇展（BOOT），从“钓鱼钩”到“豪华游艇”，从海事救援到海事艺术，从潜水运动到水上旅游开发，18个展馆，23万平方米的展览面积，打造出水上运动的综合平台。

五、与客户结成合作伙伴

参展商的连续参展率和观众的连续参观率是衡量展会是否成功的两个重要标准。相关研究表明，开发一个新客户比留住一个老客户的成本要高许多倍。展会主办者在不断开发新客户的同时，必须尽力留住老客户，与客户结成合作伙伴关系，形成展会与客户双赢的局面，最终实现良性循环。为此，必须为客户提供全方位的服务，以期提高参展商和观众对展会的忠诚度。全方位的服务体现在展前、展中和展后各个阶段，包括从展会策划、宣传与推广、专业观众组织、相关活动安排，到主办者所有对外文件、信件的格式化、标准化等许多细微之处。

慕尼黑展览公司旗下的国际体育用品博览会（ISPO）从 2002 年起开始实行会员制，并推出ISPO卡。ISPO卡具有“省时”（save time）、“省钱”（save money）、“优惠多多”（enjoy benefits）等诸多特点。如会员持有 2002 年夏季 ISPO 卡，可以免费参观慕尼黑冬、夏季 ISPO，盐湖城冬、夏季户外用品展和慕尼黑高尔夫展 5 个展会，而到了 2003 年，可免费参观的展会增加到 8 个（6 个在德国，2 个在英国）。持有 ISPO 卡的会员在展会期间可以免登记、免排队、免费使用慕尼黑的公交系统，在展览中心餐饮和停车均可打折，甚至在全国都可以享受优惠。更重要的是，持卡者即成为ISPO社区成员，可以常年得到ISPO周到的专业化服务。

六、永不落幕的网络化展会

德国展会的官方网站往往是展会和展会所在行业的综合信息平台，信息丰富，在线服务功能强大，拥有为参展商、观众和媒体提供行业信息、展会信息和在线服务等诸多功能。目前，德国大部分展会的官网在参展商目录中增设了在线预约功能，观众可以通过此功能在展会开幕前有针对性地预约参展商，并告之参观时间和有兴趣的产品等信息，便于参展商提前做出安排。

值得一提的是，杜塞尔多夫展览公司的展会网站还专门设计了观众个人参观规划程序，观众注册后可以随时向自己的程序中添加目标参展商，规划个人的参观计划，该程序最后形成一个PDF文件，供观众下载打印。同时，展览公司可以通过相关程序了解到观众的目标参展商，并及时对展会相关内容做出调整。

七、实施全球营销战略

德国很多展会之所以规模大、国际化程度高，在于主办方建立了庞大的全球销售网络，通过在世界各地设立办事处和代表机构，广泛引进国际招展代理，摆脱单一的“点对点”营销模式，形成多级传播架构，使展会推广和营销效力大大增强。

著名的“纽伦堡玩具博览会”从2005年开始，与德国的另一大著名展会“法兰克福图书博览会”联手，提出“让玩具进入图书贸易，让少儿图书进入玩具贸易”的定位。纽伦堡玩具博览会为少儿图书经销商设立了联合展台，并围绕展会主题举行作品朗诵会及相关讲座；法兰克福图书博览会上，则设立了游戏、拼图和特许产品的主题展台。两大展会在相关市场开展联动，促进了各自展会的创新和推广，并实现了互利双赢。

八、活动是展会成功的组成部分

德国展会尤其注重相关活动的策划，在展会期间举办技术交流会、产品发布会、行业会议及其他表演活动，对提高展会的“含金量”具有举足轻重的作用。在策划相关活动时，应特别注意以下几点：一是活动的专业性及论题的前瞻性；二是活动主持者在行业内的权威性；三是活动的趣味性及互动参与性；四是活动在时间上要精心安排，避免“撞车”或影响展会的进行。

例如，在“杜塞尔多夫国际水上运动及船艇展”举办期间，作为展会的战略合作伙伴，德国LTU航空公司将公司成立50周年的庆祝活动安排在展场同期举行，利用杜塞尔多夫展览中心，为观众提供从旅游目的地推介、公司业务推介到各项室内体育活动等多项活动。另外在展厅内部建造了沙滩足球场地、水球比赛场，吸引了大批观众到场。该活动的主题与本次展会的主题“体验水上激情”极为一致，对展会的举办起到了相得益彰的促进作用，同时也提升了展会人气，树立了良好的展会品牌形象。

（资料节选自樊明. 浅析德国会展成功的因素. http://www.ichtf.com，2009-05-04）

思考：

1. 你认为德国的会展组织者在会展营销方面有哪些值得借鉴之处？

2. 收集国内会展营销方面的相关资料，分析我国会展营销现状中存在哪些不足，并据此提出改进建议。

第二章

会展营销环境

学习目标

- 理解会展营销环境的内涵与特点
- 掌握影响会展营销环境的宏观因素
- 掌握影响会展营销环境的微观因素
- 理解营销环境的变化对会展营销活动所产生的影响
- 能够对会展营销环境进行系统分析
- 能够基于营销环境的变化而提出具体的应对措施

引　言

开展会展营销活动的目的是为了更好地了解和满足参展商对展会不断变化的需求，同时也是为了使会展组织者获得更好的经济效益和社会效益。要实现这些目标，其立足点和根本前提就是要进行会展营销环境分析。只有深入细致地对会展市场环境进行调查研究和分析，才能准确、及时地把握参展商和观众的需求，认清会展项目所处市场环境中的优势与劣势。会展营销活动的实践充分证明，营销环境分析是开展会展营销活动的立足点和根本前提。

本章将对影响会展营销活动的各种环境因素进行深入阐述，对会展营销环境的内涵与特点，其对会展营销活动所产生的影响，以及会展组织者如何对营销环境进行分析并做出积极应对等内容进行详尽介绍。希望通过本章的学习，使读者了解影响会展营销的各种宏观及微观市场环境，掌握会展营销环境的分析方法，能够进行营销战略或策略调整以积极应对营销环境的变化。

引导案例

中国会展业遭遇“寒冬”

2008年金融危机肆虐全球之际，作为国民经济的晴雨表、行业发展的风向标，中国会展业正在感受着“寒冬”。

日前，记者了解到，原定于11月27日在北京展览馆举行的第三届“艺术中国”博览会，将推迟至12月5日在今日美术馆举行，并将演变为非营利性质的“艺术中国”系列主题展。无独有偶，11月24日上午，一份紧急通知挂上广东省婚庆行业协会网站，声明原定于11月28日至30日举办的“第五届广州婚庆博览会”延期至2009年7月举行。向前追溯，原定于9月召开的“2008东莞房地产与建筑装饰材料博览会”推迟至12月召开，但至今未见相关消息。

广州白云国际会议展览中心负责人告诉记者，受金融海啸冲击，广州近期有4个活动取消或延期，其中包括机械、日常消费品展等。而原定于11月举办的广州户外用品展也延期至2009年5月23日至25日。

除此之外，一些品牌展会也不同程度地受到金融危机的影响。例如，作为我国规模最大、历史最悠久、成交效果最好的进出口贸易平台，“第104届广交会”的出口成交额仅有315.5亿美元，出现了5年来的首次下降。多数参展商和一些海外采购商认为，本届广交会海外采购商的人数较前两届有较明显下降。

相对于其他展会而言，广交会所受到的冲击还不算大。在“第16届中国（深圳）国际玩具及礼品展览会”开幕前，约500家企业表示不再参展。据主办方相关负责人介绍，其中有不少企业面临倒闭、转移的困境，也有企业正面临着资金困难。

（资料节选自：范丽敏．中国贸易报．2008-12-02）

思考：

1．会展营销与外部环境有什么关系？

2．除上述突发事件外，你认为影响会展营销的环境因素还有哪些？

3．宏观环境因素对会展营销的影响有什么鲜明特征？

第一节　会展营销环境的内涵与特点

任何产品的营销活动都是在不断变化的市场环境中运行的，会展营销也不例外。市场环境的变化，既可以给会展营销活动带来市场机会，也可能造成威胁和伤害。会展营销的本质就是会展项目的组织者适应环境变化，并对变化着的环境做出积极反应的动态过程。会展组织者对所处的市场环境进行全面的、正确的了解和分析，及时检测和把握市场环境的变化，对环境变化可能带来的市场风险进行及时应对与规避，进而促进会展活动健康、持续地发展。

一、会展营销环境的内涵

会展营销环境指影响办展机构与目标客户（主要指参展商和专业观众）建立并保持互利关系等营销管理能力的各种角色和力量，它可分为宏观营销环境和微观营销环境。会展营销环境存在于办展机构的营销系统外部，这些因素和力量大多难以控制或不可控制，是影响会展营销活动及其目标实现的外部条件。

宏观营销环境指存在于办展机构之外的并为其本身所不能控制的各种外部力量，如经济环境、政策法律环境、社会文化环境、自然生态环境等，它们对会展营销的影响具有两个显著特征，即强制性和不确定性，它们或为会展营销带来市场机会，或造成潜在威胁。虽然宏观环境对会展营销活动产生的影响是间接的，但其影响作用却是巨大的。例如政府对会展产业发展的政策支持、信息技术对会展产业的影响；我国加入 WTO、正式实施 CEPA、2008 年北京奥运会、2010 年上海世博会等重大事件带给我国会展业的发展机遇等，这些虽然不与具体的会展营销活动发生直接联系，但却直接影响到会展组织者制定营销战略方向和具体营销策略。

微观营销环境指由办展机构内部、目标客户、营销中介、会展服务商、竞争者、社会公众等构成的市场环境。它们与会展营销活动紧密相关，并直接影响会展营销的结果和效益。

影响会展营销活动的主要环境因素如图 2-1 所示。

营销环境是展会赖以生存和发展的空间，其对会展营销活动产生的影响体现在以下方面：

其一，营销环境给会展营销带来市场机会。市场营销学的相关理论告诉我们，营销环境的改变可能形成对企业具有吸引力的新领域，从而带来市场机会。具体到会展营销而言，环境机会是会展组织者开拓经营新局面的重要基础，为此应加强对环境因素的预判和分析，当环境机会出现时善于捕捉和把握，以求得发展的先机。

其二，营销环境给会展营销带来市场威胁。外部环境中也会出现许多不利于会展营销活动的因素并由此形成挑战，例如 2008 年末到 2009 年初席卷全球的金融危机就给我国会展业带来不小的冲击，很多展会都遇到招展困难、观众减少、人气不旺等问题。如果会展组织者不采取相应的应对措施规避风险，则这些因素会导致会展项目的运营处于困难，进而形成市场威胁。为此，会展组织者必须重视对环境因素的调研与分析，及时预见环境威胁，将危机减少到最低程度。

其三，营销环境是会展营销活动的资源基础。会展营销活动所需的各种资源，如资金、信息、人才等都是由环境提供的，因此，办展机构应认真分析各种营销环境因素，以获取最优的营销资源满足自身发展的需要，进而实现营销目标。

其四，营销环境是制定营销战略与策略的依据。会展营销活动受制于客观环境因素，必须与所处的营销环境相适应。但办展机构在环境面前绝不是无能为力、束手无策的，应该发挥自身的主观能动性并制定有效的营销战略决策去影响环境，才能在激烈的市场竞争中占得先机，争取主动。

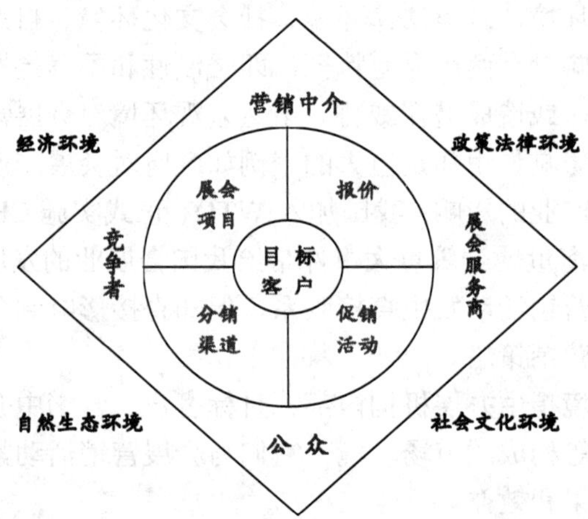

图 2-1 影响会展营销活动的主要环境因素

二、会展营销环境的特点

会展业有其自身独特的行业背景，因此，会展营销环境既具有其他行业领域营销环境所共有的特征，又有其鲜明的个性特点，表现为客观性、差异性、相关性、动态性、不可控性、可影响性等方面，以下分别阐述。

1. 客观性

会展营销的外部环境比较复杂，它作为外在的、不以营销者意志为转移的因素，对会展营销活动的影响具有强制性和不可控制的特点。因此，对于这些外部环境，会展营销人员必须客观地认识和正视它们的存在，才能对其进行准确的分析、研究和考量。例如，青岛市举办的“海洋节”就是抓住了青岛是著名的海滨城市的特点，恰如其分地利用了城市的自然资源；再有“青岛啤酒节”则是以青岛市的产业发展为依托，有效利用了“青岛啤酒”的品牌效应，为青岛市打造了一张响亮的城市名片。“青岛啤酒节”为推动城市发展和当地啤酒产业发展做出了巨大贡献。

2．差异性

营销环境的差异性既表现为不同企业受不同市场环境的影响，而且，即使同样的市场环境变化对不同企业的影响也不相同。会展营销环境也是如此。不同的国家、民族、地区之间在人口、经济、社会文化、政治、法律、自然资源等方面存在着广泛的差异性，这些差异性对会展营销活动的影响力各不相同。例如，2010 年在北京举办的“首届世界武博运动会”，由于我国有着历史悠久的武文化，武术精神在全球影响深远，由我国举办首届国际性的“武博会”，显然更容易得到全国乃至全世界武术爱好者的认可。

由于外界环境因素的差异性，会展组织者必须实施不同的营销战略与策略来应对和适应。不同国家或地区之间，宏观环境存在着广泛的差异；不同的展会之间，微观环境也千差万别。展会营销环境的差异性促使会展组织者必须采取灵活有效的营销对策，应对各种市场环境的变化，并不断提高自身的营销能力。

3．相关性

营销环境是一个大的系统，在这个系统中，各种影响因素相互依存、相互作用和相互制约，某一因素的变化可能带动其他因素也发生变化，从而形成新的营销环境。这是由于社会经济现象的出现，往往不是由单一的因素所能决定的，而是受到一系列相关因素影响的结果。例如，创办于 1957 年的“广交会”，迄今已有 50 余年历史，是我国历史最长、规模最大、商品种类最全、到会客商最多、成交效果最好的综合性国际贸易盛会。“广交会”之所以选择在广州举办，除了广东是我国经济较为发达的地区外，还由于广州是一个开埠较早的港口城市，享有几百年的盛誉，这里早就是国际商贸的交易地和商品集散地。选择广州作为“广交会”的主办城市不但考虑了经济、文化、地理等因素，还考虑了参展商、游客的心理和行为因素，这也是“广交会”历时 50 多年、举办百余届仍长盛不衰的原因之一。

4．动态性

营销环境是会展营销活动的基础和条件，这并不意味着营销环境是一成不变的，它是一个动态的系统。我国会展业发展迅速，今天的环境与十多年前的环境已经有了很大的变化。十多年前，人们对会展的认识还很模糊、很片面，如今会展业的飞速发展万众瞩目，会展经济也成为我国经济发展和城市发展的一种新模式。值得注意的是，动态变化的宏观环境虽然会危及会展业，但也能为会展业带来新的发展契机，而这些市场机会与威胁又是可以相互转化的，这就要看会展组织者是否具有驾驭市场的营销运作能力。会展组织者如果不能抓住转瞬即逝的市场机会，被竞争对手抢得先机，那么市场机会很有可能就变成影响自身发展的市场威胁；而面对同样的市场威胁，如果能够审时度势，提前预判并做出及时规避，市场威胁也可能转化为发展的良好契机。

5. 可影响性

环境是现实存在、不可控制的，但这并不意味着不能对它进行影响和改变。现代营销学认为，企业经营成败的关键就在于能否适应不断变化着的市场环境并对其做出积极的反应。“适者生存”既是自然界演化的法则，也是企业营销活动的法则。强调企业对所处环境的反应和适应，并不意味着其对环境是无能为力或束手无策的，而应从积极主动的角度出发，能动地去适应营销环境。具体到会展营销，办展机构可以通过对内部环境要素的调整与控制来对外部环境施加一定的影响，最终促使某些环境要素向有利于本展会发展的方向转化，或者运用自身的经营资源去影响和改变会展活动的营销环境，从而创造一个更有利的发展局面。

第二节　影响会展营销的宏观环境

宏观营销环境指对会展营销活动带来市场机会和环境威胁的主要社会力量。办展机构分析宏观营销环境的目的在于更好地认识环境，通过自身的营销努力去适应宏观环境的变化，在不断变化的市场环境中抓住有利于发展的市场机会、规避市场威胁。会展营销的宏观环境主要包括社会文化环境、经济环境、政策法律环境、科技环境、自然资源环境等。

一、经济环境

影响会展业发展的宏观经济环境主要包括会展举办地的经济发展水平、展会题材所在产业的发展现状和发展前景、展会题材所在产业的市场规模、展会所在地区的区域条件等。

1. 地区经济发展水平

国际展览联盟（UFI）指出：“一个城市或地区如果基础设施相对完备、人均收入在世界中等以上，服务业在 GDP 中的比重超过制造业且过半，外贸份额占 GDP 的比重接近或超过 10%，则会展业将会在该城市强势增长，并发挥积极作用”。近年来，我国形成的三大会展核心城市——北京、上海、广州，其城市的经济发展水平一直位居我国各城市前列，其第三产业的生产总值占地区 GDP 比重均超过 50%，依托本地区经济发展水平的飞速提高，这三个城市的会展业均得以蓬勃发展。

以北京市为例，2010 年北京 GDP 总量为 13777.9 亿元，如果按 2009 年末北京常住人口 1755 万人计算，则人均 GDP 为 78506 元人民币，以世界银行划分富裕程度的标准，北京已迈入中等富裕城市行列。2010 年北京经济增长速度为 10.2%，第三产业占 GDP 比重达 74.9%，符合国际展览联盟（UFI）关于地区经济发展水平对会展业影响的提法。①

2．会展题材所在产业的发展现状及前景

会展业的发展依托于一个城市的产业结构和区位优势，以及经济综合发展水平。会展经济一定要与地区经济发展相结合，突出区域经济的特点与特色，才能彼此相得益彰：一方面，从区域的特色产业和优势产业入手办展，有利于创建和培植品牌展会；另一方面，特殊地域风情形成独特的人文风情，对举办会展活动具有不可替代的地理、人文优势。例如以时尚产业著称于世的法国巴黎，也正是因时装、化妆品等成功展会享有“展览之都”的美誉；而“购物天堂”香港则是以珠宝、皮草、玩具等展览著称。再如，广东深圳的高交会、东莞的名家具展，浙江义乌的国际小商品博览会，大连的国际服装节，重庆的火锅美食文化节等，会展品牌与这些城市本身的经济发展和产业特点密切相关，会展业为区域支柱、优势产业的发展提供了契机。因此，当地的产业发展对会展题材的确定影响很大，如果展会题材属于当地的支柱产业，而且是政府重点扶持发展的产业，那么会展项目举办成功的概率就大。

案例链接

义乌国际小商品博览会

中国义乌国际小商品博览会(以下简称“义博会”)是唯一经国务院批准的日用消费品类国际性展览会。其前身是中国义乌小商品博览会，创办于 1995 年，到 2010 年已成功举办 15 届。以“面向世界、服务全国”为宗旨，对扩大商品出口，提升小商品制造业，促进区域经济发展发挥了积极的推动作用。

“义博会”因其办展特色鲜明，国际化水平突出，服务体系完善，已成为目前国内最具规模、最有影响、最富成效的日用消费品展会，是继广交会、华

① 数据来源：北京市统计局，2011 年 2 月

交会后的第三大展会。

被称为“小商品海洋，购物者天堂”的义乌是目前全球最大的小商品集散中心，“义博会”依托义乌小商品市场这一国际性的小商品贸易中心优势，展览内容涵盖文化办公、体育娱乐、玩具、针织辅料、工艺品、日用品、流行首饰、箱包皮具、五金机电、玻璃制品等行业。“义博会”每年吸引数千家企业参展，到会专业观众 12 万人以上，境外客商超过 18000 人，其中欧美等发达国家客商占 27%，展会外贸成交额占 60%以上。“义博会”期间举办的国际市场报告会、跨国零售集团采购对接等经贸活动，使参展客商能获得更多有价值的资讯和商机，已成为客商抢占海内外市场的绿色通道。

3．会展举办地的经济区位条件

会展业一直被认为是高收入、高盈利的行业，会展经济不仅本身能够创造巨大的经济效益，而且还可以带动交通、旅游、餐饮、住宿、通信、广告等相关产业的发展。近年来，我国已形成了以会展核心城市为中心的三大会展产业带，即以上海为中心，辐射长三角的长三角会展经济产业带；以北京为中心，辐射环渤海的环渤海会展经济产业带；以及以广州、香港地区为中心，辐射珠三角的珠三角会展经济产业带。不久的将来，我国还将形成两个新的产业带，即以成都、昆明、西安为中心，以武汉、重庆、乌鲁木齐、南宁为次中心的中西部会展经济产业带，以及随着“东北地区振兴规划”而实施的以哈尔滨、大连、长春为支撑的东北会展经济产业带。迅速崛起的会展经济成为国民经济发展的推进器和新亮点，并已成为众多城市的新景观。

二、政策法律环境

会展营销的政策法律环境指具有强制性的，对展会产生影响的政策、法律、管理条例，主要包括会展行业法律法规和与会展业相关的政策法规等。

总体来说，我国会展业发展的法律环境还不是很成熟，相关立法还处于探索及积累经验的阶段。我国目前还没有一部独立的会展法，会展领域发生的许多纠纷还需借助于其他经济领域的相关法律如《合同法》、《知识产权法》、《反不正当竞争法》、《专利法》等来协调解决。我国政府先后出台过一些规范会展业发展的管理办法与条例，主要有《商品展销会管理办法》、《专业性展览会等级的划分及评定》、《展会知识产权保护办法》等（参见表 2-1）。此外，会展题材所在产业的相关政策，政府对消防、安保、工商管理、产品进出口、知识产权保护方面的严格要求等也都会对举办会展活动产生不可忽视的影响。

表 2-1　部分规范会展业发展的管理办法与条例

时间	政策	备注
1998 年	《商品展销会管理办法》	由国家工商行政管理局颁布，1998 年 1 月 1 日起实施
2002 年	《专业性展览会等级的划分及评定》	属国家经贸委批准的商业行业标准，2003 年 3 月 1 日起实施
2003 年	“允许香港公司以独资形式在内地提供会展服务”	CEPA 会议上，中国与港、澳签定
2004 年	《设立外商投资会议展览公司暂行规定》	中华人民共和国商务部第一次部务会议审议通过，2004 年 2 月 12 日起实施
2006 年	《展会知识产权保护办法》	商务部、国家工商总局、国家版权局、国家知识产权局审议通过，自 2006 年 3 月 1 日起施行

知识链接

当前我国会展业的政策法律环境

一、政府主办型展会过多

我国会展业成长于计划经济向市场经济的转型期，很长一段时间以来展会都是由政府包办的，“政府搭台，企业唱戏”曾是各地政府招商引资，为企业提供投资洽谈、交流合作平台的有效方式，也造就了“中国第一展”广交会、北京科博会、深圳高交会等众多知名展会。直到现在，由各级政府和各大部委主办的展会在会展市场中仍占据绝对主导地位，中国会展经济研究会常务副会长沈丹阳在 2006 年“中国国际会展文化节”上表示，政府主导型展会在我国展览市场中占主导地位可能不意味着其数量占很大比重，但其在知名度、影响力、竞争力方面至少占到了总量的 50%～60%，全国各地有影响力的展会基本上都是政府办的，“就像广交会，广州再办二三十个展会也抵不过一个广交会。”

随着我国会展经济市场化与国际化进程的不断深入，这种深具中国特色的政府主办展会的弊端不断显现。首先，与全程市场化运作的展会相比，政府办展是一种资源配置效率较低的运作方式；其次，政府既是展会的承办者，同时又是项目审批者和行业管理者，既当运动员，又当裁判员，某种程度上破坏了行业的公平竞争秩序；再次，政府办展重在城市形象和“政绩”工程，可能会“叫好不叫座”，市场效益较差；最后，政府在市场运作主体上的错位必然导致其在宏观管理上缺位和在微观操作上越位，即该管的没管好，不该管的滥用行政权力。

二、计划经济体制沿袭下来的会展行政审批制度

在市场经济发达国家，举办展览不需经政府部门的行政许可，这是会展市场化、产业化的重要前提。我国长期以来对会展活动采取审批管理，这种由计划经济体制沿袭下来的行政审批制度存在很大弊端，政府掌握着审批权，组展单位只有获得审批文件，才有资格办展和招展招商。一些有办展资格的机构长期不办展，却能靠跑批文、转让批文坐收渔利，而那些想要办展的外资企业或民营企业则必须与拥有展览经营报批权的国有展览公司合作，高效率的市场资本难于进入，直接影响到我国会展市场的实效。同时，行政审批制度还具有浓郁的“中国特色”，即多头审批，不同类型的展会归属不同部门审批，主管部门“只批不管”或“以批代管”，造成重复办展、交叉办展、资源浪费等问题。

三、多头管理问题突出

我国会展市场管理“条条块块”分割明显。“条条”指系统或行业部门，2003年以前，我国的国内展先后由商业部、内贸部、国内贸易局、国家经贸委归口管理；国际展（指境内举办的对外经济技术展览会）由外经贸部、科技部、中国贸促会负责审批；出展（即境外办展）曾归外经贸部审批，后一律由中国贸促会审批。2003年商务部组建后，展览业行政管理纳入商务部职能范围，但事实上，国家科技部、中国贸促会、中国科协等多个部门仍具有部分管理权，除此以外，海关总署、国家工商行政管理局、公安部等部门实际上也参与相关行政管理。

“块块”则指地方政府对本辖区会展活动的管理。2003 年商务部成立，标志着我国内外贸分割历史的结束和内外贸一体化管理体制的建立，但这只是从组织上解决了中央一级内外贸分割的问题，地方内外贸行政管理部门大部分还未统一，经贸委、外经贸委、商务厅等部门同时存在，展览活动的行政管理仍归口不同部门，与此同时，地方商务部门、经贸部门、工商部门、公安部门对会展活动都有相应的管理权。“条条块块”纷繁复杂地交错在一起，形成政出多门、多头审批、多头管理的局面，是造成我国会展市场相对无序的重要原因之一。

四、会展业法律法规建设相对滞后

我国目前还没有一部独立的会展法，会展领域发生的许多纠纷必须借助于其他经济领域的相关法律如《合同法》、《知识产权法》、《消费者权益保护法》等来协调解决，尽管相关部门也制定并出台了一些行业法规，如国家工商行政管理总局 1998 年出台了《商品展销会管理办法》、国家科委 1991 年制定了《技术贸易会管理暂行办法》、海关总署 1997 年出台了《中华人民共和国海关对进口展览品的监管办法》等，一些地方政府制定了会展业的地方性法规文件，但

这些行政法规多以办法、通知的形式出现，法律效力不是特别高。

在地方行业立法方面，上海做得最好。2005 年，在没有全国性会展法规的情况下，上海颁布实施了国内第一个也是目前唯一一个专门针对会展行业的地方性法规——《上海市展览业管理办法》，为了加强展会专利保护，上海于 2005 年 5 月颁布了《加强展览会专利保护实施细则》。此外，上海还出台了《上海市国际展览项目审查实施细则（试行）》、《上海市规范与促进展览业的若干规定》、《上海会展业自律公约（试行）》等若干行业法规。

三、社会文化环境

文化是根植于一定的物质、社会、历史传统上而形成的特定的价值观、审美观、道德观、民风习俗以及宗教信仰等的综合体。会展营销所面临的社会文化环境主要包括社会所共有的价值取向、审美观、道德观、传统习惯、宗教信仰等，上述社会文化因素会对展会的招展、布展、餐饮、住宿、旅游、出入境手续等方面产生影响。此外，会展营销人员在会展产品和商标设计、广告和服务形式等方面应考虑到社会文化因素的影响。

四、自然生态环境

会展营销的自然生态环境是指对会展行业的生存和发展产生直接或间接影响的各种天然形成的物质和能量的总体。当前，我国自然生态环境的突出特点是自然资源日益短缺、环境污染日益严重、能源成本趋于提高、政府对自然资源的管理和对环境保护的干预日益加强。绿色、低碳已成为会展业发展的新趋势。办展机构或会展项目欲树立良好的公众形象，应积极了解自然生态环境方面的有用信息，在会展营销中顺应自然生态环境的变化，实施“绿色营销”，如策划以降低能耗、循环利用、环境保护为主题的展会，布展中提倡绿色设计，物流中提倡“绿色包装”，使用环保且能循环利用的展具等。

知识链接

绿色环保成会展业竞争利器

“低碳、环保是会展行业发展的必然选择。”近日，江苏常州灵通展览用品有限公司（以下简称江苏灵通）总裁黄彪在接受本报记者专访时表示，绿色环保是我国会展业可持续发展的大趋势和竞争利器。

客观地说，会展从业者已意识到环保的迫切性，但由于环保材料科技含量较高，对展装（展装是展览会参展企业通过展位设计来突出企业形象和产品，是集声、光、电、特殊材料展示组合和设计的一种特种装饰，它又包含了力学、建筑学等知识和艺术——编辑注）人员来说还有一定难度。与此同时，价格因素也是不可回避的现实，因为环保材料的价格要比展台搭建所用的木质材料高出50%。

但黄彪认为，环保材料重复使用率高，平均的单次成本要低于木材。需要指出的是，环保展装材料还没有被广泛使用的另一个重要原因是理念的差异和认识上的误区。在很多展会上，有些参展企业为了追求新、奇、大的展出效果，过分重视展台特装搭建，这也在一定程度上阻碍了绿色会展的进程。

近年来，尽管我国展示器材发展速度很快，但从目前实际情况来看，展会使用的材料仍然以木结构为主，运用铝合金展示材料的比较少。目前我国展览工程行业80%以上采用不可回收的一次性木结构材料，在展会现场用其制作加工后形成的废弃物不仅污染环境，还存在安全隐患。尤其是木结构的展台大量采用胶水、油漆、涂料等，易对自然环境和参展人群造成危害。有数据显示，举办一届广交会，现场遗留的垃圾达3000吨。值得一提的是，在展览业发达的德国、美国、日本等国家，展台搭建大都采取构件化、精密化、模块化、标准化等方法，如加入更多的小型桁架、折叠展架、布饰结构等。其中，铝合金桁架的使用已经非常普遍，常常利用桁架进行整体展台的搭建。

黄彪指出，未来展装材料的发展必将呈现出三个特点：环保概念、简洁概念、速度概念。而只有铝合金展具才具有上述三个特点。铝合金展具可以有效地节约展台搭建时间，增大展示空间。可以说，铝合金材料是最具竞争力的材料，是未来展具发展的方向和趋势。

推广绿色环保会展在一定程度上离不开政府的支持，也就是说，政府应在发展会展业的规划中建立相应的扶持体系。与此同时，为了更好地推广绿色环保理念，中国展览馆协会展览工程专业委员会与展览馆需要共同努力，携手制定相关行业标准，规范行业制度，以促进绿色会展更好发展。

对于展览馆而言，要有效制止大量参展垃圾、保护参展环境。而要实现以上效果，可以通过规定参展商使用木质材料的数量、禁止大型机械进入场馆、禁止将排放污染的物品带入场馆等措施保障馆内的清洁卫生，从而在参展环境上保障参展商的利益和健康，同时赢得广大客户的好评。

而对于中国展览馆协会展览工程委员会而言，更应该起到指引和指导的作用。可以定期举行专题论坛、专题培训，进一步引导参展企业向标准化制作、重复性使用的绿色环保的参展方向靠拢，使展览业向更专业化、快捷化、环保化的方向发展。

（资料来源：中国贸易报.2010-08-10，本文有所删减）

第三节　影响会展营销的微观环境

影响会展营销的微观环境指对办展机构服务其客户的能力构成直接影响的各种力量和因素，包括办展机构的内部环境、会展客户、会展服务商、会展营销服务机构、竞争者以及各类公众等。会展项目的组织者分析和评估微观营销环境的变化，其目的在于更好地协调自身与各种微观环境的关系，进而促进营销战略目标的实现。

一、办展机构的内部环境

内部环境指办展机构内部所具备的各种办展条件，包括人、财、物、信息资源和社会资源，是否具备在展会题材所在产业办展的优势。任何一个企业的市场营销活动都不是某一个部门的孤立行为，办展机构的营销管理部门也不例外。会展组织者开展营销活动必须充分考虑到机构内部的环境力量和因素。办展机构内部的组织结构不同于生产性企业，一般都是按项目进行划分，实行业务部制，通常设有营销部、运营部、工程部、财务管理部、行政人事部等职能部门，营销部门又下辖策划部、外联部、招展招商部等业务部门，与其他部门协同合作，共同完成会展营销任务。

二、会展客户

客户创造财富。对会展组织者而言，最重要的客户是参展商和专业观众。参展商是会展产品和服务的直接购买者，亦是办展机构的主要营销服务对象，其对会展营销的影响程度远远超过其他环境因素。专业观众出于贸易目的而来，他们从事的职业一般与展览题材密切相关，也称采购商。专业观众的质量越高、数量越多，参展商的展出效果就越好，展会的知名度和品牌效益也就越强，因此拥有一定数量与质量的专业观众是展会成为“品牌展”的重要标志之一。

一个成功的展会离不开行业内众多企业的长期支持和合作，与客户建立长期良好和稳固的合作关系已越来越重要。近年来，随着国外会展企业涌入我国，国内会展业发展已处于相当严重的展会同质化、竞争白热化的局面，大部分展会平均每年都有高达 25%（有些展会更高）的客户流失，“招展难”已成为会展组织者面临的最大问题。因此，会展营销强调把满足参展商及观众的需要、建立良好的客户关系作为展会营销管理的核心，通过与会展客户建立良好的关系来确保自己展会的竞争优势，更有会展组织者将客户关系管理（CRM）引入到会展营销管理当中，借助于现代计算机技术和电子商务技术选择和管理最有价值的会展客户。

三、会展服务商

会展服务商指受会展主办方委托，为会展活动提供各种服务的机构，包括展会指定的展品运输商、负责展台搭建的展位承建商、指定的旅游公司和酒店、提供展会资料印刷和观众登记的专门服务商等。会展活动的规模越大，所需要的服务商就越多。如 2010 年上海世博会的服务商就囊括了餐饮服务商、物流服务商、零售服务商、媒体服务商等。

会展服务商的变化直接影响到展会的产品价格、服务质量以及利润，从而影响展会组织者营销计划和营销目标的完成。当前很多会展项目的服务是外包给会展服务商的，如展会现场翻译、车辆租赁安排、待定酒店机票等，但从参展商和观众的角度看来，这些服务却是展会直接提供的，是与展会服务一体的，并将服务商的失误归结到会展主办方身上，所以即使进行了服务外包，会展主办方也决不能忽视这些服务的品质。因此，主办方必须选择和委托高质量的服务商，并时刻监督其服务质量。作为会展营销人员，要时刻关注会展服务商的稳定性、价格变化以及服务质量。

1. 服务供应的及时性和稳定性

场地、搭装材料、设备等资源的保证供应，是会展活动顺利举办的基础和前提，此外，会展现场的安保、礼仪、保洁、餐饮等服务，任何一个环节出现问题，都会导致会展活动无法正常进行。会展组织者为了保证各类服务资源的有效支持和及时到位，就必须和服务商保持良好的合作关系，及时了解和掌握服务商的状况。

2. 服务商的价格变化

服务商的价格变动会直接影响会展主办方的办展成本。如果服务商提高服务的价格，必然会导致主办方办展成本的增加，此时如随意提高展位价格，就会影响参展商的参展意愿。为此，会展组织者须密切关注和分析服务商的价格变动趋势，能够早作准备、积极应对。

3. 服务商的服务质量

服务商能否提供高质量的产品和服务，将直接影响到展会的水平和效果，进一步会影响到主办方的收益及信誉。为此，会展组织者必须了解会展服务商的产品和服务，分析其质量水平，从而保证会展活动的良好效果。

案例链接

世博会餐饮供应服务商征集工作

2009 年 11 月，上海世博会园区第三批餐饮服务供应商正式签约完成。至此，持续 10 个月的 2010 上海世博会园区餐饮服务商征集工作正式落下帷幕，第三批签约上海世博会餐饮供应商包括浙江老字号五芳斋和上海必胜客公司等著名企业。

据组织者介绍，餐饮服务设施作为整个世博会的配套服务设施，在世博园区运营中扮演着不可或缺的角色。主办方在园区公共区域共规划了 85000 平方米的餐饮服务设施，其中浦东园区 65000 平方米，浦西园区约 20000 平方米。

为了给参观者提供丰富多样的就餐选择，同时又要能应对大客流用餐的需求，世博会组织者在业态规划上以中西式快餐、美食小吃广场和特色主题餐厅为主，日供餐能力分别为 20 万份、6 万份和 4 万份。配合适量的中西式正餐、咖啡、茶坊、面包店、甜品店、特色酒吧、外卖以及清真素食等。

自 2008 年 12 月 27 日，上海世博会组织者餐饮服务供应商的征集工作开始，先后有 500 多家企业咨询相关事宜，很多应征企业都充分利用行业经验，发挥聪明才智，制定了优秀的应征方案。专业的评审委员会要求入驻商家能体现中国饮食文化、地方饮食特色，更要符合世界饮食需求，对于原料、品质、供应链、管理等方面都有着近乎苛刻的要求，最后总共选出了三批共 100 多家餐饮服务供应商、80 多个品牌公司或集团。而其中 90%的公司或集团在上海拥有店铺或拥有强大的供应链支持。2010 上海世博会将成为五芳斋等世博餐饮供应商向世界展示品牌、提升形象的巨大舞台。

（资料来源：浙江日报. 2009-11-06，作者不详）

四、营销服务机构

营销服务机构指为会展项目提供营销服务的各类机构，如市场调查公司、招展代理、招商代理、广告代理公司等，它们的主要任务是协助会展主办方策划会展项目、进行会展项目的商业包装和市场推广、进行市场调研、协助进行招展招商等。一些大型会展公司通常会设立自己的广告部门、招商部门以及市场调研部门等，但也有为数不少的办展机构以合同方式委托相关公司来代理有关事务。营销服务机构的工作效率直接影响到会展营销的效率与效益，会展组织者需要密切关注、精心选择营销服务机构，力求获得对展会最为有效的营销服务。

五、竞争者

由于成功的展会往往具有很高的利润回报，趋利心理引得各方人士涉足会展领域。目前，我国会展业竞争日趋激烈，国内展馆总量过剩，展会主题重复，导致竞争到了白热化地步。一方面北京、上海展馆供不应求，展馆租金不断上涨令会展主办方压力大增；另一方面一些中小城市展馆门可罗雀，产生巨额亏损，难以为继。

从国际会展市场来看，会展经济发达的国家非常重视推行全球化战略，积极抢占发展中国家的会展市场。我国加入世界贸易组织后，诸多经济领域都参与到国际经济大循环之中，会展业也将部分或全部地加入到国际会展业的竞争中，这将强有力地推动我国会展业产生根本性变革。我国在降低关税、解除多项贸易壁垒后，拥有全球20%人口的广阔市场和巨大的市场潜力，强有力地吸引着国外会展品牌和资金的注入。随着更多外资的注入，有丰富经验的国外展览管理人员来到中国市场，对其独资、合资项目进行管理或开发更多的展览项目，国际会展公司从会议、展览，组织、接待等方面全方位地进入中国会展市场。例如，德国汉诺威展览中心、杜塞尔多夫展览中心、慕尼黑展览中心已在上海共同成立德国国际展览有限公司，并成为上海新国际博览中心的股东。英国励展博览集团、德国法兰克福展览公司 2003 年进军北京和上海。2004 年，德国的柏林国际展览公司、美沙集团和美习会展服务公司、新加坡环球展览公司以及日本 TCS 会展服务公司纷纷进军中国会展市场。外资会展公司的进入，加剧了我国国内会展业的竞争，但是通过竞争必然会大大提高我国会展业的整体发展水平。

案例链接

京城十天三个“乐器展”，参展商游走于混乱间

2006 年 5 月 23 日到 5 月 31 日的近 10 天中，在北京中国国际展览中心和全国农业展览馆，相继有三个乐器方面的展览举行，而且都冠以国际之名，如此密集、名称相似的展览活动集中举行，带来了京城的“乐器热”，同时也使得很多参展商晕头转向，上演了一场不和谐的交响曲。

（一）

5 月 31 日至 6 月 3 日，亚洲规模最大、最具权威性和专业性的第十五届中国国际专业音响、灯光、乐器及技术展览会在北京中国国际展览中心举行。展会由中国演艺设备技术协会、中国技术市场管理促进中心和国际研究所展览有

限公司共同主办承办。展览内容涵盖专业音响、专业灯光、舞台机械、会议系统、视频系统、中西乐器等多个类别，数万种展品在此全面、集中地展示演艺设备领域里最新的科技成果。

该展会自1989年创办以来，一直得到中国文化部、商务部、科技部的大力支持和国内外众多行业组织、专业人士的通力协作，已成为行业内颇具国际影响的展会之一。展会规模连续多年稳居亚太地区同类展览会之首、世界第三。2005年举办的第十四届展览会，展厅面积达62000平方米，参展的中外企业达1000余家，来自64个国家和地区的参观人次近15万。而今年的展会面积更是达到了68000平方米。

5月31日早上8点多钟，中国国际展览中心的大门外就涌满了前来参观第十五届中国国际专业音响、灯光、乐器及技术展览会的观众，直到下午2点多，国展中心大门的四五个参观通道还一直排满了等待入场参观的观众。前来参观的观众一方面是为了了解演艺设备行业的现状，另一方面是为了与供应商、工程商等合作沟通，增进感情，寻求合作商机。

此次展会乐器馆占用了国展一号馆的1、2两层，各种吹、拉、弹、拨、打击等乐器应有尽有，步入展会现场，笛子、古筝、二胡、萨克斯、钢琴、扬琴等各种音乐从四面八方传入耳中。一位来自太原歌舞团的观众说，这次到会主要是想代理一些产品。在这里不但可以看到各种乐器，还可以了解到更多的音响和灯光产品的市场信息。

此次展会的人气确实让同类展会眼热，日本的一个有关灯光的专业展会就到这里进行宣传推广，同时，5月30日开展的第十届中国国际乐器展览会也派出几名工作人员到国展中心发放参观券。

（二）

5月30日在北京全国农业展览馆开幕的第十届中国国际乐器展览会由中国华兴（集团）公司和北京华兴东方展览有限公司主办。有参观者说，若不是在国展中心收到赠票，很多人并不知道在农展馆还有这样一个乐器展。

与国展中心人头攒动的热烈场面相比，农展馆外门可罗雀，不时会有几个观众赶来参观，除了1、2号馆大门上的条幅印有第十届中国国际乐器展览会的字样外，几乎没有其他有关乐器展的标志可寻。

在展馆门口的接待台前，组委会用一张小纸片标明1号馆是西乐、2号馆是民乐，但是整个展馆基本上都是民族乐器，一进1号馆，诺大的展厅只有一家厂商参展，摆放了几架钢琴，一位负责人说，他们连续几届参加这个展会，而没有参加国展的乐器展，那边的展位费比较贵。

参展商对该专业性乐器展褒贬不一。北京美悦提琴制作室的一位参展人员说："这个展会人太少，效果不行，瞎耽误功夫。展位费也不便宜，像我们这个标准展位 4500 元呢。往年我们参展时，展会的会刊挺厚，你再看看今年的会刊，就这么薄薄一小本。"这位参展人员就将手中的会刊送给了记者。"明年的展会我们不来了，你问问这周围的几家公司，谁还会来参加明年的展会。"这位参展商说："在这里只见到了几个老客户，来看看琴，新客户一个都没有。我们以往在上海参展，带的展品几乎都被客户订光了，我们明年只参加上海的乐器展。"不过，北京 WA 电声乐器研发工作室的参展商对农展馆的展会却持肯定态度，他说，到这里参观的都是专业人士，我们的代理商就来了很多，不像其他的展会什么行业的人都有。内蒙古马头琴乐器厂的厂长也说："国展那边人多是因为同时还有音响和灯光展示，人太杂，乐器特色少，不像这个展会是专业乐器展，像我这里的马头琴那里有吗？"

与此同时，参展商对同一时间密集办展颇有微词。内蒙古马头琴乐器厂的厂长说："办展会一哄而上，不到十天就办了三个乐器展览会，谁知道参加哪一个，说不定明年北京就是 4 个、5 个乐器展览会了。"

上海神声民族乐器有限公司的代表说："几天工夫北京出现三个国际乐器展览会，我们这些外地人真分不准谁是谁，还都以为参加的是国展的那个展会呢。这隔壁的厂家，前天到国展去布展，才知道自己参加的不是那里的展会。"

珠海民族乐器有限责任公司王先生参加展会有五六年了，他说，现在的展览会太多了，北京、上海、郑州、广州到处都是，效果大不如前。三年前的展览会无论是人流还是订单都很好。"这次的展览会效果不好，没什么人，与国展的展览同时举办，观众肯定会被分流。"

（三）

5 月 23 日在北京中国国际展览中心举行的第九届中国北京国际科技产业博览会，也拿出 2 个展馆作为乐器科技馆进行展示，这是以往 8 届展会所没有的。观众都觉得，乐器跟科技挂钩有点牵强。据一些展商透露，科博会乐器展是从中国国际专业音响、灯光、乐器及技术展览会中分离出来的，展会面积约 8000 平方米，展会的承办方北京市贸促分会与中国演艺设备技术协会原来共同举办中国国际专业音响、灯光、乐器及技术展览会，但由于合作中的利益矛盾，两家承办方分道扬镳，各自举办各自的乐器展。北京市贸促分会带着自己原有的客户资源另立门户，把乐器展办进了科博会。

科博会乐器展，观众大多是乐器爱好者，展会以零售居多。一些展商反映，科博会乐器展展品划分不明确，搞得整个展馆噪音一片。

6 月 3 日，中国国际专业音响、灯光、乐器及技术展览会闭幕，北京地区的乐器展也从轰轰烈烈归于平静，并将蕴酿新一轮的竞争。大多数参展商对北京的展览环境和市场机会表示肯定，但他们也表示："北京展览市场这么不规范，以后我们就不到北京参展了。"一个展会服务不到位，流失的也许只是几个参展商，一个城市的展览管理不到位，流失的恐怕就是一个展览会，甚至是一个大市场。

（以上案例摘编自：中国贸易报. 2006-06-07，作者：周汝文）

思考：

1. 请你分别点评上述三个展会。

2. 参展商对第二个展会褒贬不一，如果你是主办方，应做何改进?

3. 目前我国展会重复举办，同类展会撞车的现象比较普遍，你认为问题的根源在哪?

六、公众

美国市场营销学大师菲利普·科特勒说："公众是对本机构达成目标有实际或潜在影响的各种群体"。具体到会展营销活动，可能对主办方举办展会产生影响的公众包括政府公众、媒体公众、公民团体公众、当地公众、内部公众等，其中，政府公众和媒体公众对展会的影响最大。这些公众虽然不是展会的直接客户，但是他们的需求、好恶、习惯、价值趋向等会对会展营销活动产生较大的影响，会展组织者应该采取妥善手段处理好与主要公众的关系，争取公众的支持，为会展活动营造和谐、宽松的社会环境。

1. 政府公众

政府公众在办展过程中主要发挥政策指导、关系协调的作用。会展活动举办的成功与否，更多取决于整个行业和企业对其的认可。会展组织者若能得到政府和权威行业协会的支持和合作，无疑就增加了其主办展会的商誉和可信度。

同时，一个会展活动从宣传包装、组织运营到交通运输等各环节运作都离不开政府的支持。而为保持会展行业公平竞争、防止市场混乱现象、完善行业法律法规，同时又要保证足够的透明度，在这些方面更需要政府出面宣传和调控。例如，有着50多年历史的广交会长期被誉为"中国第一展"，曾受到几代中央领导集体的关心，凝聚着经济战线与外经贸人的心血和奋斗，尤其是改革开放30多年的经济发展成就了广交会的辉煌。会展组织者正是因为抓住了当地经济发展的特色，与当地的产业发展相结合，并得到政府相关部门的支持，才会获得良好的社会效益和经济效益。

2. 媒体公众

新闻媒体宣传是塑造品牌的一个重要环节。一个好的展会虽在行业本身有一定的知名度，但频繁的新闻报道和适当的“炒作”更能促进展会宣传，以此形成良性互动，使展会更具吸引力。会展组织者不仅要在展会期间适时适度地与媒体进行合作，而且要随时保持和媒体的友好关系。例如，中国—东盟博览会暨商务与投资峰会通过电视、广播、报纸、杂志、网络等媒体进行全方位、立体式、多角度的报道，极大地提高了该展会的知名度。第三届东盟博览会共有 215 家境内外媒体的 1000 多名记者到会采访，媒体数同比上届增加了 14%，仅展会新闻中心就接待境内外记者 533 人次。

第四节　会展营销环境分析

会展营销环境分析指会展活动的组织者通过监测、跟踪营销环境的变化及发展趋势，从中发现市场机会和威胁，进而调整营销战略与策略，以适应营销环境的变化。在会展营销环境分析中，最常用的是 SWOT 分析法。

一、SWOT 分析法概述

SWOT 战略分析法（简称 SWOT 分析法）是运用系统分析的方法，将组织内部的优势与劣势、外部环境所带来的机会与威胁相互匹配并进行综合研究，在此基础上制定相应的发展战略。①

SWOT 分析法最早是由美国旧金山大学的管理学教授在 20 世纪 80 年代初提出来的。在此之前，早在 60 年代，就有人提出过 SWOT 分析中涉及的内部优势、劣势、外部机会、威胁因素，但只是孤立地对它们加以分析，而 SWOT 分析法用系统的思想将这些似乎独立的因素相互匹配起来进行综合分析。运用该方法有利于人们对组织所处的情境进行全面、系统、准确的研究，从而制定与之相应的发展计划或对策。

SWOT 分析法包括以下步骤：

1. 分析环境因素

运用各种调查研究方法，分析出企业所处的各种环境因素，即外部环境因素和内部能力因素。外部环境因素包括机会和威胁，它们是外部环境对企业发展有直接影响的有利和不利因素，属于客观因素，一般归属为经济、政治、社会文化、技术、市场、竞争等不同范畴；内部环境因素包括优势和劣势，它们是企业自身存在的积极和消极因素，属主观因素，一般归类为管理的、组织的、经营的、财务的、销售的、人力资源等不同范畴。

---

① 唐友明. 基于 SWOT 分析法的经营战略选择. 长江大学学报（社会科学版）. 2007（3）

2．构造 SWOT 分析矩阵

将调查得出的各种因素根据轻重缓急或影响程度进行排序，构造 SWOT 矩阵。在此过程中，将那些对公司发展有直接的、重要的、迫切的影响因素优先排列出来，而将那些间接的、次要的、不急迫的影响因素排列在后面（见图 2-2）。

外部环境	潜在外部威胁（T）	潜在外部机会（O）
内部环境	潜在内部优势（S）	潜在内部劣势（W）

图 2-2　SWOT 分析矩阵

3．制定行动计划

在完成环境分析和 SWOT 矩阵的构造后，便可以制定出相应的对策和行动计划（见图 2-3）。

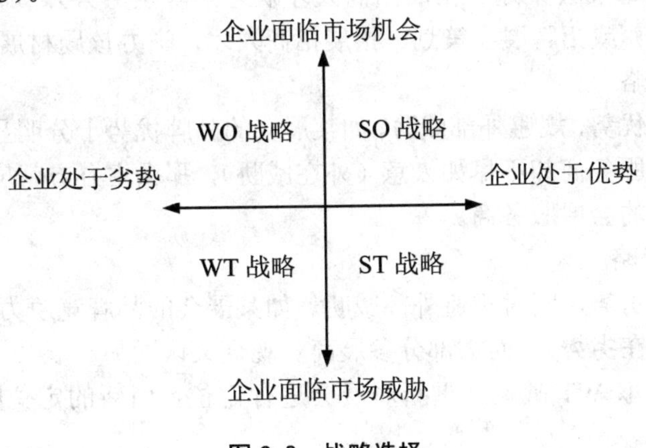

图 2-3　战略选择

在图 2-3 中，SO 战略又称为优势—机会战略，指将企业内部优势与外部环境机会相匹配，使这两种因素都趋于最大；WO 战略又称为劣势—机会战略，利用外部机会弥补企业内部劣势，使劣势趋于最小，机会趋于最大；ST 战略又称为优势—威胁战略，利用企业优势回避或减轻外部威胁的影响，使优势趋于最大，而威胁趋于最小；WT 战略又称为劣势—威胁战略，减少内部劣势的同时规避外部环境的威胁，使这些因素都趋于最小，此为防御性战略。

上述战略中，WT 战略是一种悲观的对策，是企业处在最困难的情况下不得不采取的对策；WO 和 ST 战略苦乐参半；SO 战略最理想，是企业处在最为顺畅的情况下十分乐于采取的对策。

二、SWOT 分析法在会展营销中的应用

会展活动的组织者应用 SWOT 分析法指导营销活动的具体做法是：把对本次会展营销有影响的各种宏观因素和微观因素一一列出，综合分析这些因素对举办本次展会所形成的机会和威胁，结合主办方自身的优势和劣势，确定举办本次展会的可行战略和有效对策。会展组织者在评估营销环境，并构建 SWOT 战略分析矩阵的基础上，制定相应的营销对策，具体包括以下几种：

1．SO 战略

利用内部优势，抓住外部机会。如办展机构资源雄厚（内部优势），发现某行业中尽管有展会存在但该展会市场覆盖面不广（外部机会），那么它就应该采取 SO 战略进入该行业举办展会。

2．WO 战略

利用外部机会，克服内部劣势。如某题材展会的市场机会很大（外在机会），而办展机构内部展会策划、招展招商人才缺乏（内在劣势），那么就应该采用 WO 战略，培养或招聘展会策划、招展招商人才，举办该题材展会。

3．ST 战略

利用内部优势，规避外部威胁。如某展会的品牌优势十分明显（内部优势），而与之合作的服务商却不尽如人意（外在威胁），那么主办方就应该采取 ST 战略，寻找更好的会展服务商。

4．WT 战略

减少内部劣势，同时规避外部威胁。如某展会的品牌竞争力较之已有的另一展会弱（内在劣势），而大部分参展商和观众又认同另一展会（外在威胁），那么就应该采取 WT 战略，重新对展会进行定位，用新的定位吸引参展商和观众。

下面以厦门国际会展集团公司为例，对其进行 SWOT 分析，如表 2-2 所示。

表 2-2　厦门国际会展集团 SWOT 战略分析矩阵

内部因素 / 外部因素	**内部优势（S）** 1. 拥有目前全国一流的展馆，不是租赁也不是托管。 2. 无负债。我国很多展馆是贷款盖的，本、息沉重。 3. 现金充足，有利于改造及再投资。 4. 高质量服务水平，承接各类型展览的经验丰富。 5. 国际展览联盟成员。 6. 拥有石材展、佛事用品展两大自办展品牌。	**内部劣势（W）** 1. 人力基础差，缺乏高素质的专业展览人才。 2. 目前机制不能大刀阔斧，一步到位。 3. 与一线城市相比，展览、会议场地不足，资源配置不合理。 4. 展览业管理无先行模式可鉴，营销渠道不畅。
外部机会（O） 1. 时逢政府大抓“会展经济”，以“会展”拉动本地经济，支持力度大。 2. 城市环境较好，旅游资源丰富。 3. 在各大城市举办的展览因成本、服务质量等原因有向中、小城市移动的迹象，同时国际合作的机会逐渐增多。 4. 厦门的台海优势有着其他城市所不能复制的特点，对台会展合作市场潜力巨大。	**优势+机遇（SO）** 1. 借助政府行政资源加大申办展会力度，提高展馆使用率。 2. 巩固已有自办展品牌，培育创新项目，使自办展成为集团业务发展和收入的主要来源。 3. 以扎实的服务质量为业务发展基础，同时拓展国际合作机会，提高知名度。 4. 加强对台会展合作，发挥区域优势。	**劣势+机遇（WO）** 1. 建立新型用人机制、薪酬机制、激励机制和内部竞争机制，培养优秀会展人才。 2. 借助知名展会来厦成功举办的事例扩大业内宣传，加强对市场的主动出击，逐步建立完善的销售网络。拟在北京、上海、广州陆续成立销售公司，尽力提高市场占有率。 3. 利用厦门优越的旅游资源，增加对全国巡回展会的申办力度。
外部威胁（T） 1. 地理位置不好，交通不太方便，城市容量不足。 2. 周边经济差，产业基础大部分较薄弱。 3. 周边城市都在酝酿盖展馆，福州新展馆已完工。 4. 目前我国会展业正在大洗牌，如发展速度慢，有被边缘化的危险。	**优势+威胁（ST）** 1. 发挥一期展馆、二期展馆、会议中心的场地优势，捆绑销售，增强竞争实力。 2. 扩大公司业务外延，做到展馆经营业务、专业品牌自办展、会展服务等业务的优势互补。 3. 积极扶持本地其他展览公司的创新项目，培育市场。	**劣势+威胁（WT）** 1. 加强创新管理，设立策划部、调研部、设立新创意、新点子基金等管理措施，加强制度化管理，完善内部制度，提高工作效率，提升综合竞争力。 2. 将公司工程改造作为常设机构存在。工程改造是公司硬件创新的重要部分。 3. 积极参加各种行业协会、组织，对环境变化灵活应对。

（资料来源：张若萌. 中国会展. 2009（17））

三、会展组织者如何应对市场机会与威胁

1．应对市场机会的策略

会展组织者在对营销环境所带来的市场机会进行评估的基础上，可以有的放矢地制定相应的营销对策。常用的策略有以下三种：

（1）及时利用策略

当市场机会与办展机构的营销目标一致时，且办展机构又具备利用市场机会的资源条件，并享有竞争中的差别利益时，就应抓住时机，及时调整会展营销策略，充分利用市场机会，求得更大的发展。

（2）待机利用策略

有些市场机会相对稳定，在短时间内不会发生变化，而办展机构暂时又不具备利用市场机会的必要条件，可以积极准备，创造条件，等待时机成熟时，再加以利用。

（3）果断放弃策略

市场机会十分具有吸引力，但办展机构缺乏必要的条件，无法加以利用，此时应做出决策果断放弃，因为任何犹豫和拖延都可能错过其他的有利机会而一事无成。

2．应对市场威胁的策略

环境变化对会展营销活动的影响是客观存在的，会展组织者必须给予足够的重视和制定适当的对策。面对市场威胁，会展组织者常用的对策有以下两种：

（1）减轻策略

当会展组织者面临环境威胁时，可通过调整、改变自己的会展营销组合策略，尽量降低环境威胁对会展营销的负面影响程度。例如通货膨胀情况下，展会筹办的费用会大幅度上涨，致使展会成本增加，在主办方无条件或不准备放弃展会时，可以通过加强组织管理，提高效率、降低成本以消化费用上涨带来的威胁。

（2）对抗策略

当会展组织者面临环境威胁时，可通过自身的努力，限制或扭转环境中不利因素的发展。对抗策略通常被称为是积极、主动的策略。会展组织者可以利用各种手段，如政府制定的某项法令、与有关权威组织达成协议等，以抵消外部环境对会展营销造成的不利影响。例如，当会展业中出现一些不正当的竞争行为时，主办方可以拿起法律的武器维护自身的合法权益。

本章小结

任何产品的营销活动都是在不断变化的市场环境中运行的，会展营销也不例外。影响会展营销的环境因素分为宏观营销环境和微观营销环境两大类。其中，宏观营销环境指存在于办展机构之外的并为其本身所不能控制的各种外部力量，如经济环境、政策法律环境、社会文化环境、自然生态环境等，它们对会展营销的影响具有两个显著特征，即强制性和不确定性。微观营销环境指由办展机构内部、目标客户、营销中介、会展服务商、竞争者、社会公众等构成的市场环境，它们与会展营销活动紧密相关，并直接影响会展营销的结果和效益。

会展营销的本质就是会展项目的组织者适应环境变化，并对变化着的环境做出积极反应的动态过程。会展组织者对所处的市场环境进行全面的、正确的了解和分析，及时检测和把握市场环境的变化，对环境变化可能带来的市场风险进行及时应对与规避，从而促进会展项目健康、持续地发展。

SWOT 战略分析法是运用系统分析的方法，将组织内部的优势与劣势、外部环境所带来的机会与威胁相互匹配并进行综合研究，在此基础上制定相应的发展战略。该方法也是会展组织者分析与评估营销环境的重要方法，具体步骤包括分析环境因素、构造 SWOT 战略分析矩阵、制定营销对策与行动计划。面对营销环境所带来的市场机会，会展组织者可选择的应对策略包括及时利用策略、待机利用策略和果断放弃策略；而面对营销环境所带来的市场威胁，会展组织者可选择的应对策略主要有减轻策略和对抗策略。

习　题

一、名词解释

会展营销环境	宏观营销环境
微观营销环境	SWOT 战略分析法

二、简述题

1．会展营销环境有哪些特点？

2．营销环境对会展营销活动产生的影响体现在哪些方面？

3．影响会展营销的微观环境因素有哪些？

4．宏观营销环境和微观营销环境对办展机构的影响有哪些不同？

5．简述 SWOT 分析法在会展营销中的应用。

6．简述当前我国会展业发展的政策法律环境。

三、实训题

以小组为单位，深入调研某一会展项目，运用 SWOT 分析法做出该展会的战略分析矩阵，并提出基于环境分析的营销对策。

四、案例分析题

品牌展会争相落户乐“居”深圳

近日，深圳会展中心在北京举办“2009 深圳与北京、天津会展同业聚会”，向京津专业人士推介深圳会展环境和会展政策。相关人士在会上透露，一系列有利于深圳会展业发展的政策正在制定或已经制定，从明年起，来深圳举办大型品牌展会或参观的人士，将可以免费乘坐地铁和专线巴士。为将深圳打造为亚太地区具有重要影响力的会展中心城市，深圳政府正陆续推出与会展业有关的系列扶持政策。

深圳会展中心管理有限公司董事长李真介绍，深圳会展业起步于上世纪 80 年代末，依托雄厚的制造业基础和优越的区位优势，深圳会展业总规模以年均超过 20%的增速持续健康快速发展。目前，深圳已成为国内最重要的会展中心城市之一。

深圳优良的办展环境正吸引越来越多国内外展览机构来深圳创办展会，或将成熟展会转移到深圳举办。目前，外来展会项目已接近深圳展会总数的四成。在引进的大型展会项目中，有原为流动展的中国电子展、中国国际医疗器械博览会，也有原在东莞举办的国际线路板及电子组装设备展，在广州举办的国际家纺布艺展览会等。国际知名会展机构中，继美国国际数据集团（IDG）之后，英国励展博览集团、德国美沙展览集团通过合资、并购等形式进入深圳，德国慕尼黑博览集团也在深圳设立了办事处。

近年来，深圳先后出台了一系列政策措施，已初步建立起较为完善的会展业市场运行和政策扶持体系。2009 年以来，为帮助会展业应对金融危机，深圳出台了多项新政策。如：展会临时补贴政策，对所有展会给予 2 元／平方米／天的补贴；并对受金融危机冲击较大的优势传统产业展会的场租给予 5 元／平方米／天的优惠，目前已请示市政府，将该政策继续保持三年。此外，还修订了原会展业资助办法，在原有展会资助条件的基础上，进一步放宽了资助条件，提高了资助标准，并且增加了对品牌展会、国际会议和展会数据第三方认证的资助，大大加强了对会展业的扶持力度。目前，新的资助办法已上报市政府审定，很快将正式发布实施。比如本地原创展会面积达到 4500 平方米，按实际场租给予 25%资助；外来展会面积达到 20000 平方米，按实际场租给予 25%资助；对获得 UFI 等国际展览机构认证的品牌展会，一次性给予 15 万元的资助。

据透露，为促进深圳会展业发展，该市将实施减免“商品展销登记证”办理手续，实行一站式展会治安消防报批，延长展会车辆“布撤展通行证”有效期，提高进出口展品报关速度，优先办理国际展报检手续等一系列便利措施。另外，给予大型品牌展会凭有效票证免费乘坐公共交通设施的建议也得到了批准同意，从明年起，来深圳举办展会或参观的人士，将可以免费乘坐地铁和专线巴士。

（资料来源：深圳商报. 2009-12-14，作者：刘虹辰）

思考：

1. 外来品牌展会争相落户深圳的原因是什么？
2. 结合深圳市的情况，谈谈宏观营销环境对展会发展的影响。

第三章

会展营销信息与调研

学习目标

- 理解会展营销信息系统的内涵与构成
- 理解会展营销调研的主要内容
- 了解会展营销调研的一般流程
- 掌握会展营销调研的常见方法
- 熟悉会展营销调查问卷的设计要点与技巧
- 能够独立完成会展项目的营销调研任务

引　言

会展市场竞争的日趋激烈以及竞争环境的不确定性，使得会展策划与营销活动越来越依靠信息。会展企业必须掌握充分的营销信息，建立起快速反应的营销信息系统，才能识别和选择有利可图的市场机会，从而进行科学的营销决策。

会展营销调研在会展项目的策划与营销中日益发挥着重要作用。一项大型会展活动，从选题、立项策划，到展位定价、招展招商，再到会展服务全过程都离不开广泛、深入的市场调研。有效开展会展营销调研，可以为会展企业制定营销决策提供科学依据。

本章将对会展营销信息的含义以及会展营销信息系统的构成进行深入阐述，并对会展营销调研的内容、主要的调研方法与技术、调研程序、调查问卷的设计等内容进行详尽介绍。希望通过本章的学习，使读者了解会展营销信息系统与会展营销调研的基本理论，掌握会展营销调研实务的操作要领，能独立完成会展项目的营销调研任务。

引导案例

要成功举办一个大型会议或展览，立项策划是关键，而立项策划的关键又在于系统而科学的市场调研，充分掌握各种市场信息以确保未来的会展项目具有乐观的发展前景。“2005 中国江苏酒类及副食品交易会”立项的前期调研就是很好的例子。

酒类交易会在全国会展行业里算是比较普通的展会，由于市场广阔，致使很多区域性城市争相举办酒类交易会，所以在一定意义上这个主题已经被做滥了，很难与持续了几十年的全国糖酒会有效区分。在此种情况下，南京国展中心策划了具有区域特色的江苏糖酒会——“2005 中国江苏酒类及副食品交易会”。

早在项目立项之前，主办方就进行了充分的市场调研。由于展会的基调是做区域性糖酒展，故选取的调查对象为江苏省的酒类生产企业及经销商，调查的主要渠道是通过行业杂志资料、亲自致电客户以及亲自拜访。为使调研工作顺利开展，主办方设法得到了江苏省酒类管理办公室的大力支持，为其提供了很多重要的行业资料，大大方便了市场调研工作。

经过两周左右的调查，主办方发现，全国著名的酒厂有 800 多家，江苏省全省共有酒类经销商 23 万家。对于酒厂来说，部分厂家不愿意参加全国糖酒会，因为太笼统的展会起不到解决区域市场问题的作用，即使参加全国糖酒会，目的也是与现有经销商沟通，所以在一定意义上他们是欢迎这种地区性糖酒会的；对于经销商来说，参加全国糖酒会，非常容易迷失在浩瀚的产品海洋里，根本没有机会分辨产品的优劣，造成一定的信息不对称，而参加区域性糖酒会就不同了，参展的企业较少，现场环境明朗，有更多深层次沟通的机会。调查结果显示，举办区域特色的糖酒会市场前景是不错的。

市场调研过程中还得到一个比较令人振奋的信息，江苏省政府和江苏省经贸委近些年来一直致力于振兴苏酒。作为全国酒类生产消费大省，这几年苏酒的竞争力逐年下降，省政府一直在寻求苏酒的振兴之道，而作为专业展会，该展会应该对振兴苏酒起到一定的作用，于是主办方找到省经贸委，立即得到相关领导的重视与支持，展会的市场前景更加看好了。在此基础上，展会在组织机构上确定了以省经贸委牵头，省酒类管理办公室、省酒类流通协会和南京国展中心为具体承办单位的基本架构，招展、招商以及宣传工作全面启动，激活前期收集的客户资料，及时反馈市场信息。

由此案例可见，市场调研是成功举办会展活动的基础，它不仅帮助会展主办方识别和选择有利可图的市场机会，而且向主办方反馈相关市场信息，为制定会展营销决策提供重要依据。

第一节　会展营销信息系统

营销大师菲利普·科特勒曾说过："要管理好一个企业，必须管理它的未来；而管理未来就是管理信息。"对于会展项目的主办方而言，市场竞争的日趋激烈以及竞争环境的不确定性，使得会展策划与营销活动越来越依靠信息。会展企业要在日益严峻的市场环境中求生存、谋发展，就必须掌握营销信息，进而建立起快速反应的营销信息系统，为制定营销决策提供科学依据。

一、会展营销信息系统的含义

会展营销信息系统借助比较成熟的营销信息系统（Marketing Information System）的相关理论，结合会展营销活动的具体特点而形成，是会展企业内部由营销人员、信息处理技术设备和信息处理运行程序组成的一个持续的、彼此关联的系统。该系统准确、及时地对会展营销信息进行收集、分析、评估、选择与传输，以便营销决策者制定营销计划、执行和控制会展营销活动。会展营销信息系统构成如图 3-1 所示。

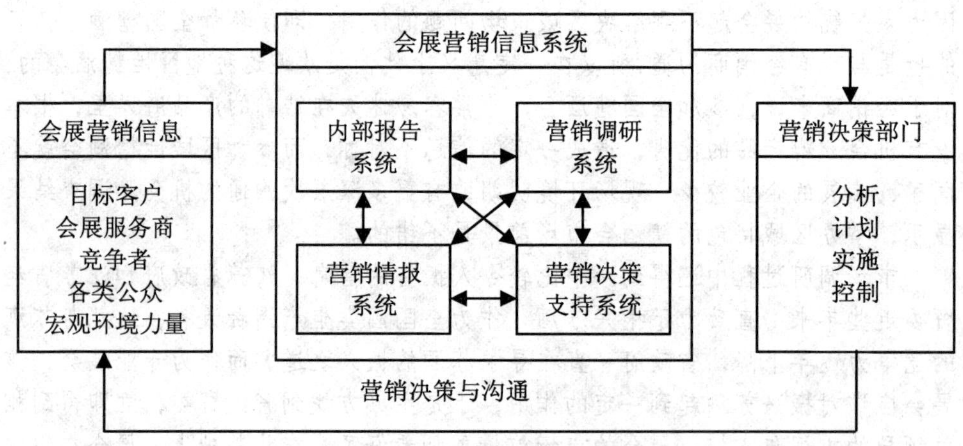

图 3-1　会展营销信息系统

由图 3-1 可见，会展营销信息系统处于会展营销信息与营销决策部门（即信息使用者）之间，由内部报告系统、营销情报系统、营销调研系统和营销决策支持系统四个子系统构成。

其中，内部报告系统的信息来自企业内部，如一线销售部门、人力资源部门、财务部门等，通常是定期提供信息，用于会展营销日常活动的计划、管理与控制。

营销情报系统主要向会展企业的营销决策部门及时提供有关外部环境发展变化的情报信息。借助该系统将外部环境发展趋势及最新信息传递给会展企业营销部门供其进行营销战略决策。

营销调研系统与前述两个系统的显著区别在于其具有鲜明的任务型特征，即针对会展营销活动中某些特定的具体问题收集数据、分析研究并编写调研报告，以供营销决策部门参考。

营销决策支持系统借助各种数学分析模型，对统计数据进行计量分析，帮助营销决策部门分析复杂的营销问题，以便做出更为科学的营销决策。

上述四个子系统根据需要收集信息，对所获取的各种数据资料进行分析与加工整理，然后传导给营销决策部门。营销决策部门进行分析、计划、实施、控制等营销决策，并通过营销沟通手段流回市场，作用于营销环境。

二、会展营销信息系统的构成

1. 会展营销信息

会展营销信息指会展企业收集、处理的各种与会展营销活动密切相关的情报信息，一般分为宏观环境信息和微观环境信息。会展营销活动处于不断动态变化的市场环境之中，营销环境既能为展会带来市场机会，也可能造成潜在威胁，会展企业必须密切关注各种营销环境的变化趋势，制定与之相适应的营销战略，抓住市场机会的同时，注意规避市场风险。

（1）宏观环境信息

宏观环境指对会展营销可能产生影响而又为会展企业自身所不能控制的各种外部力量。对会展营销活动产生影响的宏观环境信息主要包括：

● 社会经济环境

包括会展举办地的地区经济发展水平、展会题材所在产业的发展现状和发展前景、展会题材所在产业的市场规模、会展举办地的区域条件等，上述经济环境对会展项目能否成功举办有直接影响。

● 政策法律环境

包括具有强制性的，对举办展会可能产生影响的各种政策、法律及管理条例，如展会题材所在产业的相关政策；政府对举办展会在消防、安保、工商管理、产品进出口、知识产权保护等方面的严格要求；相关法律如《广告法》、《反不正当竞争法》、《专利法》对举办展会的影响等。

● 社会文化环境

社会文化环境对会展活动的影响主要表现在人口的数量、质量、结构以及人们的文化修养、传统习惯、宗教信仰等因素，这些因素影响到参展商及观众对展会的招展、布展、餐饮、住宿、旅游、会展礼仪等方面的差异与需求。

● 自然生态环境

当前我国自然生态环境的突出特点是自然资源日益短缺、环境污染日益严重、能源成本趋于提高、政府对自然资源的管理和对环境保护的干预日益加强。会展项目欲树立良好的公众形象，应积极了解生态环境方面的有用信息，在会展营销中顺应自然生态环境的变化，实施“绿色营销”，如策划以降低能耗、循环利用、环境保护为主题的展会；布展中提倡绿色设计；物流中提倡“绿色包装”；使用环保且能循环利用的展具等。

（2）微观环境信息

微观环境指与会展营销活动关系密切并能影响会展企业服务客户能力的各种因素，由会展企业内部资源、营销中介、展会服务商、客户、竞争对手以及社会公众等构成。会展企业必须做好微观环境信息的情报收集与市场调研，尤其应加大对目标客户需求和竞争环境方面的调研力度。

● 会展企业内部资源

指会展企业内部所具备的各种办展条件，包括资金、人力、物力以及所掌握的信息资源和能联系的社会资源等，了解上述资源是否具备在展会题材所在产业办展的优势。

● 目标客户

对会展企业而言，最重要的目标客户是参展商和专业观众，其次为一般观众。其中，参展商是会展产品的主要购买者，是会展主办方最主要的营销服务对象；专业观众是出于贸易目的而来，也被称为采购商（或买家），拥有一定数量与质量的专业观众是展会成为“品牌展”的重要标志之一；一般观众则是以增长见识、开拓视野为目的而前往展会现场参观的普通群体，他们对增加展会人气、活跃展会气氛、扩大参展商的广告效应和知名度有一定作用。对各类目标客户参展或参观需求的调研，是会展营销调研工作的重点。

● 营销服务机构

受主办方委托，为展会提供营销服务的各种组织或机构，如市场调查公司、招展代理商、招商代理商、广告代理商和其他营销服务机构，他们的工作成效直接影响到会展营销的效果。

● 会展服务商

受主办方委托，为展会提供服务的各种组织或机构，包括场馆、展品运输商、展位承建商、展会指定的旅游公司和酒店、提供展会资料印刷和观众登记的专门服务商等。展会服务商提供的产品和服务直接关乎会展产品和服务的质量，会展企业应注意收集各类服务商的信息，从中甄选高质量的展会服务商，并时刻监督其服务质量。

● 竞争者

指与本展会构成竞争关系的其他同类展会。竞争者是会展营销决策的重要影响者，会展企业营销人员必须密切关注并随时收集有关竞争者的情报，包括本地区会展行业的竞争态势及市场结构、主要竞争对手的基本情况、其竞争优势与劣势、其会展营销战略与策略等。

● 各类公众

对会展活动的开展有实际或潜在影响的各种群体，具体包括媒体公众、政府公众、公民团体公众、展会举办地当地公众以及会展企业内部公众等。会展企业应注重收集来自于各类公众的信息，了解公众对本会展项目的理解程度、期望程度、满意程度，采取适当措施以树立本会展项目在公众中的良好形象。

2. 会展营销信息系统的构建

如前所述，会展营销信息系统由内部报告系统、营销情报系统、营销调研系统和营销决策支持系统四个子系统构成。以下我们分别进行阐述。

（1）内部报告系统

内部报告系统是会展企业的营销决策部门使用最多、最基本的信息收集处理系统。其最大特点是：其一，信息来自企业内部，如一线销售部门、人力资源部门、财务部门等；其二，通常为定期提供信息，用于会展营销日常活动的计划、管理与控制。

会展企业在设计和运行内部报告系统时应特别注意以下问题：

一是规范化。规范化运作是保证内部报告系统数据稳定性和准确性的基础，如果不能保证系统信息数据的准确性，就无法保证分析结果的安全性，由此而做出的营销战略与策略也不具有针对性。

二是时效性。我国会展市场竞争日趋激烈，市场环境瞬息万变，谁能在第一时间抓住市场机会，就能在激烈的市场竞争中占得先机，赢得主动，而快速及时的情报提供和战备策略运用，可以帮助企业抓住市场机会；反之则可能使近在眼前的市场机会转瞬即逝。

三是针对性。会展企业内部报告系统应避免目标数据的非相关性，即信息要求准确且信息量少，减少营销决策人员处理信息资料的繁杂程度，使其有更多精力投入到营销分析、营销战略与策略的制定上。

最后，内部报告系统对营销决策人员也提出了较高要求。由于提供信息的部门不同，其所提供信息的服务目的也不同，导致各种信息交织在一起，信息量大而杂乱，这就要求营销决策者具有敏锐的营销思维，准确有效地筛选与甄别信息，合理利用信息，为会展营销决策提供合理的数据分析参数。

（2）营销情报系统

营销情报系统的主要功能是向会展企业的营销决策部门及时提供有关外部环境发展变化的情报信息，借助该系统，将外部环境发展趋势及最新信息传递给会展企业营销部门，为其进行营销战略决策提供重要参考。

与内部报告系统中的信息来自于会展企业内部不同，营销情报系统的信息数据全部来自于会展企业的外部环境。如前所述，会展营销活动的开展与实施会受到各种外部环境因素的影响与制约，它们既可能为会展营销带来市场机会，也可能造成潜在威胁，会展企业只有做好对外部环境信息的情报收集与市场调研，才能更好地把握市场机会、规避市场风险。

会展企业获取营销情报的方法是多种多样的，比较常见的有案头调查法、访问面谈法、问卷调查法、现场观察法等。为进一步提高收集情报的数量和质量，会展企业还可以通过以下方法拓宽收集情报的渠道。

一是训练和鼓励销售人员收集情报。销售人员是最直接接触外部环境特别是会展客户的人员之一，他们能获得很多营销决策人员接触不到的情报信息。会展企业应训练和鼓励销售人员去发现和收集营销情报，建立良好的制度，使销售人员及时撰写报告或将情报信息输入营销管理系统中。

二是利用销售代理商收集情报。销售代理商是受会展主办方委托进行展位销售或招商的，它们直接与目标客户接触，易于了解客户的需求特点、其对展会以及主办方的意见与要求，会展企业可通过建立销售代理商定期书面报告制度，要求代理商每隔一段时间向主办方以书面形式对招展、招商情况进行汇报，以便会展企业及时收集营销情报。

三是聘请专家收集营销情报，或向市场调研公司或行业信息机构购买有关市场动向、竞争态势等营销情报。上述专家及专业机构调研经验丰富，调研技术与手段先进，其提供情报信息的质量很高。

最后，会展企业还可在本企业内部建立营销信息中心，安排专人负责营销情报收集、编写简报以及情报传递等工作。

（3）营销调研系统

营销调研系统的任务是针对会展企业营销活动中所面临的某些具体、明确的问题，对有关信息进行系统收集、整理与分析，并将研究结果形成正式报告，供营销决策部门解决这些特定问题。

与前述两个系统不同，营销调研系统的针对性很强，是为解决特定的具体问题而从事的信息收集、整理与分析工作。换言之，营销调研系统具有鲜明的任务型特征，即针对会展营销活动中某些特定的具体问题收集原始数据、分析研究并编写调研报告，以供决策部门参考。会展企业在营销决策过程中，经常需要对某个特定问题或机会进行重点研究，如某一会展项目立项前对其市场可行性和发展前景的研究；或在制定展位价格时对参展商价格接受能力的预判；或欲了解参展商对某一特定展会组织与服务的满意程度等。对这些市场问题的研究，无论是内部报告系统还是营销情报系统都不能很好地胜任，而需要由营销调研系统来承担。

有关会展营销调研的程序、方法与技术等内容将在本章第二节和第三节详细介绍，此处不做赘述。

（4）营销决策支持系统

营销决策支持系统借助各种数学分析模型，对统计数据进行计量分析，帮助营销决策部门分析复杂的营销问题，以便做出更为科学的营销决策。

该系统包括两组工具，即统计工具库和模型库。其中统计工具库采用各种统计分析技术从已获得的各种信息数据中提取有意义的信息，比较常用的统计分析工具如相关分析、指数分析、因果分析、趋势分析等，这些方法是分析和预测未来经营状况和销售趋势的有效工具。模型库包含了各种可帮助会展企业进行科学决策的数学模型。自 20 世纪 60 年代以来，管理学领域大量引进数量模型作为决策依据的做法也渐为市场营销学领域所效仿，营销专家借助数学工具建立了大量数学模型用于营销决策，如新产品销售预测模型、广告预算模型、竞争策略模型、产品定价模型以及最佳营销组合模型等，借助这些模型和程序，可以从所收集的情报和信息中发掘出更精确的调查结果。现在，越来越多的会展企业也在致力于建立先进的营销信息系统，将会展营销活动所涉及的各种数据的处理工作纳入该系统，应用数量模型进行科学的营销决策。

第二节　会展营销调研的内容与程序

在会展营销活动中，市场调查是基础。一项大型会展活动，从选题、立项策划，到展位定价、招展招商，再到会展服务全过程都离不开广泛、深入的市场调查。正如美国 Red Bank 展览调查公司首席运营官 Skip Cox 先生所言："越来越多的会展公司意识到，要想在竞争激烈的领域取得更大成功，他们需要通过市场调查来帮助自己做出更好的决定。"而根据美国 Frost Miller 集团和 Jacobs Jenner& Kent 公司联合主持的第三届参展趋势调查（针对贸易展会组织者）结果，那些广受欢迎的展会开展营销调研的频率是普通展会的4倍。

一、会展营销调研的含义

会展营销调研指会展项目的主办方运用科学的调查方法和手段，对与本会展项目相关的市场情报进行系统的收集、整理、分析和评价，旨在为组织制定营销决策提供科学依据的过程。这一定义可从以下三方面理解：

其一，会展营销调研是一个动态过程，旨在为处于动态市场竞争环境中的会展主办方制定营销决策提供依据；

其二，会展营销调研的成果既可以是直接的调研统计数据，也可以是调研分析报告，在实际工作中后者往往居多；

其三，会展营销调研必须有明确的调研目的，利用特定的调研方法与手段，旨在取得调查结果的客观性和准确性。

会展营销调研是会展项目成功举办的基础和先决条件，在会展营销中扮演着极为重要的角色。本节将系统阐述会展营销调研的内容、主要方法以及操作流程，希望对会展企业有效开展营销调研并据此制定科学的营销决策提供理论指导。

二、会展营销调研的主要内容

会展营销调研是综合运用市场调查技术和手段，对与该会展项目有关的各种市场情报所进行的系统调研。会展营销调研的内容通常包括以下几类：

1. 对会展营销环境的调研

主要是对影响某一特定会展项目营销活动的各种宏观与微观市场环境的调研。

其中，宏观环境是对该项目营销可能产生影响而又为会展企业自身所不能控制的各种外部力量，包括社会经济环境、政策法律环境、文化环境、自然生态环境、科技环境等。会展企业开展营销活动必须密切关注宏观环境的变化趋势，制定与之相适应的营销战略，抓住市场机会的同时注意规避市场风险。微观环境指由会展服务商（如场地提供商、酒店、展品运输商、展位承建商、展会资料印刷商等）、各种营销中介机构（如招展代理商、招商代理商、广告公司等）、竞争者（与本展会构成直接竞争关系的其他同类展会）以及各类社会公众构成的营销环境。微观环境与会展营销活动密切相关且直接影响到会展企业服务客户的能力及营销效率，为此必须做好对微观环境信息的情报收集与市场调研工作。

2．对目标客户的调研

对会展企业而言，最重要的目标客户是参展商和专业观众，其次为一般观众。特别需要指出的是，由于参展商是会展主办方最重要的“利润”来源，为此会展企业常常把营销工作的重点放在展位营销上，而忽视对专业观众的组织与招揽，出现所谓“重招展、轻招商”的问题。其实招展和招商是相辅相成、互动双赢的。招展效果好，参展企业多、展品新、信息集中，专业观众就到会踊跃；而招商效果好，观众特别是专业观众数量多且质量好，参展商的展出效果才会好，其对展会满意度也相应提高。有鉴于此，会展企业应同时做好参展商和专业观众两方面的市场营销工作，对目标客户及其需求进行充分有效的调研，并针对其参展或参观需求有的放矢地开展会展营销活动。对目标客户的调研应包括：

● 参展商或专业观众的基本情况。会展企业的目标客户基本都是机构客户，对目标客户基本情况的调查包括企业的性质、规模、地理区位、所属行业以及其生产经营状况等。

● 参展商或与会者的购买行为研究。参展商或与会者的购买行为直接关系到会议或展览的规模和市场价值，会展企业通过对参展商或与会者的购买行为的研究，了解其购买行为特点以及影响因素，从而制定有效的经营决策。此方面的调查项目包括参展状况（如参展频率、参展方式、参展费用）、参展目的、对本展会的认知度、对本展会的总体评价、参展决策过程、对价格反应的敏感程度、了解展会的信息渠道等。

● 对忠诚客户的重点调研。忠诚客户能够为展会带来更多盈利，是必须予以高度关注的优质客户，会展企业应将更多的资源（如市场调研、市场推广、客户联络等）投放到这类客户群上，为其量身定制营销方案，提供针对性服务。此方面的调查项目包括其生产经营动态，参展状况，对本展会的满意度及总体评价，对展会项目、服务、价格等方面的具体意见和要求，有无尚未满足的需要等。

3．对竞争状况的调研

俗话说：“知己知彼，百战不殆”，竞争状况调研是会展营销调研中不可或缺的组成部分。会展组织者在实施会展营销活动前，调研与本会展项目形成直接竞争关系的其他同类会展项目，分析其市场竞争能力以及市场占有情况，进而明确自身的竞争地位，制定行之有效的竞争策略。对竞争状况的调研应包含以下内容：

● 本地区会展行业的竞争态势及市场结构；

● 主要竞争者的基本情况，如会展主办方的资金实力、运作经验、管理模式、社会资源、技术手段、人才及信息资源等；

● 主要竞争者开展会展营销活动的情况，如项目规模、项目定位、展位价格、招展招商方式、客户（参展商和专业观众）构成情况、市场占有率情况、市场推广手段、与己相比有哪些优势与特点等；

● 本会展项目的独特竞争优势；

● 一定区域范围内未被发现的市场机会。

以上是会展营销调研的主要内容。其中，对目标客户的调研主要通过问卷调查、访问面谈、展会现场观察等方式获得一手资料。对其他情报信息的收集可采用案头调查，如查阅企业资料、公开出版的图书期刊、统计公报、网上资料等；走访调查，如走访参展企业、专业买家、招展代理商、政府部门、行业商协会等；购买专业调研机构的调研报告等多种手段。

三、会展营销调研的程序

会展营销调研是一项复杂而细致的工作，唯有建立一套系统、科学的程序，合理安排调研流程，才能避免人、财、物、时间的浪费，提高调研工作的效率与质量。会展营销调研包括以下五个基本步骤：确定调查目标、制定调查方案、进行实地调查、整理分析资料、撰写调研报告（见图 3-2）。

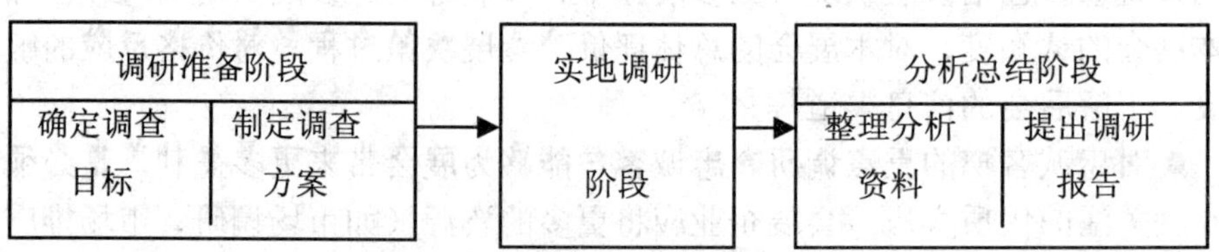

图 3-2 会展营销调研的程序

1. 确定调研目标

实施会展营销调研首先必须明确调研目标，即为什么要进行调研，通过调研要解决哪些问题，有关调研结果对展会主办方有何作用，只有这些问题清晰明确了，调研工作才能有的放矢地展开。

调研目标的确定是一个由抽象到具体，由一般到特殊的过程。调研组织者首先应限定调研范围，找出通过调研最需了解或最需解决的问题，然后分析现有与调研问题有关的资料，在此基础上明确调研需要重新搜集的资料，最后锁定此次调研的主要目标。

为使调研目标更加准确集中，可事先作一次预调查，如调研展会以往的内部资料、对主办方相关部门的领导进行深度访谈、与参展商代表座谈等，逐步缩小调查范围，最终锁定调研目标。

2．拟定调研方案

调研目标确定后，就要拟定具体的调研实施方案。调研方案是会展营销调研工作的行动纲领，务求做到清晰、具体、可行性强。一般而言，调研方案的主要内容包括调研目的、调研内容、调研方法、调查人员、调研费用、调研进度安排等。

（1）确定调研目的和调研内容

调研目的指通过本次调研所要解决的问题及所要达到的目标；调研内容是对调研目的的细化。调研组织者在明确调研目的以及调研所要解决的主要问题后，需要将调研目的具体化为能直接进行调查的操作变量，列出调研项目的细目。

（2）确定调研方法

市场调查的方法有很多种，具体到会展营销调研，比较常见的有案头调查法、问卷调查法、焦点小组访谈法、观察法等，采用何种调查方法，取决于调研目标和调研任务。在具体操作中，调研组织者常将多种调查方法组合使用。

（3）确定调研区域和调研对象

即解决在什么地区、在多大范围内、向谁进行调研的问题。这是根据调研目的和调研内容而确定的调研范围以及所要调研的总体。

（4）确定调查人员

调查人员的选择直接关系到调研效果。一般而言，调查员应具备以下条件：

- 具有一定的亲和力和良好的心理素质；
- 了解调研目的及所要解决的问题；
- 掌握同被访者沟通的面谈技术；
- 善于观察被访者的心理变化及行为动机；
- 能正确表达所收集的资料；
- 有一定的市场调查，特别是会展营销调研的知识与经验。

为确保会展营销调研的质量和效率，在实施调研前，调查组织者应对调查员进行调研内容和调查业务方面的集中培训，使其明确调研方案、掌握调查技术、了解与调研主题相关的经济知识、业务技术知识等。此外，还可对调查员进行实操训练，模拟实际调查中的情境，以及可能碰到的各种问题，锻炼调查员应对、处理实际问题的能力。

（5）调研经费预算

会展营销调研的费用开支主要有三方面：其一，调查费。包括问卷设计费、资料印刷费、调查员培训费、交通费、调查员劳务费、礼品费等；其二，分析费。主要是调研资料的上机处理费和统计分析费；其三，购买专业调研机构的资料费。调研组织者应核定调研过程中将发生的各项费用支出，合理编制会展营销调研的经费预算。

（6）制定调研进度时间表

为保证调研工作顺利进行，还需制定详细的调研进度时间表，对调研工作的具体流程及时间安排进行规定与控制。

3．进行实地调研

实地调研阶段的主要任务是组织调查员深入调查现场，按照调研方案的要求，系统地收集各种调查资料。实地调研的基本程序包括以下方面：

（1）组织人员

招募调查员，组织调查员集中学习，进行调研内容和调查业务方面的培训，务必使每位调查员熟悉调研内容和调查规程，确保整个营销调研工作规范统一。

（2）准备调研所需的资料和物品

实地调研所需的资料和物品包括调研提纲、调查问卷、照相机、录音笔、麦克风、笔、小奖品等。需要注意的是，问卷需要事先进行顺序编号，记下每位调查员分别负责发放哪些编号区间的问卷，回收回来的问卷是哪些编号的，以便对问卷的发放和回收进行管理。

（3）现场调查

调查员在现场调查中，应注意遵守调查规范，运用调查技巧，在保证真实性的前提下，努力提高问卷的回收率。要填写问卷发收表，问卷发收表是以每份问卷为单位编制的，调查员填写每份问卷的发出时间、地点、发放问卷的调查员、收回时间、收回状态(包括有效、拒答、未答、丢失、无效)及备注事项。

（4）现场秩序督导

按区域配备督导员，负责对调查员进行培训、指导，监督调研现场秩序，审查调研结果，定期开会讨论，及时处理可能出现的各种问题。

（5）核查问卷

对于回收的问卷应进行多重核查，经审核发现有问题的问卷应立即进行订正或返回原地重新调查。核查问卷的程序分别是：

● 现场审核订正。调查员对回收上来的问卷马上进行检查订正，对字迹不清、选择似是而非的凭记忆为答卷人确定确切答案，甚至对答卷人重新访问。

● 督导抽审。督导员对调查员交来的回收问卷立即进行抽查审核（通常抽查 20%左右），对有问题的问卷讨论订正或发回重新调查。

● 编辑审核。在将回收问卷的数据录入数据库之前以及录入过程中，编辑或录入人员进行第三重审核，通常是抽查审核。录入数据库后，还需要进行数据的逻辑审核。

经过审核后的问卷分为有效问卷、无效问卷、疑似无效问卷三种。需要注意的是，由于问卷回收不易，且大量无效问卷会使抽样失去准确性，所以在对疑似无效问卷的处理中要慎重，不要轻易将疑似无效问卷判为无效。对于大面积空白、逻辑检查大量出错、字迹严重不清的问卷，经督导员确认后，可以作为无效问卷处理，但要写明原因和处理过程。

4．整理分析资料

从被调查者处收集来的资料千差万别，因此必须对所收集的资料加以整理和分析，这一阶段的主要工作有：

（1）编校

即对收集的资料加以校对核实，剔除其中的错误部分或不符合实际的成分，如调查员的主观偏见，被调查者有意敷衍、不完整的答卷，重复的答卷、前后有矛盾的答案等。

（2）归类

把经过编校的资料归入适当的类别，以便录入计算机进行处理。

（3）制表

将已归类的资料有系统地制成各种统计图表，以供资料分析时使用。编制统计图表的工作可由计算机完成。

（4）资料分析

无论是问卷调查还是案头调查，都会得到大量的数据。对这些数据的统计分析是会展营销调研的重要内容，同时也是一项难度很大的工作。统计分析一般采用数理统计的方法，包括单变量的描述统计、二变量交叉列表、推论统计、多元统计等，对此，现在已经开发了完善的数理统计软件，如 SAS，SPSS 等，在 EXCEL 中也可以进行一些简单的一元和多元统计。具体的数理统计方法本书不做介绍，感兴趣的读者请参考有关的专业书籍。

5．撰写调研分析报告

会展营销调研的结果最终通常以调研报告的形式提交给主办方的营销决策部门，因此，调研组织者十分重视调研报告的撰写。

（1）调研报告的结构

一份完整的营销调研分析报告应包括以下内容：

●题目。包括调研报告的标题、完成日期、承办部门、撰写人等。

●摘要。介绍调研报告的主要内容，提出重要的结论和建议。

●序言。简要介绍本次调研的背景、动机、调研拟解决的主要问题、调研过程设计、调研实施要点、调查方法说明等。

● 报告主体。主要是对调研资料的分析，综合各种调研结果所得出的重要结论，根据结论所提出的合理化建议等。

● 附录。包括统计图表、计算公式、参考数据和资料来源、使用的统计分析方法说明等。

（2）调研报告的撰写原则

会展营销调研工作的终结以提交完整有效的调研分析报告为标志。作为一份为会展企业营销部门制定营销决策提供科学依据的重要文件，营销调研报告的撰写应遵循如下基本原则：

● 客观、真实、准确地反映本次调研成果；

● 内容简明扼要，文字精练，重点突出；

● 结论和建议部分表达清晰，可归纳为要点；

● 调研报告后应附必要的图表和附件，以便阅读和使用；

● 调研报告结构完整，印刷精致、美观。

第三节 会展营销调研的方法与技术

会展营销调研是综合运用市场调查的技术与手段，对与会展项目有关的各种市场情报所进行的系统调研。对于会展营销调研而言，选择恰当的调查方法与调查技术是非常重要的。本节我们将介绍主要的调查方法与技术。

一、会展营销调研的常见方法

会展营销调研包括定性调研和定量调研两大类：定性调研的目的在于发现问题以及寻找解决问题的方案；定量调研用来测试衡量上述方法是否可行、有效。定性调研常见的方法有案头调查法、小组访谈法、观察法等，而定量调研最主要的方法是问卷调查，不论是通过电话、信函、互联网还是面对面，都可以得到有价值的定量数据。在具体操作中，会展企业可根据调研目的、调研内容以及调查对象的特点，选择恰当的调研方法。

1．案头调查法

案头调查法是收集前人为了其他目的而收集的数据或得出的结论，进行定性研究的一种方法。案头调查收集的是二手资料，按资料来源分为内部资料、外部资料两大类（见表 3-1）。

表 3-1　案头调查的资料来源

主办方内部	业务经营部门、人力资源部门、财务部门、档案部门等
主办方外部	
专业机构	专业调研咨询机构
社会组织	行业商协会、消费者组织、群众组织、国际组织
公共机构	图书馆、档案馆、信息中心、科研院所、学术团体、大专院校、政府机构、各驻外使领馆、外国驻华机构
新闻出版	商务性和行业性报纸杂志、统计公报、工商企业名录等
网站	门户网站、政府网站、企业网站、BBS、博客

2. 问卷调查法

问卷调查法是由调查组织者根据调查目的设计调查问卷，然后采取抽样调查的方式抽取调查样本，通过调查员对样本的访问完成事先设计的调查项目，最后再由统计分析得出调查结果。

在会展营销调研实践中，问卷调查是最常见的，也是被主办方广泛采用的调查方法，如在进行展会服务满意度调查时，对参展商及观众均采取问卷调查法。按照问卷传达方式的不同，问卷调查法可分为邮寄问卷调查、电子邮件调查、电话访问调查、留置问卷调查和拦截访问调查（见图 3-3）。表 3-2 是问卷调查法的常见形式、具体做法以及特点分析，仅供读者参考。

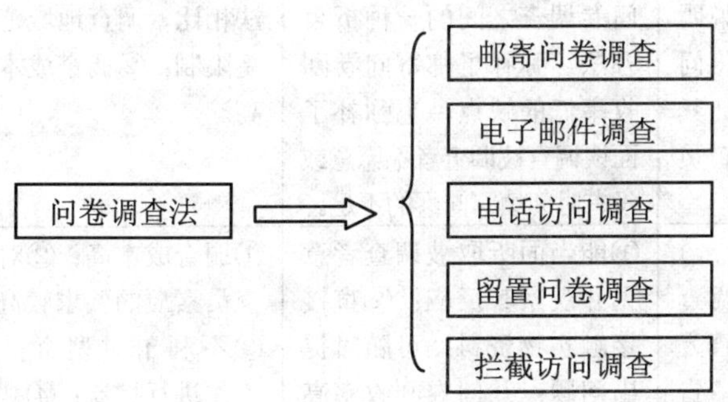

图 3-3　问卷调查法的常见类型

表 3-2 问卷调查法的常见形式及特点分析

问卷调查形式	具体做法	优点	缺点
邮寄问卷调查	将设计好的问卷邮寄给被调查者，由被调查者按照要求填妥后寄回调查问卷。	①调查区域广、范围大；②调查成本低，样本数目较多；③被调查者有充裕的时间作答，且不受调查员倾向性意见的影响。	①问卷回收率较低（一般在 15%左右）；②获取资料的时间较长；③资料的真实性、可靠性不易评价。
电话访问问卷调查	由调查员在电话一端遵照调查问卷逐条询问被调查者，以获得调查资料与数据。	①可在短时间内调查较多的样本；②成本较低；③可听到被调查者对所提问题的反应。	①总体不完整，对没有电话者无法调查；②受通话时间限制，不易询问复杂问题；③不能与被调查者见面，观察不到其表情反应。④不易得到对方的合作。
电子邮件问卷调查	利用网络用户的 E-mail 地址，采取随机抽样的方式，向被调查者发送 E-mail 问卷，再对被调查者使用电子邮件催请回答。	①调查效率高；②成本极低；③接触效果好，调查表回收率高；④调查资料的统计分析快捷。	①只反映网络用户的意见，样本不一定完整；②被调查者多回答感兴趣的问题，样本代表性不高。
留置问卷调查	调查员将问卷当面交给被调查者，并详细说明调查目的和要求，将问卷留在被调查者处让其自行完成，再由调查员在约定时间收回。	这是介于面谈调查和邮寄问卷调查之间的一种折衷办法，弥补了邮寄问卷回收率低的缺点，也弥补了面谈调查被调查者不愿意或没有时间填写问卷的不足。	①与前三种问卷调查法相比，调查地域范围受限制；②调查成本较高。
拦截访问调查	由调查员在特定地点，随机拦截访问被调查者。因其抽样和调查方法简单易用，故在广告调查中被广泛应用。	①能当面听取被调查者意见并观察其反应；②直接接触实物资料，可随时提出问题；③问卷回收率高（90%以上）；④调查资料比较真实可靠。	①调查成本高；②对调查员素质的要求较高；③不利于对调查员的工作进行控制；④被调查者可能不愿意或没有时间接受拦截访问。

3．焦点小组访谈法

焦点小组访谈法作为一种定性调研方法，在会展营销调研实践中也经常被采用，正如美国迈克森调研协会 Mark Michelson 先生所言：“如果会展项目经理想得到一些新的信息，那么定性调查是最好的，因为它没有一个固定的问卷……此时你并不是想确认任何事，而是想要去发现怎样做才能改进项目和服务。”

焦点小组访谈法是邀请6～10名被调查者，由调查员（主持人）对他们进行访谈，通常又称为座谈会。在主持人的引导下，焦点小组按照一定的谈话路线回答主持人的问题，并且互相进行讨论。

为使访谈富有成效，焦点小组访谈法需要遵循以下步骤：

（1）制定计划。按照访谈主题和调查对象的特点，拟定访谈提纲或谈话路线，使访谈能够达到预期目的。

（2）选择参加者。焦点小组的组员是调查对象的代表，可以通过抽样获得，也可以由调查组织者通过主观判断筛选获得。

（3）选择主持人。主持人需要了解调查主题，有协调和掌控讨论过程的能力。

（4）选择或布置环境（测试室）。重要的焦点小组访谈要求在有单面镜①的测试室中进行，有监控摄像设备，录下讨论过程以备事后分析。

（5）访谈过程控制。在访谈过程中进行协调，引导小组讨论，使讨论尽量按照访谈提纲进行，做好讨论记录。

（6）分析访谈结果。对访谈结果及时整理分析，编写访谈报告，有必要时需进行补充调查。

4．观察法

观察法是在被调查者不知情的情况下，通过观察被调查者的活动取得第一手资料的调查方法。观察法中，调查员不与被调查者正面接触，被调查者感觉不到测试压力，是一种自然状态下的测试，因而常能获得令人信赖的调查结果。

观察法既可以通过调查者在现场直接观察，也可以借助诸如摄像机、监测探头等仪器设备记录被调查者的行为，如观众如何获得目标展台的信息、他们沿途参观了哪些展台以及哪些展品引起他们驻足停留、参展商对观众的反应等。在实施观察法前，通常要拟定一份比较详细的观察计划，包括拟观察的对象，观察的时间、地点、内容、难点以及克服方法，所需材料与设备等。

观察法可以让会展组织者从客户（参展商和专业观众）的视角来分析问题，能够在真实的环境中观察他们的行为，调查结果比较真实可靠，在自己的展会或竞争对手的展会中都可运用这种方法。但观察法也存在一些缺陷，其一，调

---

① 单面镜（one-way-mirror）：在一间特别设计的房间墙壁上镶一面极大的镜子，从这间房间看去它是一面镜子，但从毗邻的房间看，却是一块玻璃，能够看到该房间的内部情况。可观察被调查者的自然状态。

查成本较高；其二，只能观察或记录到被调查者的表面行为，而不能了解其内在心理的变化，如观众沿途参观了哪些展台、忽略了哪些展台，调查可以给出统计意义上的结果，但无法说明观众为什么对某些展台感兴趣而又对某些展台兴趣不大。有鉴于此，调查员常常将观察法与其他调查方法如访谈法配合使用，以便获得更有价值的调查资料。例如，观众在进入场馆或是浏览整个场馆布局图时遇到了困难，调查员可以询问他怎样做能避免该情况发生；再如，某家参展商展台前人流稀少，调查员可以询问周围的观众为什么不停下来看看。

二、会展营销调查问卷的设计与技巧

问卷调查法是会展营销调研中最有效，也是最常被使用的方法。在问卷调查中，问卷设计是非常关键的环节，问卷设计是否科学合理，决定着问卷的回收率、有效率，进而影响到会展营销调研的效果。

1. 调查问卷的基本结构

一份完整的调查问卷包括以下基本部分：问卷标题、封面信、调查内容、被调查者基本情况。

（1）问卷标题

问卷标题一般由调查的对象和内容再加上“调查问卷”组成，如“第 13 届科博会观众满意度调查问卷”。问卷标题应简明扼要、清楚明确、主旨突出。

（2）封面信

封面信部分一般应包括如下内容：①称呼、问候。如“××先生、女士：您好！”；②调查员的自我介绍。如调查的主办单位及调查员个人身份的简要介绍；③本次调查的目的、意义，简要说明即可；④填写问卷所需的时间说明；⑤保证作答对被调查者无负面作用，并替他保守秘密；⑥向对方的合作表示真诚谢意。以下是某会展项目调查问卷的封面信，仅供参考。

尊敬的来宾：

您好！感谢光临本届××展会。

耽误您几分钟，我们是本届××展会组委会统计信息组调查员，为了收集您对本届展会的宝贵意见和建议，进一步改进并完善我们的服务、组织工作，烦请您在百忙中协助我们填写本调查问卷。谢谢您的合作！

第×届××展会组委会

封面信的语言要亲切、有礼、简洁明快，态度真诚，要使被调查者消除顾虑，乐于配合填写问卷。

（3）主体调查内容

这是调查问卷最重要的部分，包括具体问题、备选答案、回答说明和编码。

具体问题是围绕调查主题而设计的一系列问句。调查问题分封闭式、开放式和量表式三类，我们将在本节随后介绍。

备选答案是对封闭式问题所给出的可供选择的范围。

回答说明包括对问题的填答方法、跳答指示等。

编码指问句的题号、备选答案的编号，这些都会用在后面资料预处理部分的编码表中。

（4）被调查者基本情况

了解被调查者的背景资料。如对参展商或采购商，基本情况包括其单位性质、所属行业、单位规模、单位所在地理区域等因素；对于个人观众，基本情况包括其性别、年龄、文化程度、从事职业等因素。有的调查问卷把该部分放在主体内容之前，还有些问卷出于降低敏感性的考虑，把该部分放在主体内容之后，这都是可以的。

2．调查问题的设计

会展营销调查问卷中所涉及的问题主要有三种形式：封闭式问题、开放式问题和量表应答式问题。

（1）封闭式问题

封闭式问题是指对所提出的问题给出可供选择的答案，被调查者只能在既定的答案中进行选择。具体到会展营销调查问卷，最常见的封闭式问题有三种：

● 二项选择法，即由被调查者在预先给定的、相互对立的两个答案中选择其一。例如：

您是否听说过××展会？

A. 是（ ）　　B. 否（ ）

● 多项选择法，即对所提出的问题，预先给出若干个答案，请被调查者从中选择一个或几个。例如：

您获悉本届展会的信息来源是：

A. 新闻报道（ ）　　B. 广告宣传（ ）　　C. 网络媒体（ ）

D. 专业刊物（ ）　　E. 主承办单位邀请（ ）

F. 朋友/同事告之（ ）　　G. 其他途径（ ）

再如：

您参观本届展览会的主要目的是：

A. 了解前沿科技成果（ ）　B.了解市场信息（ ）

C. 采购产品（ ）　　D.寻找合作项目或伙伴（ ）

E. 寻找投资项目（ ） F.其他（ ）

● 顺位法，即要求被调查者对所询问问题的答案按照自己认为的重要程度排序作答。例如：

您对本届展会的哪一展示主题印象最深刻（请选择最主要的三个，并按重要程度排序）：

A. 最新科技成果（ ） B. 自主创新（ ） C. 国际合作（ ）
D. 区域经济（ ） E. 循环经济（ ） F. 数字奥运（ ）
G. 科技生活（ ） H. 汽车科技（ ）

调查问卷中的封闭式问题还有回忆法、再确认法、程度倾向法等，由于在会展营销调查问卷中很少使用，为此不赘述。

对于封闭式问题，被访者易于作答，能节省调查时间，提高问卷回收率。同时，标准化的答案便于统计分析和制表。有鉴于此，封闭式问题在会展营销调查问卷中被大量采用。但同时需要指出的是，封闭式问题也有缺陷，如被调查者在备选答案中找不出适合自己的选项时，很可能会任意选择，这就会导致调查结果出现偏差。为此，调查者在设计封闭式问题的答案时应力求全面、准确。封闭式问题适合于收集事实性信息或被调查者有明确看法的意向型问题，而对于那些寻找动机的探索性调查，采用开放式问题更适宜。

（2）开放式问题

开放式问题是指对所提出的问题，不给出应答的备选答案，被调查者可以畅所欲言，不受限制地回答问题。例如：

您对本届展会在组织、服务方面有哪些意见与建议？

____

开放式问题的优点是：其一，调查者拟定问题比较容易；其二，被调查者回答问题时思路不受限制，调查者可获得更为广泛的信息和建设性意见。

开放式问题的缺点是：其一，调查时间较封闭式问题长，调查易被拒答，回答率较低；其二，对答案的审核、编码、分析烦琐，不便于数据整理和上机进行统计分析。故此在设计会展营销调查问卷时，应控制开放式问题的比例。

（3）量表应答式问题

量表是市场调查中常用的一类问句。按照使用技术的不同，量表可分为多种类型，最基本的有评比量表和语意差别量表两种。

● 评比量表

评比量表是量表的最基本形式，它是单选题，针对一个主题进行提问，选项是从一个极端经过一定的刻度值到另一个极端的尺度，如非常满意、满意、一般、不满意、非常不满意。例如：

您认为本届展览会的现场组织管理水平：

A.很高　　　　B.较高　　　　C.一般　　　　D.较低　　　　E.很低

● 语意差别量表

对同一主题进行评价时如果有多个评价指标，就可以由多个评比量表组成一个语意差别量表。将各个子量表的得分刻度连线，就得到了被调查者对调查主题的看法的剖面图，其倾向性一目了然。请看下列经填写过的语意差别量表。

展会宣传推广的侧重点不同对您参展的影响程度（在您认为合适的格里划“○”）：

重要程度 项目	非常重要	重要	不确定	不重要	非常不重要
展位价格				○	
展会品牌		○			
地理区位特色		○			
洽谈机会	○				
主办方组织管理		○			

以上语义差别量表也可以做成下面的形式：

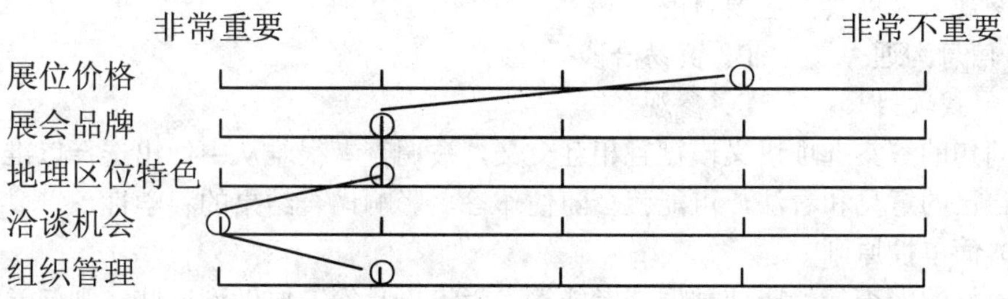

3．调查问卷的设计原则

总体来说，一份有效的调查问卷应具备三个显著特征：集中、简洁、明了。集中指所有调查问题都必须围绕调查目标而展开，无关或关系不密切的问题不出现在问卷中；简洁指问题及答案的描述应简明扼要，问卷不能繁复冗长；明了指问卷中的措辞清楚明白，使被调查者易于理解，便于回答。

调查组织者在设计会展营销调查问卷时应遵循以下 4 个基本原则：

（1）准确性原则

这是调查问卷设计的首要原则。准确性原则指问卷中的问题表达清楚明白，便于被调查者对提问做出明确的回答；答案选项完整、准确，避免相互交叉或包容。

当前问卷设计在准确性方面存在的问题主要有：

①用词含糊不清，模棱两可。如对展会观众满意度调查问卷中的问题：

您是否多次参观××展会？

A. 是　　　B. 否

不同的被调查者对“多次”的理解是不同的，有人认为 2、3 次就可算“多次”，而有人认为每届都参观才能算“多次”，这样调查的结果必然出现偏差。

②问句一题多问。如：

您对本次展览及专项交流活动是否满意？

A. 很满意　　　B. 满意　　　C. 一般

D. 不满意　　　E. 很不满意

该问句包含了展览和专项交流活动两个主题，其结果可能是“对展览部分不满意”、“对专项交流活动不满意”以及“对两者都不满意”的被调查者都回答“不满意”，调查结果会出现偏差。为此，该问句应分为两个问题询问：

您对本次展览部分是否满意？

您对本次专项交流活动（会议/论坛）是否满意？

③ 答案选项含义模糊或相互交叉。如：

您参观××展会的主要目的

A. 信息沟通　　　B. 贸易洽谈

C. 寻找项目　　　D. 参观

该问句的答案选项语义模糊且相互交叉，被调查者很难从中做出选择以准确表达自己的意见和看法，可能就会随便作答，影响调查结果的科学性。

（2）简单性原则

一份好的调查问卷应使被调查者能答、爱答、易答。要做到这些，则问卷设计必须简单。简单性原则包括：①问题的设计通俗易答，符合被调查者的知识水平和理解能力；②问卷中的措辞亲切有礼，使被调查者乐于合作并愿意如实回答；③对敏感性问题采取一定的提问技巧；④控制问卷的长度，答题时间以自填式问卷不超过 10 分钟、随机拦访问卷不超过 5 分钟为宜。

（3）逻辑性原则

对整个问卷的问题排序要遵循逻辑性原则，即对于一般性的问题，要先问，因为这些问题相对简单，被调查者易于回答，同时这些问题也是让被调查者回答其他问题前的一个热身；思考性的问题放在中间；敏感性的问题放在最后，这样的排序符合一般人的逻辑思维顺序。

逻辑性与问卷的条理性、程序性是分不开的，在一个综合性问卷中，调查者往往将差异较大的问卷分块设置，以保证每个“分块”的问题都密切相关。

（4）中立性原则

调查问卷中的用词应是“中性”的，避免使用引导或暗示性的词句。例如：

本届展会规模宏大，影响深远，贵企业是否准备参展？

历届本展会的参展商都获得了满意的展出效果，本届展会贵企业是否获得了预期的展出效果？

这样的问题易使被调查者受到引导而得出肯定的结论，或者引起被调查者对问题的反感而简单得出结论，不能反映其真实态度和真实意愿，所产生的结论也缺乏客观性。

除了上述问卷设计的基本原则外，问卷的外观及版面设计也非常重要。整个问卷应印刷精美、排版整齐，要对每一部分的问题进行区隔，力求层次清晰而不杂乱。此外，文字部分的字体字号是否适宜、问卷说明是否使用了明显字体、开放式问题是否留足空间等细节问题也应精心考虑。

知识链接

良好问卷的十条评价标准

- 问卷中的所有问题都与调查目标相符合，亦即问题都是必要的。
- 问卷能显示出与一个重要主题有关，使填答者认为重要且愿意花时间去填答，亦即具有表面效度。
- 问卷旨在收集用其他方法都无法得到的资料。
- 问卷尽可能简短，问卷太长、题目太多会影响填答，最好在20分钟以内。
- 问题的设计应依照心理次序安排，由一般至特殊，以引导填答者理清思绪，让填答具有逻辑性。
- 问题的设计要符合编题原则，以免获得不正确回答。
- 问题的设计应易于编辑和数据处理。
- 问卷的指导语或填答说明要清楚，使填答者不致有错误的反应。
- 问卷的编排格式要清楚，翻页要顺手，指示符号要明确，不致有瞻前顾后的麻烦。
- 印刷纸张不能太薄、字体不能太小、字间距不能太小、装订不能随便，要符合精美的原则。

本章小结

会展营销信息指会展企业为有效开展会展营销活动所需收集、处理的各种相关环境数据。会展企业对会展营销信息进行收集整理与系统分析，然后传导给营销决策部门，以便为会展营销决策提供科学依据。

会展营销信息系统是一个持续的、彼此关联的系统，由内部报告系统、营销情报系统、营销调研系统和营销决策支持系统四个子系统构成。

会展营销调研作为会展策划与营销的基础与前提，贯穿于会展营销活动的始终。会展营销调研包括对会展市场环境、会展客户以及竞争状况等方面的调研。会展营销调研的一般流程包括确定调研目标、制定调研方案、进行实地调查、整理分析资料和撰写调研报告五个基本步骤，每一步骤中又包括非常具体而细致的工作内容。

开展会展营销调研，必须使用恰当的调查方法与调研技术。比较常见的调查方法有案头调查法、问卷调查法、焦点小组访谈法和观察法。

调查问卷的设计是会展营销调研中一项非常关键的技术环节。设计问卷时应遵循准确性原则、简单性原则、逻辑性原则和中立性原则，除此之外，调查问卷的外观及版面设计也很重要，应符合精美原则。

习 题

一、名词解释

会展营销信息系统　　会展营销调研

问卷调查法　　焦点小组访谈法　　评比量表

二、简述题

1. 会展企业实施会展营销活动需要收集哪些情报信息？
2. 会展营销信息系统的构成因素有哪些？
3. 对会展客户需求的调研应包括哪些具体内容？
4. 简述会展营销调研的一般程序。
5. 会展营销调研的常见方法有哪些？
6. 会展营销调查问卷的设计应遵循哪些原则？

三、实训题

以小组为单位，自拟会展营销调研课题，制定具体调研方案，设计一份调查问卷，进行小规模实地调查并提交调研报告。

四、案例分析题

第13届北京科博会参展商满意度调查问卷

尊敬的参展单位代表：

您好！感谢您参加本届科博会。

耽误您几分钟，我们是本届科博会组委会统计信息组调查员，为了收集您对本届展会的宝贵意见和建议，进一步改进并完善我们的服务、组织工作，烦请您在百忙中协助我们填写本调查问卷。

谢谢您的合作！

第13届北京科博会组委会统计信息组

单位名称　　　　　　　　　　　　**展位号**

填 表 人　　　　　　　　　　　　**职　务**

一、贵单位性质

□ 国有企业　□ 民营企业　□ 外资企业　□ 合资企业

□ 政府机构　□ 科研机构　□ 其他

二、贵单位所属行业

□ 电子与信息　□ 计算机软件　□ 航空航天

□ 光机电一体化　□ 生物、医药与医疗器械　□ 新材料与新能源

□ 环境保护、地球空间与海洋　□ 现代农业

□ 现代传媒　□ 汽车科技与智能交通　□ 高校和科研院所

□ 其他：

三、贵单位是第几次参加科博会

第　　次

四、贵单位参展的信息来源是

□ 新闻报道　□ 主承办单位邀请　□ 网络媒体　□ 专业刊物

□ 广告宣传　□ 行业协会　□ 政府机构　□ 其他

五、贵单位本次参展的目的是

□ 宣传企业/品牌　□ 产品技术转让与交易　□ 项目招商

□ 技术合作　□ 成果推介　□ 建立营销网络

□ 了解市场信息与新技术　□ 其他（请注明）：

六、您认为参展目的是否达到？

□ 达到　□ 部分达到　□ 没达到

七、贵单位参加本届科博会的费用为（单位：万元）

□ 10 以下　□ 11−20　□ 21−50

□ 51−100　□ 101 以上

八、您对本次展览在场馆条件以及展馆布局方面的总体感受是

□ 非常满意　□比较满意　□ 一般

□ 不满意　□非常不满意

九、您认为本届展览会的现场组织管理水平

□ 很高　□ 比较高　□ 一般

□ 较低　□ 很低

十、您对观众的质量满意度如何？

□ 很满意　□ 满意　□ 一般

□ 不太满意　□ 非常不满意

十一、您认为本届展览会的规格如何？

□ 很高　□ 较高　□ 一般　□ 较低

十二、贵单位参展期间成交额（包括协议、意向、合同）（单位：万元）

□ 100 以下　□ 101−500　□ 501−1000

□ 1001−5000　□ 5001−10000　□ 10001 以上

十三、您接受了组委会提供的下属哪项服务？

□ 热线呼叫服务　□ 客房、机票预定服务

□ 免费签约及场地服务　□ 招商合作项目发布服务

□ 网站优先推介服务　□ 均未接受

十四、您对本届科博会组织、服务方面的总体感受是

□ 组织有序且服务周到　□ 组织有序但服务欠佳

□ 组织混乱但服务较好　□ 组织混乱且服务欠佳

十五、您认为本届科博会有哪些优势（可多选，并按重要程度排序）

□ 主题前瞻性强　□ 组织管理完善　□ 广告宣传全面

□ 政策导向性强　□ 活动形式多样　□ 国际参与广泛

□ 产业信息丰富　□ 其他（请注明）：

存在的主要不足（请注明）：

十六、贵单位是否参加下一届科博会？

□ 肯定参加　　□ 可能参加　　□ 不参加

十七、若不参加，原因是（可多选）

□ 没有达到预期目的　　□ 洽谈机会少　　□ 信息交流少

□ 费用不合理　　□ 组织服务不理想

□ 更愿意单独举办推介活动　　□ 利用互联网推介

□ 参加其他展览会　　□ 成果或产品没有市场

□ 其他（请注明）：

十八、您对本届科博会还有哪些宝贵的意见与建议？

____

____

____

调查人：　　调查地点：　　调查日期：2010 年 5 月　日

思考：

1. 会展营销调查问卷的设计应遵循哪些基本原则？
2. 请对上述问卷进行评析。你认为该问卷中还有哪些可改进之处？
3. 请设计“第 13 届北京科博会观众满意度调查问卷”。

第四章

会展营销战略

学习目标

- 理解会展营销战略的内涵
- 掌握会展市场细分的方法和依据
- 掌握会展目标市场营销策略的内涵与特点
- 掌握会展市场定位的方法与策略
- 能够针对特定展会的具体情况，制定相应的营销战略

引　言

营销战略是企业发展战略的重要组成部分，对于保证企业总体战略的实施起着关键作用，特别是在竞争激烈的行业，制定营销战略尤为迫切和必要。在会展营销活动中，制定营销战略是关键环节。对于办展机构而言，必须充分了解本展会所面临的市场状况、客户需求状况以及市场竞争状况，选择目标市场并准确定位，合理制定会展营销战略，进而实现品牌与销售的双赢。

本章将介绍会展营销战略的内涵，讲解会展市场细分、会展目标市场选择和会展市场定位的基本理论，并对会展营销战略的制定过程、主要的战略选择方法等内容进行详尽介绍。希望通过本章的学习，使读者了解会展营销战略的基本理论，掌握会展营销战略制定的程序和操作要领，能针对特定展会的具体情况制定相应的营销战略。

引导案例

东莞电博会——展会领头羊的四次“转身”

2008年10月，十周岁的东莞国际电脑资讯产品博览会（简称电博会）又将迎来一次巨变。在结束与香港讯通公司的合作后，广东现代会展公司携手国际展览业巨头德国汉诺威公司共同投资打造亚洲最重要的IT展览盛会，这一合作将至少维持3年。

外界对此次变化并不感到突然，因为在东莞电博会过去的9年中，“变”是一种常态。电博会走到今天，主要经历了4次重要转变。

第一次转变：2004年——从区域展到国家展

前5届电博会在平稳中前行，2004年电博会迎来首次变革。“政府+市场”的运作模式被运用，同时中国国际贸易促进会的加盟，使电博会正式从地域性的展览会升格为国家级展览会。该届电博会首次专门设立了逆向采购区，展示采购商所需采购产品实物样品和相关资料，搭建了一个买卖双方共同呈现的合作平台。

第二次转变：2005年——从招商展到专业展

2005年，第7届电博会与东莞国际科技合作周合并举办，内容互补且更专业。此外，政府开始从部分领域退出，电博会从“招商展”向“专业展”迈进。其中，镇区参展从原来的硬性要求改为自愿为主，往届留给镇区作为招商展的展馆中心展位让位于国际展商，镇区参展退至边缘展位。但总体上，主办和承办单位仍由政府担当。

当时，主办和承办单位对电博会进行三大“手术”：加强参展资格审定，非IT类不得入场；对参观者严格限制，前三天非专业人士不准进场；成果展示签约仪式退出展会，只有开幕式没有闭幕式。

第三次转变：2006年——从形象展示型到产品贸易型

场面大不等于收益大，有架势不一定有内容。从1999年电博会诞生之后的7年里，政府一直是展会的主导，其内容也一直停留于“成果展”。太多的外在诉求模糊了展会最初的经济目标，展会成为地方经济的秀场。陪人作秀的居多，真正有所获的甚少，企业参展人财两累。伴随着国内同类型IT展会的日益增多，业内人士都心照不宣地认为电博会已陷入了“不进反退”的境地。

2006年，广东现代国际展览中心和香港讯通国际展览公司携手接替政府，开始充当电博会运营的主角，政府开始退居二线,专业的会展运营公司跃居前台，其功能定位也随之转变，由以IT产业形象展示为主调整为以IT产业产品贸易为主。

第四次转变：2008 年——从松散型到紧密型

“与讯通联手，看中的是其在展会运营上的专业性；而与讯通‘分手’，则是因为讯通主攻机械类展会，资源与电博会已经有些对接不上。”因专业而合，为更专业而分，广东现代会展公司的一位负责人是这样解释电博会与香港讯通公司之间的“分分合合”的。

而在东莞市经贸部门看来，与汉诺威公司的合作是在探索东莞会展业与国际接轨的模式。市经贸局会展科科长袁绍贤认为，汉诺威公司在 IT 资讯方面有着较好的根基，对中国市场的框架分析都很清晰，而其资源性的优势将会给东莞电博会带来新的活力。汉诺威展览会(中国)有限公司董事总经理符禹则说，东莞在 IT 制造方面的超群能力，使汉诺威中国公司做出了与电博会全面合作的决定。

袁绍贤说，电博会走的是一条股份合作的道路，以前政府只管投钱，运营企业不用承担经费压力。如今，运营企业也将参与负担成本，与政府一起利责共担。同时，合作期限也不再是 1 年而是 3 年甚至更长。

（以上案例摘选自：南方日报. 2009-11-18，作者：王宁）

思考：

1. 东莞电博会为什么要进行四次“转身”？

2. 请对东莞电博会的四次战略转型分别进行评析。

第一节　会展营销战略概述

营销战略是关系到营销活动成败的关键环节，其制定必须关注客户需求的确定、市场机会的分析，自身优势的分析、自身劣势的反思以及市场竞争等综合因素，作为指导企业市场营销活动的方向和准则。

一、会展营销战略的内涵与特点

战略确定企业的长远发展目标，并指出实现长远目标的策略和途径。会展营销战略是办展机构根据展会发展的战略规划，在综合考虑外部市场机会及内部资源状况等因素的基础上，确定目标市场，选择相应的市场营销策略组合，并予以有效实施和控制的过程。会展营销战略是办展机构的营销管理思想的综合体现，又是其进行营销决策的基础，制定正确的会展营销战略，是会展营销活动取得成功的根本保证。

会展营销战略作为展会发展的长远规划和目标，不但要对会展行业的宏观发展趋势有正确的判断，对展会自身不同阶段的发展目标亦要有合理的安排。因此，会展营销战略具有以下几个特点：

（1）对企业长期发展进行的系统规划，并被全体员工所高度认同；

（2）从企业长远发展来考虑如何有效地战胜竞争对手，立于不败之地；

（3）在对会展营销环境和市场变化准确分析的基础上，进行科学决策；

（4）汇聚科学发展的观念，符合会展市场的动态变化。

二、会展营销战略的主要内容

市场营销战略（Marketing Strategy）是企业市场营销部门根据战略规划，在综合考虑外部市场机会及内部资源状况等因素的基础上，确定目标市场，选择相应的市场营销策略组合，并予以有效实施和控制的过程。企业营销战略是市场营销管理的内容和程序的体现，是企业为达成自身的目标辨别、分析、选择和发掘市场营销机会，规划、执行和控制企业营销活动的全过程。现代企业营销战略一般包括市场细分、目标市场选择和市场定位三部分的内容。

会展营销战略强调了会展企业制定营销战略的主要内容和步骤，具体包括会展市场细分（Segmentation）、会展目标市场选择（Targeting）和会展市场定位（Positioning）三部分。上述三部分组成了会展营销战略的整体框架，是会展营销战略的核心内容（见图 4-1）。

图 4-1　会展营销的 S、T、P 战略

1．会展市场细分

会展市场细分是办展机构按照参展商和观众在需求、动机、行为等方面的差别或差异，运用系统方法把整体市场划分为若干个子市场，再把需求大体相同的子市场整合起来，有针对性地进行集中营销的方法和过程。

进行会展市场细分的客观基础是目标客户对同类会展产品或服务需求的多样性。从需求状况角度考察，各类会展产品的市场可以分为两类：一类为同质化市场，另一类为异质化市场。凡参展商或专业观众对某一会展产品的需求、欲望、购买行为以及对会展企业营销策略的反应等方面具有基本相同或极其相似的一致性，那这种会展产品的市场就是一个同质化市场。反之，则是异质化市场。一般情况下，同质化的市场是无须细分的，但绝大多数的会展产品市场都属于异质化市场，如对同一展会，不同的参展商对于服务、环境、设施等要求各不相同。对会展市场进行细分的过程既是市场分割的过程，也是市场聚合的过程，即需要在异质化的市场中发现具有同质化需求的子市场，从而将这些具有相同或相似需求的子市场聚合起来，作为同一目标市场进行营销。

会展市场细分的目的是便于会展企业在市场细分的基础上选择一个或几个细分市场作为自己的主要目标市场，并且根据目标市场的需求特征有针对性地提供会展产品和服务，提高目标客户的满意度。

2．会展目标市场选择

对市场机会进行评估后，办展机构对进入哪一个市场或者哪几个市场要进行分析和选择。目标市场，就是会展营销活动所要满足的市场，是办展机构为实现预期目标而要进入的市场，其所有的营销活动都是围绕目标市场而展开的。

目标市场选择是会展营销的战略性决策，是在对每个细分市场的特点、需求趋势和竞争状况进行充分、准确的分析之后，根据办展机构自身的经营目标和经营能力而选择的需要重点关注的市场部分。选择和确定目标市场，明确办展机构的具体服务对象，是制定营销战略的首要内容和基本出发点。

3．会展市场定位

会展市场定位指办展机构根据自身的资源条件和市场竞争状况，赋予本展会区别于同类题材其他展会的差异化和个性化特征，使本展会在参展商和观众心目中形成鲜明而独特的市场形象。

当前我国会展业的一大特点就是重复办展，同题材展会在一年里的不同时间和地点举办，共同瓜分有限的展览市场，展会同质化现象严重，竞争惨烈。会展定位帮助展会突破“同质化”所带来的竞争困境，在参展商和观众心目中形成该展会鲜明而牢固的品牌形象。

知识链接

国外会展公司的五大营销战略

在市场总量一定的前提下，企业的营销努力水平与市场占有率是呈正比的。国外的著名会展公司能在品牌塑造及扩张、市场开拓等方面实现超常规的发展，与其一贯的营销努力是分不开的。近几年，国外绝大多数知名会展公司的营销活动都呈现出一个趋势，即积极开发国际市场，利用各种营销方式在全球推广自己的品牌展览会和吸引海外企业参展。概括而言，国外会展公司在营销方面主要采取了五种战略：

1. 全球化战略

首先是积极开展海外促销。国外很多知名展览会，如德国汉诺威展览公司的 CeBIT Asia（亚洲国际信息及通信技术展）、意大利的 MAC（国际化工仪器，分析化验、研究、监控仪器及生物技术展）、法国的巴黎航空航天展（其展览面积一般在 15 万－20 万平方米）等，都在展会举办前组团到国外招展，常用的方式包括召开新闻发布会、赞助公益活动、在当地媒体上刊登广告等，目的是引起海外参展商的注意。德国的展览会主办方在 100 多个国家设有代办处，这些机构不仅能为当地企业参展提供一系列便捷的信息咨询服务，还可以以较低的成本策划和组织一些宣传活动。

其次，实现公司的全球扩张。作为法国第一大展览公司和世界第四大私营展览公司，爱博展览集团是法国国际专业展促进会的成员，该公司每年举办 60 多个国际性展会，参展商达 17000 家，展会观众超过 150 万人。爱博集团总部设在法国，但同时在美国、拉丁美洲、英国、意大利、荷兰、新加坡和中国等地建立了 10 个独家代理公司，并在世界上 50 多个国家设有代表处。强大的促销网络使参展商和专业观众的数量和质量大幅度提高。

另外，国际知名的展览品牌（公司或展览会）进入某个国家的展览市场，往往会引起当地媒体的广泛关注，这本身就是一种颇为有效的免费宣传。例如，2001 年德国的汉诺威、杜塞尔多夫、慕尼黑三家展览公司合资在上海参与兴建展览场馆，在全球范围内引起了极大关注，一时间各个国家尤其是中国的各大新闻媒体对此事进行了积极的报道，使得无数参展商包括大批中小企业都知道了世界上有这三家品牌展览公司，而这些中小企业正是未来展览市场的生力军。

2. 持续性战略

国外知名会展公司在促进某一主题的展会时会制定一个长远的规划。为了树立展会的品牌，组织者会长期在世界各地开展宣传活动，以期在最大范围内吸引参展商和专业观众。对于参展潜力较大的国家或地区，公司往往会专门派代表前往，通过新闻发布会或客户联谊会等活动推介相关展览，并为感兴趣者提供详细的咨询服务。即使有些展会十分畅销甚至展位已经售完，他们也会继续做宣传，以不断强化品牌。

此外，国外会展公司开展营销活动的持续性也体现在对单个展会的推广上。首先，各种推广活动将一直贯穿展览会的全过程。例如，德国的展会组织者在开展半年前就开始在各种媒体上宣传造势，以尽可能在深度和广度上吸引更多的参展商和贸易观众，这种努力在接着的展会过程中会表现得淋漓尽致。其次，展会的宣传推广是连续的，以便于参展商和专业观众早日确定参展计划。再次，十分注重展后服务，往往在会展结束后一段时期内，参展商还能收到主办单位邮寄的有关展会统计分析资料，以便为下次参展做好准备工作。

3. 品牌化战略

随着会展业的竞争日益加剧，几乎所有会展公司都已认识到打造品牌展会的重要性和迫切性。品牌展会是指具有一定规模，能反映某种类型展览会的发展动态及趋势，能对此类展览活动起指导作用并具有较大影响力的展览会。

德国会展公司在创建强有力的会展品牌时，主要遵循以下七个标准：权威协会和代表企业的强大支持；努力寻求规模效应；代表行业的发展方向；提供专业的展览服务；获得UFI的资格认可；媒体合作和品牌宣传；长期规划而不是急功近利。

4. 网络化战略

网络已成为国外诸多会展公司的主要营销手段之一。这些公司在举办展览会时，往往利用互联网和参展商、专业观众进行互动式交流，以期及时发现服务中的缺陷并迅速改进，同时将下一届展览会的举办日期和地点放在网页上，以便参展商在制定今后的参展计划时把本展会也考虑进去。概括而言，国外会展公司网络营销的工作重点有以下四个方面：

其一，在世界范围内查找相关专业展会的信息及其网址，并想方设法将自身展会的有关内容贴到这些网站上;在主要客户所在地的门户网站上刊登广告，为展会宣传造势。

其二，建设自己的展览会网站，并将详细的观众招揽计划公布于众。同时，建立与参展商及其所在行业品牌网站、协会网址之间的链接，以互相促进网站点击率的提高。

其三，努力创造展览会的独特销售点（USP），以增强展会的吸引力，如展会期间举办高峰论坛、邀请知名人士演讲等。还有一点很重要，即在网页上列出重要参展商的名单，因为对于想参展的企业和专业观众来说，他们很重视本行业内将有些什么样的厂商参加。

其四，开辟网上展览业务，为参展商和专业观众的洽谈、交易提供全天候的纽带服务。

5. 多元化战略

“多元化”指会展营销手段的不断完善与创新。首先，国外会展公司的营销途径可谓多姿多彩，除了传统的广告、邮寄、E-mail等手段外，还包括在国外设立代表处或寻求代理商、为展览会组织各种销售促进活动、组织专人到国外招展、拜访重要客户、召开新闻发布会等，就连展会的宣传材料也尽可能发挥至最大效能。

多元化营销战略的实施往往与经营业务的多元化是相辅相成的，因为“规模出效益”早已成为会展企业的共识。除通过收购与兼并实行展览项目的集中和集团化经营外，国外大型展览公司一般还拥有报纸、杂志、网站、电视台等媒体，以便综合运用各种手段和渠道在全球范围内宣传、推介他们的展览会。而且，是否有专业媒体的参与和支持还成为展会能否被称为世界顶级专业展的标准和重要构成要素之一。

（资料来源：武汉展览网. 2009-03-12，作者不详）

第二节　会展市场细分

会展市场细分是运用市场细分的理论与方法，对参展商客源市场进行的细分。本节首先对市场细分的相关理论进行回顾和梳理，在此基础上讲解会展市场细分的内涵、细分标准以及操作要领。

一、市场细分与会展市场细分

1．市场细分的概念

市场细分是企业根据客户需求的不同，把整个市场划分成不同的客户群的过程。这一概念是美国市场学家温德尔·史密斯(Wendell R.Smith)于 1956 年提出来的，按照客户的欲望与需求把因规模过大导致企业难以服务的总体市场划分成若干具有共同特征的子市场，分属于同一子市场的客户需求基本相同，而分属于不同子市场的客户需求存在明显差别。

市场细分的客观基础是消费者需求的异质性，进行市场细分的主要依据是异质市场中需求一致的客户群，其实质就是在异质市场中求同质。对市场细分可从以下两方面理解：

其一，市场细分既是“同中求异”的过程，也是“异中求同”的过程。“同中求异”指对同一产品，不同的消费者有明显不同的需求；“异中求同”则指在被细分后的不同的子市场内，消费者对同一产品有极为相似的需求。

其二，市场细分既是“市场分割”的过程，也是“市场聚合”的过程。“市场分割”指营销者将整个市场按一定的细分标准分割为若干子市场；“市场聚合”则指每一个个体对产品的需求都各有差异，把具有相似需求的一类消费者聚合起来。

2．会展市场细分的内涵

对会展营销而言，目标客户分为两类：参展商和专业观众，而会展市场细分主要是对参展商市场的细分。

会展市场细分指办展机构根据主要目标客户对会展产品和服务的不同需求，把会展客源市场划分为若干子市场（亚市场），分属于同一子市场的客户需求基本相同，而分属于不同子市场的客户需求存在明显差别。

通常来讲，会展市场细分需要两个前提条件，其一是市场竞争非常激烈，展会需要通过市场细分寻找到最适宜发展的目标市场；其二是参展商需求的异质性，即不同的参展商对会展产品与服务的需求具有明显的差异性和多样化。当前我国会展市场竞争日趋激烈，参展商对同类展会有了更多的选择机会，其在参展过程中对会展产品与服务的需求也愈发表现出差异化和个性化，如果办展机构不做市场细分，忽略参展商需求的差异化，以不变应万变，则很难满足所有参展商的需求，最终可能导致客户流失。有鉴于此，市场细分对会展营销具有重要意义和影响。

会展市场细分是在异质化的市场中寻求同质化需求的参展商的过程。因为尽管每个参展商对会展产品和服务的需求是不同的，但如果把每一个参展商都作为目标市场是不现实，也是不经济的。办展机构需要把有相似或相近需求的参展商聚合起来，形成参展商群，作为会展营销的目标市场。同时，虽然会展市场细分是对整个参展商市场的细分，但这并不意味着将市场整体进行硬性分解，市场细分的目标是为了聚合，即把需求相似或相近的参展商聚合在一起，根据该目标市场的需求特征有针对性地提供会展产品和服务，提高目标客户的满意度。

3．会展市场细分的作用

市场细分作为会展营销三大战略之一，其作用主要体现在以下四方面：

（1）有利于选择目标市场和制定市场营销策略

通过市场细分后得到的子市场，即是办展机构的营销服务对象。该细分市场具体且需求明确，有利于办展机构针对客户需求的特点，结合自身的经营理念、方针及服务水平和营销力量，提供更具针对性的营销服务。同时，在该细分市场上，信息沟通和反馈便利且及时，一旦客户需求发生了变化，办展机构可迅速改变营销策略，制定相应的对策，以适应客户需求的变化，提高应变能力和竞争力。

（2）有利于发掘市场机会，开拓新市场

通过对会展市场进行细分，办展机构可以对每一细分市场的参展商的购买潜力和需求程度进行比对，发现有利于本展会的市场机会，从而及时做出反应，进行展会策划和筹备，或根据办展机构的服务专长，推出新的展会项目，开拓新市场，以便适应市场的需要。

（3）有利于集中优势资源开展营销活动

任何一个企业的人力、物力、资金等营销资源都是有限的，通过细分市场，办展机构可以选择适合自己的目标市场，能够集中优势资源对其目标客户展开集中营销，争取局部市场上的优势，然后再进一步巩固和扩大自己的市场规模。

（4）有利于办展机构提高经济效益

办展机构通过市场细分后，可以根据目标参展商需求的不同，有针对性地提供他们所需要的会展产品和服务，这既能满足目标参展商的需要，维持与他们之间的关系，又可增加办展机构的经济效益。

二、会展市场细分的标准

既然市场细分对于会展营销具有重要意义，要使之付诸实践，就必须找到适当的、科学的细分标准。市场营销学的相关理论中，对消费者市场细分的标准（或称细分变量）包括地理因素、人口因素、心理因素、消费行为因素等，那么对参展商市场细分的标准又应包括哪些呢？

会展业属于现代服务业的范畴，其产品是各种类型和规模的会展活动，因此会展市场细分应该按照产业市场的细分标准来进行。本书认为，对参展商市场细分的标准可分为地理因素、行业因素、参展商因素、参展行为以及专业观众（见表 4-1）。进行会展市场细分时，办展机构应该根据自身的实际情况选择适当的细分指标（或称变量），通常选择 2～3 个细分变量的组合。此外，在不同的竞争阶段，细分标准也应随之改变，以不断适应市场竞争的新变化。

1．参展商所属行业

参展商所属行业是会展市场细分最通用的标准。按照我国行业分类，可以分为工业机械、汽车制造、交通运输、电力、采掘、冶金、建筑、电信、家电、食品、医药等。在会展市场上，通常是按照行业来举办展会的，如纺织服装博览会、电子产品交易会、汽车展示会、珠宝展示会等。

2．参展商规模

参展商规模也是会展市场细分的重要标准。在会展市场上，不同的参展商按其规模可细分为大客户、中等客户、小客户等。办展机构可以根据参展商规模的不同采取不同的营销策略，例如对大客户采取直接上门销售展位、给予价格上的优惠或提供更多的附加服务等营销措施，以获取和维持这些大客户。

3．参展商地理位置

会展市场细分还会受到一个国家资源分布、气候条件、产业布局、历史传承等因素的影响，一般在地理上会形成若干个产业区域。办展机构可根据参展商的地理位置进行市场细分，选择参展商较为集中的地区作为目标市场。例如，珠江三角洲的电子产业非常发达，如果要举办电子产品的展览，珠三角的很多中小型电子制造商都将成为展会的目标客户，因此可对该地区进行集中营销和招揽客户。

4．参展商的参展行为

根据参展商的参展行为进行市场细分，如根据参展状况，将参展商分为从未参展、准备参展（潜在客户）、初次参展、经常参展四大类，对老客户、新客户、潜在客户实施不同的会展营销策略；再如根据参展商对价格反应的敏感程度，分为不敏感客户和敏感客户两类，在制定展位价格和实行折扣策略时分别有所考虑。

5．专业观众

专业观众是参展商产品或服务的直接购买者，办展机构在进行市场细分时，也应考虑到专业观众的因素。专业观众的年龄、性别、职业、经济状况等，也会影响到参展商的参展决策。例如，奢侈品博览会不但要考虑到参展商规模、产品特性、品牌知名度等因素，对参观展会的专业观众也要有所考虑，专业观众的经济状况、社会地位、审美水平、消费价值观等，都会成为展会策划与营销的影响因素。

表 4-1　参展商市场细分的常用指标

细分变量		细分举例
地理因素	地区	东北、华北、华东、华中、华南、西北、西南
	省市	北京、上海、广州、武汉、成都、西安……
行业因素		电子信息、通讯、生物工程、医药、航空航天科技、汽车、房地产、化工、建材、纺织服装、传媒……
参展商因素	所属国家	中国、外国
	性质	国有、民营、合资、外商独资
	规模	小型、中型、大型、特大型
	所属行业	制造业、服务业、能源行业……
参展行为	参展状况	从未参展、准备参展（潜在客户）、初次参展、经常参展
	参展目的	交易、展示、信息交流、建立关系
	品牌忠诚	无、一般、较强、非常强
	追求的利益	展会知名度、展会在行业的影响力、参展价格、配套服务
	对价格反应的敏感程度	不敏感、敏感
专业观众	年龄	6 岁以下，6～12，13～18，19～35，36～55，56～65，65 岁及以上
	性别	男、女
	职业	工人、教师、公务员、公司职员、学生、自由职业者……
	月收入状况	1500 元及以下；1501～3000 元；3001～5000 元；5001～8000 元；8001 元及以上

三、会展市场细分的程序

会展市场细分作为一个过程，通常需要以下 7 个步骤来完成（见图 4-2）。

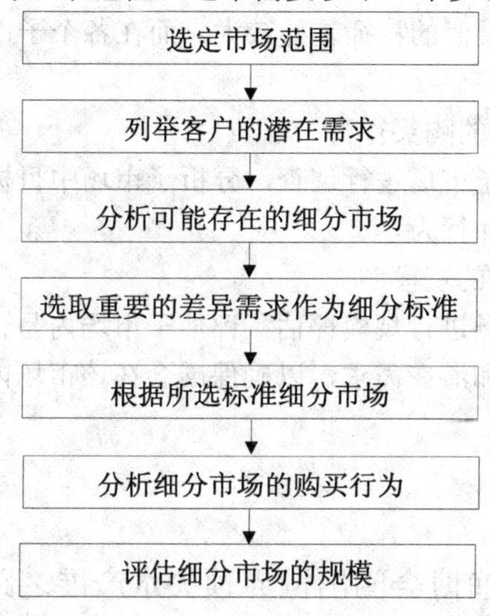

图 4-2　会展市场细分的步骤

1．选定市场范围

办展机构通过对目标客户、竞争者、会展服务商等微观环境以及经济、社会、政治、自然等宏观环境的调查，结合自身实力，确定经营目标，选定市场范围。选定市场范围要适度，不能贪大，过大的市场范围会给营销调研活动带来困难，增加营销成本，但是如果市场范围过小，则会限制办展机构自身的发展和业务开拓。

2．列举客户的潜在需求

办展机构选定好市场范围后，就应该通过深入调研和系统分析，发现该市场中的参展商对会展产品或服务的全部需求，包括现实需求和潜在需求，并将这些需求列出，进行全面而详细的分类。

3．分析可能存在的细分市场

通过了解目标参展商对会展产品与服务的需求，根据主要目标客户的地区分布、所属行业、规模实力等方面的因素，推测其潜在的市场需求，分析可能存在的细分市场。

4．选取重要的差异需求作为细分标准

在异质化的市场中，每一个参展商之间的需求都存在差异，但是有的差异大一些，有的差异小一些，筛选出需求差异较大的参展商，寻找这一群体的共同特征，这些特征即可作为细分市场的标准。

5．根据所选标准细分市场

依据市场细分的标准，将整体会展市场进行分割，形成若干个子市场。在各个子市场之间，参展商的特征差异较大，而在各个子市场内部，参展商的特征大致相同。

6．分析细分市场的购买行为

对每个细分后的子市场进行调查，分析子市场中目标客户的参展动机和意愿，分析其参展习惯和行为。

7．评估细分市场的规模

对细分后的子市场进行规模评估，评估子市场内是否有足量的参展商，是否有足够的现实需求和潜在需求，以确保展会在该市场内有足够的市场机会和发展空间。

案例链接

渔博会闯出世界顶尖水产展之路

中国国际渔业博览会（以下简称渔博会）由中国贸促会农业行业分会、农业部农业贸易促进中心主办，美国海洋展览公司协办，是中国农业领域最具国际影响力的专业性展会之一，在2009年度中国农业会展分类认定活动中被认定为5A级专业性展会。

世界三大渔展之一

经过十几年的精心培育和打造，渔博会已发展成为亚洲最大的专业水产展，位居世界三大渔展之列，与欧洲布鲁塞尔渔业展和美国波士顿渔业展齐名。自1996年创办以来，渔博会已连续举办了14届，展会规模从最初的3000平方米扩大到2009年的3.4万平方米，中外参展企业由不足300家发展到2009年的近800家；累计共有57个国家和地区的近7000家企业参展，其中海外参展商约占35%～40%，82个国家和地区的19万采购商和专业人士到会参观。

鲜明的市场化取向

渔博会是随着中国渔业的发展而不断壮大的，具有专业性强、国际化程度高、市场化取向鲜明等特点，在促进水产品贸易和国际合作、引进国外技术品种、推动水产加工业发展等方面发挥了重要作用。

首先，专业化程度高。为保证展会秩序和为展商创造良好的洽谈环境，渔博会一直坚持只对专业观众和贸易观众开放，每届都会迎接来自亚洲、欧美、大洋洲、非洲的水产品加工企业、供货商、采购商、中介组织和商协会等的万余名观众。

其次，展示内容全。渔博会展出内容涉及海产捕捞、水产养殖、水产加工等环节的相关产品、技术和设备，涵盖了完整的渔业生产和流通链条，参展企业行业相关度极高。

再次，同期活动丰富。形式多样、内容丰富的同期活动一直是渔博会的特色和亮点之一，包括主办单位和参展商组织的各种品尝会、招待酒会、专题研讨会和大型论坛等。例如，挪威海产外贸局就是通过连续多年在渔博会期间举办品尝会和专题研讨会等活动，把挪威的三文鱼推广到中国市场，取得了非常好的效果。

最后，关注市场热点。主办方在渔博会期间先后举办渔业贸易论坛、生态可持续水产品发展研讨会等活动，邀请国内外知名专家学者，介绍渔业贸易发展的最新动态、国际水产品安全标准最新进展等，为国内相关部门和企业了解最新技术标准和行业国际动态、把握发展趋势提供了良好的机会。

创新服务理念方式

经过多年的发展，渔博会在招展、组织、运作方面已形成了一套行之有效的模式。展会坚持紧紧围绕“市场”二字进行清晰的主题定位，即“市场引导、服务贸易”。鲜明的市场导向和市场化运作模式贯穿于展会招展招商、宣传推广、现场服务和重要活动的始终，同时也是渔博会成功和可持续发展的重要因素。

首先，运用市场化和多元化渠道组展招商。招展、招商主要采用国际通行的电话、直邮、传真、网络等“层次化营销”手段直接面向企业宣传联络。在宣传资料方面，在注重展会宣传效果的同时，融入国际通行的VI（视觉形象系统）理念，统一包装展会的所有对外宣传，使整体宣传保持连续性、可视性和认同性，给业内人士留下了深刻印象。在国际合作方面，主办机构与美国海洋展览公司分工协作，充分发挥各自在国内及海外的招展优势，扬长避短，为展会的成功奠定了基础。

其次，运用互联网进行网上定位，与展商实时互动。目前，渔博会采用网络销售手段，所有展位销售工作均在网上实时进行。参展商可以直观地在网上自主选择展位，与展会主办方实时互动，这样既做到公开、公平，又能让展商感到满意、信服。同时，参展指南的各项活动也在网上互动提交，保证了信息的准确、及时，降低了展会的整体成本。

再次，利用呼叫中心实现对采购商和专业观众的一对一服务。促进贸易是渔博会的重要功能，专业观众尤其是采购商的比例是影响展会效果和功能目标实现的最重要因素。渔博会拥有多年积累的买家数据库系统，在展会前3个月，利用呼叫中心，对数据库内的买家进行“一对一”的电话预约服务，对于参观展会人士进行展前预登记，保证了高质量的观众群，使展览有所看、有所谈，从而留住了众多采购商和贸易观众。

最后，利用现代化管理手段进行有效的现场管理。从2006年开始，渔博会采用了国际会展业通行并认可的澳龙信息科技（上海）有限公司提供的“展商、观众信息采录系统”，设置了6个国内注册台和4个海外注册台，实现注册手续全程信息化管理，使展会注册管理水平有了很大的提高。尽管观众的流量一届超过一届，但注册现场队伍齐整、秩序井然，每位观众平均等候时间不超过3分钟。经过整理，展会上采录的展商和观众信息95%以上为有效信息，为下届展会招展招商工作提供了充足的信息便利。

（资料来源：中国贸易报.2010-10-19，作者：静安，本文有所删减）

四、衡量细分市场是否有效的标准

市场细分最大的问题是有可能增加经营成本，因此办展机构必须在市场细分所得的收益与市场细分所要增加的成本之间做一权衡。衡量会展市场细分是否合理、有效，可以从异质性、可进入性、盈利性、规模和发展潜力等方面进行判断。

1．异质性

异质性也可理解为反应差异性，对此有两方面的理解，其一，在同一个细分市场内，参展商的需求极为相似；而分属于不同细分市场的参展商，其需求有明显的不同。其二，对同一个细分市场内的参展商，实施同一套营销策略，其反应大体相同；而对分属于不同细分市场的参展商，实施同一套营销策略，其反应有较大的差异。这其中的道理很简单，细分市场是对整个参展商客源市场的分割，如果细分出来的不同子市场之间，参展商的需求没有明显差异，各细分市场对同一套营销策略的反应也大体相同，那就没有必要细分市场了，此时应该实施“反细分化”，将细分出来的子市场进行合并，以降低经营成本和营销费用。

2．细分市场的规模和发展潜力

首先，细分出来的市场规模必须足够大，大到足以补偿办展机构为进入该细分市场而付出的成本，同时能实现一定的利润目标。如果该细分市场规模太小，甚至不能补偿为进入该细分市场所付出的成本，这样的细分市场是没有意义的。例如，目前城市居民对二手房的需求较旺，办展机构可根据这一市场现象策划和举办二手房展会，为二手房的卖家和买家提供一个直接接洽的贸易平台。但是，如果举办一个二手别墅展，由于别墅交易的市场规模过小，获得市场成功的概率就不会太高了。尽管二手别墅展这一细分市场上竞争展会很少，但因市场规模太小，办展机构进入这样的细分市场并无多大意义。

其次，该细分市场应有一定的发展潜力。办展机构策划和举办一个会展项目，要投入大量的人、财、物、时间和精力，要消耗大量的营销资源。选择具有良好发展前景的行业或办展题材，就可以保证展会的可持续性发展，而一个好的会展项目必须持续举办才能打造出自己的品牌特色。如果通过细分市场找到的是一个夕阳产业（或行业），则尽管该细分市场具有一定的规模、鲜有竞争展会，也是应该谨慎进入的。

3．细分市场的盈利能力

细分出来的市场是否有效，除了看它的容量以及发展潜力外，很重要的一点是看其能否获得一定的盈利。具体到会展业，要通过分析细分市场的成本收益状况，评价该细分市场的盈利性和有效性。

一般来说，举办展会的成本费用包括展览场地费用（即租用展览场馆以及由此而产生的各种费用，包括展览场地租金、展馆空调费、展位特装费、标准展位搭装费、展馆地毯及铺设地毯的费用等）、展会宣传推广费用（即用于展会宣传与推广的各种费用，包括广告费、宣传资料设计、印刷费、资料邮寄费、新闻发布会的费用等）、招展和招商的费用（包括招展资料的设计、印刷、邮寄费；付给代理商的佣金；大买家邀请费等）、相关活动的费用（即支持展会配套活动的相关费用，如：技术交流会、论坛、展会开幕式、嘉宾接待、酒会、活动现场布置、礼品、纪念品和外请临时工作人员的费用等），以及行政办公费和人员工资。而举办展会获得的收入包括展位费、门票收入（不仅包括展会门票，而且包括相关活动如技术交流会、研讨会、表演等的门票）、广告和企业赞助收入，以及其他相关收入。

在选择进入某个细分市场前，办展机构应对该细分市场的成本、收益状况进行预算，评估该市场的盈利能力，进而决定是否进入该市场。

4．可进入性

评估细分市场是否有效，还要看办展机构有无能力进入该市场。细分出来的市场应与办展机构的自身状况相匹配，其有优势占领这一市场。可进入性具体表现在信息进入、产品进入和竞争进入。考虑市场的可进入性，实际上是研究其营销活动的可行性。

需要注意的是，除了用上述标准衡量细分市场是否有效，办展机构进行市场细分时，还应特别注意以下几点：

第一，会展市场细分的客观前提是参展商对展会需求具有差异性。换言之，当需求没有差异，或需求差异可以被忽略不计时，是可以不进行市场细分的。但在实际的市场中，完全同质化的市场几乎没有，所以办展机构应尽可能对市场进行有效的细分。

第二，会展市场细分人为增加经营成本和营销费用。在对会展市场进行细分的过程中，无疑会增加人、财、物的投入，过度地要求对整个市场进行多层次的细分，会增加会展企业的经营成本，因此要权衡，是不是要细分，细分到什么程度为宜。

第三，会展市场细分较难选择合适的细分变量。与消费品市场细分不同，会展市场细分大多是根据参展商和专业观众的特点总结出细分指标，可参考的变量较少。因此，选择合适的细分变量是会展市场细分中的“难题”。

第四，会展细分市场要力求避免“多数谬误”。如果办展机构都以最大的和最容易进入的细分市场作为其全力以赴的目标市场，而竞争者们也遵循同一逻辑行事，结果大家共同争夺同一客户群，其结果必然是众败俱伤，社会资源无端耗费，多样化的市场需求仍然无法得到满足。

第三节　会展目标市场选择

会展目标市场，就是办展机构为实现预期目标而要进入的市场，其所有的营销活动都将围绕目标市场而展开。选择和确定目标市场，明确会展营销的具体服务对象，是办展机构制定营销战略的首要内容和基本出发点。

一、会展目标市场选择应考虑的因素

目标市场选择是在市场细分的基础上进行的。办展机构在市场细分的基础上，选择某一个或某几个细分市场作为可能进入的目标市场。在选择可进入的目标市场时，需要考虑来自多方面的因素。一般来说，可进入的目标市场至少应符合以下三个条件：

第一，该市场有一定的规模和发展潜力。办展机构必须考察这个潜在的目标市场是否对公司具有吸引力，即该市场大小适宜，需要有一定的规模、具有良好的成长性、易形成规模经济、盈利空间较大等。

第二，竞争者未完全控制。在选择进入目标市场前，办展机构还需要对该目标市场内竞争者的数量和实力进行调查，目标市场内竞争者数量预示着该市场内的竞争激烈程度，而竞争者的实力则代表竞争者在该市场的占有率，若进入一个基本被竞争者完全控制的市场则不会有很大的发展前景。

第三，该目标市场符合办展机构自身的目标和资源能力。办展机构必须考虑对细分市场的投资是否与自身的发展目标相一致，某些细分市场虽然具有很

大吸引力，但不符合公司的长远目标，不得不放弃。同时也必须考虑自身的资源能力是否能够支持办展机构成功进入该细分市场，并获得一定的竞争优势。比如电子信息产品展需要办展和招展人员具备一定的电子信息专业知识，同时要熟悉电子信息行业的市场情况，如果不具备这些条件，则进入该展会领域应谨慎。

二、会展目标市场选择策略

办展机构进入目标市场时，有三种策略可供选择，即无差别目标市场策略、差异性目标市场策略和密集性目标市场策略（见图 4-3）。

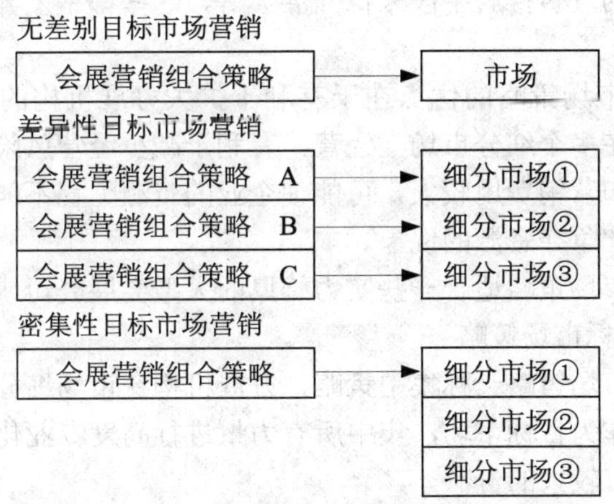

图 4-3　会展目标市场选择策略

1．无差别目标市场策略

无差别目标市场策略又称整体目标市场策略，指办展机构不考虑参展商需求的差异，而把整个市场作为一个大的目标市场，只推出单一的会展项目，运用统一的营销组合策略，开展无差异的市场营销活动。

无差别目标市场策略不进行市场细分，不考虑参展商需求的差异，用单一的会展项目、统一的市场营销组合策略对市场进行完全覆盖。该策略的优点首先是节省经营成本和营销费用。其次，可以集中办展机构的全部力量发展某一会展项目，有利于形成规模和培育会展品牌。

但该策略的缺点也是显而易见的，首先，这是一种“以不变应万变”的营销策略，办展机构认为参展商对会展项目的需求是同质的，而事实上，参展商的需求是有差异和多样化的，以单一的会展项目覆盖整个市场的所有参展商是较为罕见的。其次，该策略易形成竞争，一方面在整个市场上的竞争激烈，另一方面小的细分市场的需求又得不到满足。最后，办展机构只涉猎一个市场或一个领域，不利于分散风险。

无差别目标市场策略适用于供不应求或竞争很弱的会展市场，如具有垄断性质的知名展会，而大多数展会并不适用。

2．差异性目标市场策略

差异性目标市场策略是指办展机构根据资源条件和外部环境，选择两个或两个以上细分市场为目标市场，针对各个目标市场的需求特点，分别推出不同的会展产品，并采取不同的营销组合策略。例如，针对不同行业的参展商，举办不同主题的展览会；针对不同规模和实力的参展商，推介不同价位的展位和服务；采用不同的宣传推广手段来推介展会等，这些都是差异性目标市场策略的具体运用。

差异性目标市场策略的优点在于有利于扩大办展机构的总收入和树立企业形象，且同时在多个细分市场上经营，有利于减少经营风险。该策略的缺点主要是运营成本和营销费用较大，可能使企业的资源配置不能有效集中，甚至出现企业内部彼此争夺资源的现象。

差异性目标市场策略适合一些实力雄厚的大型会展公司或企业集团。

3．密集性目标市场策略

密集性目标市场策略又称集中策略，办展机构在市场细分的基础上，只选择一个细分市场作为目标市场，集中所有力量进行高度专业化经营，以确保在该细分市场上占有较大的份额。

密集性营销策略的指导思想是，与其四处出击收效甚微，不如突破一点取得成功，实施这一策略的企业不是追求在大市场上占有小份额，而是追求在相对小的市场上占有大份额。

密集型目标市场策略的优点表现在以下方面：首先，办展机构将全部资源与优势集中于某个小的细分市场，从而在该细分市场上具有相当的竞争力；其次，展会特色鲜明；再次，营销对象集中，能够更深入地了解特定客户的需求状态，提供的产品和服务更加有的放矢；最后，密集性营销的本质是对单一细分市场的完全覆盖，因此也可获得成本的相对经济性。

密集型目标市场策略是一种“见缝插针”寻找“市场空白点”的营销策略，该策略尤其适合于中小型会展企业进入大企业未发现、不屑进入或尚未建立起绝对优势的某个细分市场，如举办地方性较强的产品的展览项目。但该策略也存在着一定的经营风险，由于过分依赖于某个小的细分市场，而一旦该细分市场的客户需求发生变化，或强大竞争对手进入，或新的更有吸引力的替代品出现，都可能使办展机构因没有回旋余地而陷入困境。

案例链接

“女性之光时尚生活展”

2006 年 12 月 1 日，以“女性之光”为主题的“时尚生活展”在北京中国国际贸易中心落下帷幕。该展由玉兰油冠名赞助，新加坡环球展览机构有限公司、中国国际贸易中心股份有限公司共同主办，由“时尚生活展”、“国际商业交流论坛”以及“精英女性大奖”三部分组成。

两位从事金融行业的女性观众认为，这种专为女性举办的展会对没时间了解时尚信息的群体很实用。在展会上能够了解到大量和女性关系非常大的健康、健身、美容、时尚、教育、数码、房地产、理财、汽车、旅游、休闲、运动以及红酒等方面内容，信息量很大，如悠季瑜伽、华人世家唐装秀、宝迪沃健身、“冰雪浓情”爱薇婚纱秀、曼伊舞蹈俱乐部等在现场的展示很值得一看。

在展会现场“盛世佳人”的展台前，该保险产品的业务员介绍，“盛世佳人”是一种专为现代女性设计的保险，针对的客户都是 30－38 岁的白领女性，对被保险人群年龄要求与这次展会的目标观众范围非常一致，参加“女性之光时尚生活展”这样的展会是一次很好的宣传机会。

展会主办方介绍，“女性之光时尚生活展”是专为女性设计的综合性展会，与其他展会不同，观众都是成功女性和白领一族，“是能够引领时尚的高消费女性群体”。

2006 年底，一场关于男性生活方式的展会也在北京举办了。这个展会关注的是成功男士的时尚消费，观众仍然是一些追求高品质时尚生活，力求提高生活素质的群体。随着专业展会更加细分之后，这种只为高薪阶层成功人士举办的小范围展会正在悄然兴起并被迅速接受和认可。

思考：

1. 什么是会展市场细分？如何对参展商市场进行细分？
2. “女性之光时尚生活展”的成功举办给你哪些重要启示？
3. “女性之光时尚生活展”运用了何种会展目标市场策略？请分析该展会的规模和未来发展潜力。

第四节　会展市场定位

定位理论被美国营销协会评为有史以来对营销界影响最深的营销学说。定位与市场细分之间存在着密切关联。市场营销学理论认为，卖给所有人的产品是不需要定位的，定位是细分市场的衍生物，只能针对具体的细分市场做出，而产品要成功地进行营销，也必须针对细分市场找到准确定位。企业找到了有效的细分市场，只是成功的第一步，还必须为自己的产品找到有效的定位。

一、定位理论与会展市场定位

1．定位理论回顾

定位理论的先驱是美国营销学家艾·里斯和杰克·特劳特。早在1969年，两人在美国《工业营销》杂志上发表了论文《定位是人们在今天的模仿主义市场上所用的竞争手段》。论文以美国RCA电脑公司为例，认为遵循定位的原理，RCA不应该与占据美国电脑业第一位置的"蓝巨人"IBM公司做面对面的抗衡。而在当时业内人士均对RCA与IBM的正面抗衡持乐观和鼓励态度。但是，不到一年时间，RCA公司在与IBM的较量中惨败。1971年11月，两人继续在《工业营销》杂志上发表探讨"定位"的文章，后又将定位的概念和运作方法集结成书，人们渐从事实中认识到他们观点的正确性。直至今日，定位理论已成为企业市场营销战略的核心。

在市场营销学的相关理论中，定位包括市场定位和产品定位。市场定位是将产品定位于以市场细分为基础选择的目标市场上，其着眼点是不同的市场需求。而产品定位是在产品差别化基础上，通过塑造独特的产品个性和鲜明的产品形象，以区别于同类竞争产品，其着眼点是已经存在的产品。

2．会展市场定位的内涵

对会展营销而言，会展定位更侧重于会展产品定位，即办展机构根据自身的资源条件和市场竞争状况，赋予本展会区别于同类题材其他展会的差异化和个性化特征，使本展会在参展商和观众心目中形成鲜明而独特的市场形象。

当前我国会展业的一大特点就是重复办展，同题材展会在一年里的不同时间和地点举办，共同瓜分有限的展览市场，其结果是展会同质化现象严重，竞争惨烈。而有效地进行会展市场定位，可以帮助展会突破"同质化"所带来的竞争困境，在参展商和观众心目中形成该展会鲜明而牢固的品牌形象。同时，通过保持定位的持久性和一贯性，在参展商和观众心目中留下该展会稳定而牢固的品牌形象。

案例链接

亚洲户外用品展的市场定位

2008年7月30日，"第三届亚洲户外用品展览会"在南京国际展览中心隆重拉开帷幕。该展会由中国国际贸易促进委员会和南京市人民政府共同主办，贸促会南京市分会、南京国展中心和德国菲德烈斯哈芬展览中心共同承办。本届展会规模达到 2.4 万平方米，涵盖户外服装、鞋帽、登山包、帐篷睡袋、配件等 17 大类户外运动用品的 245 个品牌参展，吸引了来自国内外户外用品零售店和百货商场行业的众多专业观众。

"亚洲户外用品展"在选题上顺应了市场发展潮流，在定位方面堪称新颖独特。长期以来，欧洲户外用品展览会和美国盐湖城户外用品展览会是世界上顶尖级的户外运动用品展会，当这两个国际型展会的规模逐年扩大、展品的品质规格逐级攀升的时候，亚洲户外用品消费市场一片沉寂。20 世纪 80 年代户外运动在我国逐渐兴起，经过近 20 年的推广，国内大众也崇尚起了这一亲近自然的生活方式。南京国际展览中心在这个时候积极同欧洲户外展联手互动起来，经过实地观摩、交流学习、统筹策划，2006 年中德双方合作在南京成功举办了第一届亚洲户外用品展览会，填补了亚洲地区专业户外运动用品展会的空缺，为中国乃至亚洲人民带来了新鲜、时尚、健康、环保的户外装备和生活理念。

3．会展定位有效的标准

会展定位能否有效地区隔本展会与同类竞争展会，能否树立独特而鲜明的市场形象，进而为会展营销做出贡献，还需要从以下四个方面进行考察。

第一，该定位是否符合办展机构自身的资源条件。"用己所长"是办展机构进行市场定位时必须考虑的问题。否则，会展定位再新颖独特，办展机构没有资源条件将其付诸实现也是徒劳。

第二，该定位是否独特。该定位是同类题材的其他展会尚未提出或无法复制的，即便是竞争对手也难以模仿。独特的定位是展会的核心竞争力，它为办展机构设置了一道无形的保护层，向竞争者筑起了进入壁垒，使展会能够以更优越的方式向参展商和观众提供服务。

第三，该定位是否具有高价值。能否为参展商和专业观众提供高价值，且参展商和专业观众是否充分认可这一点。

第四，该定位是否便于沟通。会展定位只是办展机构为展会在市场上确定了一个适当的位置，塑造了一个与众不同的市场形象，但定位还需要传播，即以形象生动的方式传达给目标参展商和观众，因此定位是否便于表达、便于传播、便于参展商和观众的理解和体验，就显得尤为重要。

二、会展市场定位的步骤

会展市场定位的关键是办展机构要设法在自己的产品和服务上找出比竞

争对手更具有竞争优势的特性。竞争优势一般有两种基本类型：一是价格竞争优势。即在同样的条件下比竞争对手给出更低的价格，这就要求办展机构采取一切努力来降低经营成本；二是偏好竞争优势。即能提供确定的特色来满足客户特定的需求偏好，这就要求办展机构采取一切努力在产品和服务特色上下工夫。会展市场定位可以通过以下三个步骤来完成（参见图 4-4）。

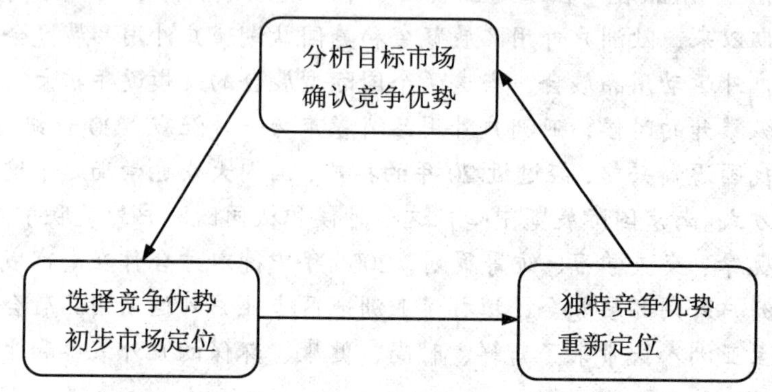

图 4-4 会展市场定位的步骤

1．分析目标市场现状，确认潜在竞争优势

这一步骤的中心任务是要回答以下三个问题：一是竞争对手市场定位如何?二是目标市场上客户需求的满足程度如何，确实还需要什么?三是针对竞争对手的市场定位和潜在客户的真正需要和利益要求，本展会应该及能够做什么？通过回答上述三个问题，办展机构就可以从中把握和确定自身的潜在竞争优势在哪里。要回答这三个问题，办展机构的市场营销人员必须通过各种调研手段，系统地设计、搜索、分析并报告有关上述问题的资料和研究结果。

2．准确选择竞争优势，目标市场初步定位

竞争优势代表办展机构的核心竞争力，这种能力既可以是现有的，也可以是潜在的，选择竞争优势实际上就是办展机构与竞争者各方面实力相比较的过程，其比较的指标应是一个完整的体系。通常的做法是，分析和比较与竞争者在经营模式、办展水平、招展能力、展会服务、展具设备和财务控制等方面的差距。评价自己与竞争者相比有哪些优势，又有哪些劣势，以及选择哪些目标市场对自身最为有利，借此选出最适合的优势项目，以初步确定在目标市场上所处的位置。

3．显示独特的竞争优势和重新定位

这一步骤的主要任务是通过一系列的宣传与推广活动，将展会独特的竞争优势准确传达给目标客户，进而在参展商和专业观众心目中留下深刻印象。为此，办展机构要弄清楚目标客户是否了解、熟悉、认同本展会？展会定位是否与目标客户的实际理解相一致？目标客户对本展会是否具有较高的忠诚度？同时，办展机构还要时刻关注目标客户对展会定位的理解是否出现了模糊、混乱或偏差？以及这些偏差是否系宣传失误所造成？

办展机构应通过各种手段强化目标客户对展会的好感，稳定客户的态度，增进与客户的感情，巩固展会在目标客户心目中的地位。当目标客户对展会定位的理解出现偏差时，办展机构还要及时纠正这些问题。在出现下列情况时则应考虑对展会进行重新定位，一是同一会展市场上出现了强有力的竞争对手，其推出了与本展会相近的产品和服务，侵占了本展会的部分市场，使本展会的市场份额急剧下降；二是目标参展商和观众的需求发生了明显变化，本展会的市场需求萎缩，展会的销售情况骤降。

三、会展市场定位的常见策略

会展市场定位是办展机构竞争战略和营销战略的具体体现。由于办展机构的企业愿景、办展宗旨、经营目标等具有各自特点，其营销战略也各有千秋，从而形成不同的市场竞争力与盈利模式,这些都会对会展定位产生一定的影响。下面介绍几种有效的会展市场定位策略，仅供读者参考。

1.“少而精”策略

定位理论的先驱里斯和特劳特认为，定位从产品开始，但定位并不是你对产品做什么事，而是你对未来的潜在顾客的心智所下的功夫。其基本目的就是要突破过多传播的屏障，把进入潜在顾客的心智作为首要目标，在其心中找到一个位置，该位置一旦确立后，每当潜在顾客需要解决某一特定问题时，他就会联想到能解决这一问题的特定产品或品牌。

就会展市场定位而言，要能突破众多的传播屏障，直抵目标客户的心智，则其定位一定是少而精的，唯有此，才便于表达、传播和记忆。为展会定位切忌面面俱到，一个展会固然有很多卖点，但如果不加选择地把所有卖点罗列出来，目标客户反而会无所适从，这样的定位既不便于理解更不便于记忆。在信息爆炸的当代社会，公众被淹没在信息的海洋中，只有那些简洁明了、主题突出的定位才能使人过目不忘，印象深刻。办展机构需要在展会的众多卖点中提炼浓缩，以简洁、凝炼的形式将展会最独特的卖点表达出来，传播出去。

2.“补缺”策略

在目标市场中寻找到一个未被占领的缺口，并将展会定位于此市场中的领导者位置，即“寻找一个缺口，然后填满它”的定位策略。作为市场补缺者要完成三个任务：创造补缺市场、扩大补缺市场、保护补缺市场。在会展市场中，一些区域性会展项目，就是扮演了市场补缺者的角色，如湖北省于 2011 年 10 月与台北世界贸易中心在武汉合作举办“台湾名品展”。此次武汉“台湾名品展”活动是以辛亥革命 100 周年纪念活动为契机，与“湖北台湾周”活动相结合举办的一次展会，充分利用了武汉当地的历史文化资源，非常巧妙地创造了一个补缺市场。获取补缺基点的主要战略是专业化市场营销，可供选择的方案有以下几种：

● 按客户专业化。专门致力于为某类参展商服务，如一些小型会展公司专门针对某一类市场提供展会服务。

● 按垂直层面专业化。专门致力于分销渠道中的某些层面，如有的会展公司专门承办纺织服装类的展会，这类展会还包括了为纺织品、服装、服饰、服装加工设备的展览等。

● 按客户规模专业化。专门为某一种规模（大、中、小）的参展商服务，如有些小型会展公司专门为那些被大公司忽略的中小参展商服务。

● 按地理区域专业化。专为国内外某一地区或城市提供会展服务。

● 按产品或服务专业化。只提供一类服务，如专门帮助企业客户承办和组织各种主题活动、专门租赁一些展具设备、或提供独特的会展策划服务等。

案例链接

北京国际泳池沐浴 SPA 展览会

“北京国际泳池沐浴 SPA 展览会”专业服务于温泉、泳池、洗浴、会所、SPA、足疗等领域，迄今已连续举办了 5 届，并已成为立足北京、面向世界的专业性展会。

“北京国际泳池沐浴 SPA 展览会”全方位地展示泳池、沐浴、SPA、水疗领域最热门的产品、最尖端的技术和最前沿的趋势。展品范围包括以下几大类：泳池温泉类（泳池设备、温泉、水上乐园、喷泉、泳池外围设施及配套产品）、SPA 水疗类（医疗 SPA、矿物温泉 SPA、SPA 设备、香薰、浴盐、矿物泥、精油、水疗工程等）、桑拿沐浴类（沐浴设备、按摩保健设备、桑拿设备、足疗系列产品及消耗品）、热能热泵类（水源热泵、空气源热泵、太阳能热泵、节能锅炉及配套产品）和水处理类（水体消毒、循环过滤、水质检测、水处理药剂、清洁保养系统、恒温器、节水系列产品等）。经过多年的发展，该展会以专业的精神和规范的国际化运作为全行业所认可，被业内人士广泛誉为“亚太地区最为专业的行业盛会”。

（资料来源：北京国际泳池沐浴 SPA 展览会官方网站）

3．“第一”策略

“第一”的定位策略基于这样一个现实：人的头脑有先入为主的本能。人们总是只记“第一”不记“第二”，例如，世界上的第一高峰是珠穆朗玛峰，第二高峰呢？可能很少有人知道是乔戈里峰，那第三高峰呢？恐怕没几个人知道了。奥运会男子百米赛跑，第一名的名字人们印象深刻，而第二名呢？也许他的成绩与第一名仅差 0.01 秒，但没有多少人记得他。

“Positioning”译为“占位”或许比“定位”更确切，从市场营销的角度，重要的并不在于谁先做了什么，而在于谁先说了什么以及在消费者的心目中先留下了什么。

心目中的第一和现实中的第一往往是不一致的，这就为定位者留了相当大的创作空间，在某些有价值的属性上通过抢先或创造“第一”，是给目标客户留下深刻印象的有效方法。就展会而言，总有一些有价值的属性可以作为定位的出发点，如亚洲规模最大的、性价比最高的、第一个被 UFI（国际展览业联盟）认证的、某行业第一展等，办展机构在目标客户关注的某些属性上，通过创造“第一”或“之最”，就会在目标客户心智中占据一个有价值的位置，且这一位置一旦形成，就不会轻易改变。

案例链接

首个汽车用品展——中国汽车用品暨改装汽车展

中国汽车用品暨改装汽车展（CIAACE）是行业内第一个汽车用品展，该展会由雅森国际展览有限公司承办，展品范围涵盖汽车美容护理用品、汽车内饰、汽车外饰、车载通讯导航、汽车影音娱乐、汽车电子电器、改装车及改装用品等。作为国内首个汽车用品展，展会不仅见证了中国汽车后市场行业的崛起与繁荣，更为行业企业成功搭建起了最为直接的商贸洽谈平台，成为行业企业每年首选的品牌展会。经过十届的发展，CIAACE 展会规模和影响力稳居国内行业之首，荣升为汽车用品行业唯一的国家重点支持项目。

秉承“提升、超越、全球瞩目”的展会目标，CIAACE 将全力打造立足中国、辐射全球汽车后市场行业最大的品牌盛会。2010 年“第 11 届中国汽车用品暨改装汽车展”的总展出面积达到 8.6 万平米，有 2089 家展商参展，吸引了 12 万名专业观众到会参观，实现成交额 125 亿元。目前，“第 12 届中国汽车用品暨改装汽车展”的各项工作已全面启动。2011 年 1 月 11 日，展会主办方在北京临空皇冠假日酒店召开了新闻发布会，向行业媒体介绍了第 12 届中国汽车用品暨改装汽车展的筹备组织情况。据主办方介绍，本届展会规模将达到 12

万平米，使用新国展的全部 8 个展厅，届时将有 3000 余家参展商，带来 10 余万种汽车用品，为专业观众和采购商打造一站式的采购平台，预计吸引 15 万实力买家共赴盛会。

（资料来源：中国汽车用品暨改装汽车展官方网站）

4．“高级俱乐部”策略

如果不能取得第一或某种很有意义的属性，而市场缺口又不存在，则定位还可采取这种“高级俱乐部”策略。美国第三大汽车公司——克莱斯勒汽车公司提出了“三大公司”的概念，而市场上最大的公司是不会提出此概念的。对于会展营销而言，也可借鉴这种“三大”、“十佳”的定位策略，将本展会纳入“高级俱乐部”中，而俱乐部成员在公众看来都是最佳的，由此淡化本展会在市场中的实际实力和地位，而将其与同行业领袖相提并论，这无疑提升了展会的市场形象。

5．“再定位”策略

“再定位”又称为重新定位，主要是针对那些首次定位不当而导致市场反应差的展会，需要重新定位以扭转困境。还有一些展会，首次定位很成功，但因为外部市场环境发生了变化（如同一市场上出现了更强大的竞争对手，目标参展商和观众的需求发生了变化，本展会所服务的市场发生了萎缩），或者自身的营销战略方向发生了变化，也需要重新定位以寻找新的市场增长点。重新定位并不是完全放弃现有的目标市场，其目的是为了实施更有效的定位策略，以退为进，发现更大的市场机会。

案例链接

深圳高交会：瞄准“世界科技第一展”新目标

中国国际高新技术成果交易会（简称高交会），是中国规模最大、最具影响力的科技类展会。自 1999 年首届高交会举办以来，历经 12 年，如今的高交会在更高层次重新定位，瞄准了“世界科技第一展”的新目标。

创办之初瞄准“国际化”目标

高交会创办之初就确定了“国际化”的办展目标。在首届高交会开幕式上，与会的国家领导人就明确指出：正是为了促进中国与世界各国的经济技术合作，中国政府决定每年在深圳举办中国国际高新技术成果交易会。

为突出“国际化”的展会特色，首届高交会与美国国际数据集团（IDG）合作信息技术与产品展，同时，与韩国情报技术研究院、英国驻广州总领事馆、台北电脑商业同业公会、海岸国际展览公司等机构合作进行招组展，不断扩大高交会的海外影响，使之成为中国展会的国际品牌；在活动内容方面，高交会围绕"高新技术"主题，无论是super－SUPER配对洽谈活动、中美CEO互动对话，还是中国企业海外上市咨询洽谈活动等，都给人眼前一亮的感觉；在效果方面，高交会吸引了近百家跨国公司到会展示最新技术，一些跨国企业还在深圳建立了研发中心和采购中心，吸引了国际风险投资商、著名证券交易所等国际中介加入到促成科技成果交易转化的大军中来，帮助一大批国内优秀项目转化成生产力，协助一些国内企业成功在海外上市。

由"中国第一"迈向"世界第一"

由于参加高交会效果显著，跨国公司参展越来越踊跃，逐渐形成一个实力强大的"海外兵团"。跨国公司展示的新技术具有高、精、尖的特点，成为专业观众青睐的亮点。

为了创造多赢局面，一些跨国公司以国别为单位，组团亮相，增强气势。2007年第九届高交会首次设立美国展区，美国9个州的跨国企业参展，各州分设展区，但以整体形象亮相。通用电气、摩托罗拉、甲骨文、惠普、戴尔等国际知名企业均携带大量高科技产品和技术参展。

2010年，第十二届高交会吸引了来自美国、俄罗斯、法国、加拿大、澳大利亚等18个国家的27个团组以政府组团的方式参展。高交会已成为中国规模最大、极具国际影响力的"中国科技第一展"。

如今，高交会正借中国经济率先复苏、持续向好的"危中之机"，不断扩大吸引力和影响力，悄然迈向"世界科技第一展"。第十届高交会期间，温家宝总理专门做出重要批示："办好高交会，推进高新技术产业化，对于自主创新、调整经济结构、转变发展方式具有重要意义"。这不仅是对高交会12年来取得的成绩的肯定，也更加深刻地强调了办好高交会的重要意义。国务院颁布的《珠江三角洲地区改革发展规划纲要》，则将高交会列为国家重点支持的"五大"展会之一，并提出了将高交会打造成"世界一流会展品牌"的目标。中共中央政治局委员、广东省委书记汪洋这样寄语高交会：在打造"中国科技第一展"的基础上，再用十年时间，力争打造"世界科技第一展"。

（资料来源：深圳新闻网，2010-11-04，作者：杨柳纯，本文有所删改）

本章小结

会展营销战略是办展机构营销管理思想的综合体现，是其进行营销决策的基础。制定会展营销战略，应综合考虑外部市场机会及内部资源状况等因素。会展营销战略的主要内容包括会展市场细分、会展目标市场选择和会展市场定位。

会展市场细分主要是对参展商市场的细分，指办展机构根据主要目标客户对展会产品和服务的不同需求，把会展客源市场划分为若干子市场，并针对这些子市场开展集中营销的过程。细分市场需要依据一定的标准，参展商所属行业、参展商规模、地理区域、参展行为、专业观众等是最常用的细分标准，而判断一个细分市场是否具有进入价值，可从异质性、可进入性、盈利性、规模和发展潜力等方面进行评价。

目标市场选择是会展营销的战略性决策，是在对每个细分市场的特点、需求趋势和竞争状况进行充分、准确的分析之后，根据办展机构自身的经营目标和经营能力，而选择的需要重点关注的市场部分。办展机构选择进入目标市场有三种策略，分别为无差别目标市场策略、差异性目标市场策略和密集性目标市场策略。

对会展营销而言，会展定位更侧重于会展产品定位，即办展机构根据自身的资源条件和市场竞争状况，赋予本展会区别于同类题材其他展会的差异化和个性化特征，使本展会在参展商和观众心目中形成鲜明而独特的市场形象。衡量定位是否有效，可从该定位是否符合办展机构自身的资源条件，是否独特，能否为目标参展商和观众提供高价值，是否便于沟通 4 个方面进行评价。会展定位的常见策略包括“少而精”策略、“补缺”策略、“第一”策略、“高级俱乐部”策略和“再定位”策略。

习　题

一、名词解释

会展营销战略　　会展市场细分　　会展市场定位

差异性目标市场策略　　密集性目标市场策略

“补缺”策略　　再定位策略

二、简述题

1．简述会展营销战略的主要内容。

2．简述会展市场细分的程序。

3．衡量细分市场是否有效的标准有哪些？

4．会展目标市场选择应考虑哪些因素？

5．会展市场定位的主要步骤。

三、论述题

1．论述会展目标市场选择策略及其特点。

2．办展机构进行会展定位的常用策略有哪些？

四、案例分析题

深圳消费展亟待“去同求异”

自2008年金融危机以来，我国“扩内需、促消费、拓市场”政策使国内市场释放出巨大潜能，“消费展”逐渐成为深圳会展行业内的一个新的流行词。特别是在春节前夕，八场以年货为重头戏的“消费展”集中亮相深圳，使得今年“消费展”异常火爆。

与之相对应的是，由于“消费展”过于集中和同质化，导致内容重叠、资源浪费、管理真空、服务有待改善等一系列问题更加突出。有专家认为，消费展的火爆与国家拉动内需的政策有密切关系，高端消费展是深圳消费展未来的发展方向。同时，就像家具展“二展合一”以及汽车展“三展合一”，消费展的发展亟待规范化、专业化。

记者从深圳会展中心了解到，临近年关，深圳会展中心展览计划紧张。一系列如“深圳迎春购物嘉年华”、“2010深圳迎春品牌特卖会”、“深圳美食节”等以年货和消费品为重头戏的“消费展”扎堆上场，明显多过往年。

特别值得关注的是，集中三大主题消费展的“2010深圳迎春购物嘉年华”已正式在深圳会展中心拉开序幕。据悉，本届嘉年华活动包含了爱购国际名牌服饰特卖会、糖酒茗茶年货会、外贸商品内销展，以及南北美食特价年货购物展。会展专家认为，以“2010深圳迎春购物嘉年华”为代表的“迎春购物”展会不仅拉动了内需市场，扩大了消费，而且在提升会展品质、开创高端消费平民化方面做出了贡献。

年底消费展密集上演，消费者在大呼“过瘾”的同时，一系列问题也浮出水面：同类展会过于密集不利品牌成长、办展机构良莠不齐投诉增多、宣传不力、管理服务欠缺、展会场面混乱等。不少会展企业均表示，一方面办展企业须加强素质，办出精品展、品牌展；另一方面行业须加强自律，办展切忌一哄而上，否则损害的是整个会展业。

有关专家建议，展馆出租方必须考虑同质同类展会展期分开，以利品牌成长。另外，政府部门也需加强协调和指导，就像多年前的三个“汽车展”，谁也做不大，谁也不服谁，在政府和相关机构协调整合后，新的“深港澳国际车展”整合了所有资源，已成为全国第四大车展。

深圳“消费展”亟待规范化、专业化，“消费类展会的未来一定要靠品牌取胜，而不是挤在年关靠档期存活”，会展业相关人士这样评价深圳年底异常火爆的消费类展会。

（资料来源：深圳商报. 2010-02-02，作者：何鑫）

思考：

1. 如果你的公司准备在深圳举办消费展，你将采取哪些措施以走出文中所言的“乱象”困境？

2. 重复办展是我国展览市场的突出问题，你认为该问题存在的根源是什么？又应该如何解决这一问题？

第五章

会展产品与服务

学习目标

- 了解会展产品的定义与特征
- 了解会展服务的主要类型
- 掌握基于客户让渡价值的会展产品策略
- 掌握展会生命周期不同阶段的营销策略
- 理解会展品牌营销的内涵及主要内容
- 了解会展增值服务的主要内容

引　言

任何一个企业在制定经营战略时，首要考虑的是提供什么样的产品或服务以满足目标客户的需求，也就是要解决产品策略问题。会展营销活动亦不例外。但是，鉴于会展产品与一般的实体性产品有明显的差异，办展机构在制定会展产品策略时也会有所不同。会展产品更多地表现出“服务产品”的特征，具有无形性、不标准性、不可储存性等特点，且只有在展会举办期间才能完整地被消费，因此，我们认为，会展产品是由一系列要素构成的综合性的“服务包”。

本章将系统介绍会展产品的内涵、特点以及会展服务的相关知识，使读者对会展产品与服务有深入的理解，在此基础上掌握会展产品的生命周期营销策略、品牌营销策略以及会展服务策略。希望通过本章的学习，使读者牢固掌握会展产品与服务的相关理论，并能将理论付诸实践，运用于会展产品开发与会展服务设计的具体工作中。

引导案例

中国国际涂料博览会：3天展览、365天服务

中国国际涂料博览会（简称CICE），作为中国涂料工业协会主办的重要展会，在完成产品展示、技术交流两大任务的基础上，服务水平和服务质量也越来越高。CICE因其内涵以及高质量服务渐近国际品牌展会。CICE2011于2011年3月10日～12日在北京展览馆成功举办。以下是对本届涂料展产品及服务策略的分析。

产品：从观众的需求着手

主办方为满足各类观众的需求，不仅设置诸如“中国最受欢迎的涂料品牌评选与颁奖”、“2011色彩中国高峰论坛”、“2011漆彩中国——现场涂鸦展示”等一系列相关活动，而且创新性地开设了4个展示引导区，分别为“功能涂料展示引导区”、“低碳环保明星涂料展示引导区”、“世博奥运等重大工程应用涂料展示引导区”和“技术成果转让展示引导区”。在这些展示引导区里，参展企业通过产品实物样板、功能图示说明、应用案例照片等形式进行集中展示推广，并为感兴趣的观众提供相应的展位引导。

为将CICE2011打造成中国最佳并具全球影响力的涂料专业展会，主办方还策划了一系列专业论坛和技术讲座，如“建筑涂料的应用与创新论坛”，“防腐涂料的应用与创新论坛”，“玩具涂料、塑料涂料的应用与创新论坛”以及各涂料及原材料厂家的技术讲座和新产品发布会。高峰论坛、主题报告会、专题研讨会、产品技术及应用研讨等全方位、多层面的技术会议，不断丰富着CICE2011的内涵。同时，CICE2011还引入商贸配对理念，在展馆内装饰搭建了洽谈区、休息区、私密洽谈场所、专业配对会务管理小组、Matchmaking专业管理流程构建高效能采购展贸平台，高效对接上游厂家，打造一流的贸易平台。

服务：从体贴到入微

CICE2011在展场布置、及时信息发布、食宿交通等多个环节下大力气，从人性化、个性化方面入手，力争把展会服务做到细致入微，让每一位参展商和观众感觉到舒适、便利和尊崇感，并通过多种方式提高参展商和观众的参展效率。

例如，为所有在展会官方网站预登记的专业观众提供矿泉水、会刊、机票及酒店预订等服务；为符合条件的买家开通直达酒店的接机服务；推出手机短信服务，参展商及观众到达北京后便能收到组委会送出的温馨短信提醒，包括活动日程、出行交通等贴心内容；为加强与同期其他展会的观众交流，组委会还提供北京展览馆与新国际展览中心和国家会议中心之间的免费接送大巴，运行时间从上午 10：00～下午 17：30，全天不间断循环发车；在会场内设置专门的休息区，为参展商和媒体免费提供午餐等。

服务：只有想不到，没有做不到

CICE 举办现场到处都一尘不染，井井有条。你不会看到分发小广告和卖珠宝银玩的人，也不会看到满地废纸材料、展馆角落堆积如山的快餐盒。为改善展会现场的展示和交流环境，营造一种舒适从容的展示、参观和交流氛围，主办方采取了场馆内限制音量等措施，使观众可以静下心来仔细参观展览。主办方在展馆内设立了服务中心，服务内容不仅包括与展会有关的问询、活动介绍，还包括展会之外的旅游、参观、购物等信息咨询。

除此之外，为更好地服务于行业，CICE 还计划拉长服务战线，把服务做到展会现场之外，贯穿到一年之中，如通过简报等方式，及时把行业政策信息传递给目标客户；举办技术讲座、高峰论坛和媒体活动等，为厂商和用户搭建起日常沟通的平台。

（资料来源：搜狐财经，本文有所删减）

第一节 会展产品的内涵与特点

与一般的实体性产品不同，会展产品既包含看得见、摸得着的有形内容（如展位），同时又更多地体现为无形的服务，表现出“服务产品”的特征，因此会展产品是由一系列要素构成的综合性的“服务包”。

一、会展产品的内涵

1. 产品的定义

现代营销学理论认为，产品是能满足消费者某种利益与欲望的有形物质产品与非物质形态的服务的集合体。产品是一个整体概念，包括核心要素、形式要素、附加要素三个层次（见图 5-1）。其中，核心要素指产品为消费者提供的根本效用与利益；形式要素是核心要素的全部外部特征，即核心功能通过哪些具体形式展现给消费者；而附加要素指消费者因为购买和使用了该产品而得到的全部附加服务与利益。对于企业而言，产品在市场上的形象是三个层次的综合反映，任何一个层次出现问题都会影响到产品信誉乃至市场销售。特别是在产品日趋同质化的今天，通过附加产品的优越性和差别化提升产品的竞争力，显得更加重要和迫切。

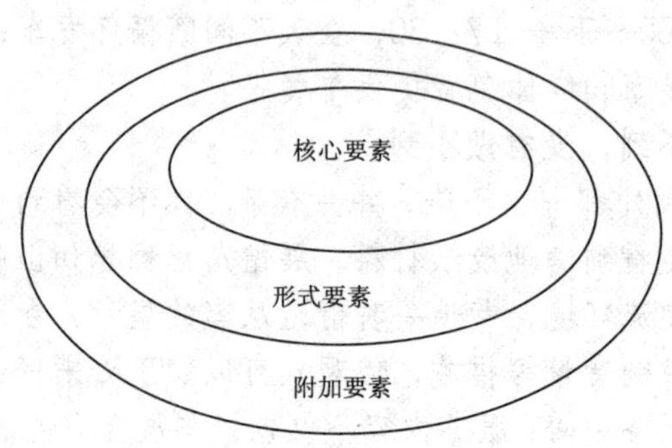

图 5-1　产品的整体概念

2．会展产品的定义与内涵

会展产品指办展机构向参展商及观众提供的旨在满足其参展或参观需求的有形产品和无形服务的集合体。

会展产品也包含核心要素、形式要素、附加要素三个层次。

核心要素是提供给目标客户的根本效用或利益。就会展营销而言，展会的核心功能是为参展商和专业买家提供有价值的交易平台，这是展会的目标客户要得到的核心利益，也是其参加展会的首要目的。

形式要素是指展会的核心功能通过哪些具体形式展现给目标参展商和观众，包括办展机构提供的场地、展位、装饰、餐饮、纪念品等实物形式的产品，相应地，目标客户得到的是享受这些实物带来的有形收益。

附加要素指办展机构提供的各种附加服务与利益，包括为参展商和观众提供的娱乐、表演、休闲、旅游、住宿、交通、停车场及其他服务（如金融、保险）等，这是目标客户参加展会而得到的附加服务与收益。

二、会展产品的特征

会展产品的核心是服务，其具有综合性、无形性、不标准性、不可分割性和不可储存性的鲜明特征。

1．综合性

会展活动是一种综合性的社会、经济、文化活动，这就决定了会展产品的内涵和形式的丰富性。会展活动过程中需要搭建、运输、餐饮、住宿、交通、安保等多个环节的衔接和配合，才能构成一种严格意义上的会展产品。会展产品的综合性首先就表现在它是由会展设施、交通设施、住宿餐饮设施、娱乐设施以及各项服务组成的混合性产品。其次表现在提供会展产品和服务的部门涉及面广，包括商业、交通运输、餐饮、娱乐、游览景点、旅行社、银行、海关、电信等众多的行业和部门。

2．无形性

会展产品是一种服务性产品，它必须依托一定实物形态的资源与设施为“客户”提供各种服务。会展产品的价值不是凝结在具体的实物上，而是凝结在无形的会展服务中。会展产品的购买者在订购这种产品之前不能看到“样品”，只有在展会现场才能完整地消费这种产品，也只有在展会结束后才能感受产品质量的好坏。会展产品具有的无形性特点，决定了目标客户在购买会展产品时是有一定风险的。

3．不标准性

与实体性产品不同，会展产品具有不标准化的鲜明特征。会展产品的核心是服务，而服务是由人来提供的，由于服务人员的素质、知识、技能和服务态度等方面存在差异，导致同样的服务内容，其服务质量有较大的差别，这是造成会展产品不标准化的主要原因。再有，服务是由人来感受的，而人对服务的感知具有主观差异性，同样的服务有的人觉得很满意，而有的人觉得还不够好，这决定了会展服务具有难以度量的特点。

4．不可分割性

会展产品的生产与消费是高度统一的。会展产品的生产过程同时也是目标客户的消费过程，两者在时空上不可分割，是一种互动的关系。只有当目标客户购买并在展会现场消费时，会展产品的使用价值才能实现。

5．不可储存性

展会的举办过程就是会展产品不断减值的过程，展会结束，会展产品的价值基本消耗完毕，不会以实物的形式保存下来。而且，会展产品通常是在一个规定的时间内提供的即时性消费，时间过了，这种会展产品就不存在了，因此，会展产品具有不可储存性。

三、客户让渡价值与会展产品策略

随着我国会展市场竞争的日趋激烈，会展营销已进入客户主导阶段，越来越多的会展组织者认识到客户价值的重要性。以提升客户价值为出发点，开发会展产品与服务，进而提高客户对展会的满意度，已得到会展业界的广泛共识。

1．顾客让渡价值的定义

美国营销学大师菲利普·科特勒于 1996 年在其著作《营销管理》一书中提出了顾客让渡价值的概念。所谓顾客让渡价值，是指顾客从购买某一产品或服务中所获得的总利益（顾客总价值）与顾客为搜寻、评估、获得和使用该产品或服务而花费的总成本（顾客总成本）之差值。其中，顾客总价值包括产品价值、服务价值、人员价值和形象价值；顾客总成本包括货币成本、时间成本、精神成本以及体力成本。顾客让渡价值的构成详见图 5-2。

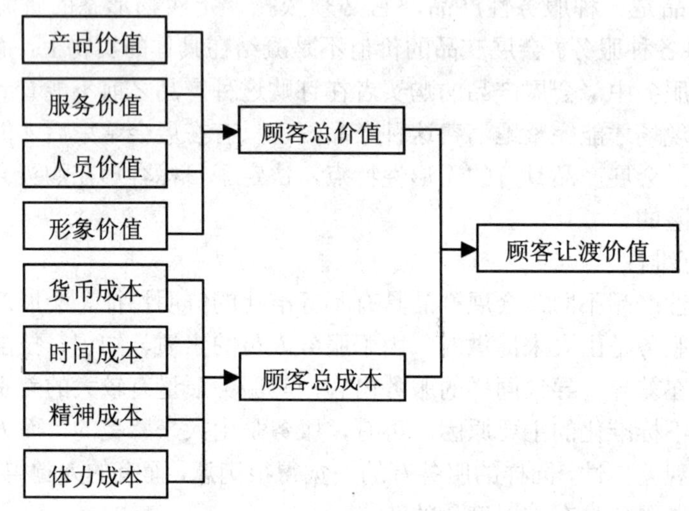

图 5-2　顾客让渡价值的构成

2．会展客户的让渡价值

菲利浦·科特勒曾说过："顾客是价值最大化的追求者。要为顾客提供最大、最多、最好的价值。"此观点对于会展营销同样适用。本书认为，会展客户的让渡价值指参展商和观众从会展产品与服务中获得的总利益（总客户价值）与为参加展会而付出的总成本（总客户成本）之差值。

其中，总客户价值中的产品价值即指展会的价值，包括展会的功能、特点、品质、品牌、展出效果等要素；服务价值指会展组织者在展前、展中、展后为参展商和观众提供的服务项目的数量与质量，参展商和观众在接受服务的过程中体现自尊并从中获得的享受；人员价值指展会的工作人员和服务人员的素质、礼仪、专业知识、服务态度和服务技能等；形象价值包括展会的社会价值（如展会在社会上的知名度和美誉度）和环境价值（如展会的周边环境、内部环境、展位布局与装潢、秩序、温湿度、噪音、辅助设施等）。

总客户成本中的货币成本指客户参加展会的所有货币性支出，包括展位租赁费、展品运输费、布展费、人员费、相关宣传费等；精神成本指参展商和观众对展会效果的担心，对展会安全风险的担忧，对展会现场拥挤、噪音的焦虑等；时间成本和体力成本指参展商和观众为参加展会所耗费的时间、精力和体力，如展会的时间安排是否合理，展会的服务流程是否便捷，客户为解决参展期间的交通、住宿、餐饮等问题而花费的时间和精力等。

以上是会展客户让渡价值的构成。办展机构在开发会展产品与服务时，必须以提升客户价值为前提和出发点，通过向目标客户提供更有价值的产品与服务，帮助其实现最大价值，在将客户的满意度转化为忠诚度的同时，也实现展会自身价值的最大化。

3．基于客户让渡价值的会展产品策略

（1）提高客户感知的价值收益

首先，提高展会本身的价值。展会存在的价值在于为参展商和专业买家之间搭建一个贸易平台、宣传推广平台、技术交流平台。展会本身的价值是客户价值的第一构成要素，是客户参加展会的核心价值所在，因此应健全展会的功能，提高展会的品质，完善展会的品牌形象，突出展会的优势与特色，提高客户的参展效果。

其次，提升展会的服务价值。客户参加展会的过程也是其享受各种展会服务的过程，会展组织者应设法使参展商和观众在接受服务的过程中得到尊重并从中获得享受。会展服务包括展前服务、展会现场服务和展后服务，会展服务一定要比展会本身更加为客户“量身定制”，在强调服务规范化的同时，还应注意为不同的客户提供人性化服务和差别化服务。

再次，提高人员价值。展会的工作人员和服务人员的素质、礼仪、专业知识、服务态度和服务技能等，直接影响到客户对展会的体验和总体评价。为此，办展机构应加大对展会工作人员和服务人员的培训，使他们在语言、行为、服饰、服务态度、专业知识、服务技能等方面让客户满意。

最后，提升展会的形象价值。一方面提升展会的社会价值，通过整合各种营销传播手段，如广告、公关软文、事件营销、新闻报道等，有效地传播会展品牌形象，提高会展品牌的知名度和美誉度。另一方面着手改善展会的环境价值，如展馆的周边环境良好、内外部交通顺畅、展区划分有序、展位布局合理、展馆内的温湿度和噪音得到有效控制、辅助设施完备等，为参展商和观众营造舒适的参展氛围。

（2）降低客户感知的成本支出

首先，减少客户的货币成本。货币成本是客户在决定是否参展时首要考虑的成本。就货币成本而言，展位费是客户特别关注的，办展机构可以通过适当给予折扣，或采取灵活的定价技巧，淡化客户对展位价格的敏感度。同时，帮助客户降低其展品运输费、展位装修费、人员费等，设法降低客户可感知的成本支出。

其次，减少客户参加展会的时间、精力和体力成本。尽量为客户着想，帮助客户安排好交通、住宿、吃饭、安全等问题，简化服务流程，节省客户为解决这些问题而花费的时间、精力和体力。

再次，减少客户参加展会的心理成本。通过人员沟通和良好的服务降低客户对各种可能风险的担忧，通过良好的现场布置降低展会噪音和拥挤对客户的影响，使客户参加展会时心情舒畅。

综上所述，基于客户让渡价值的会展产品策略，是在提升客户感知的价值收益的同时，设法降低客户感知的成本支出，通过向客户提供更有价值的会展产品与服务，提升客户的满意度并最终转化为对展会的忠诚度。

第二节　会展产品的生命周期营销策略

产品生命周期指产品从进入市场到被市场所淘汰的全过程，会展产品也存在市场生命周期的问题。就展会而言，一个完整的生命周期包括培育期、成长期、成熟期和衰退期。办展机构应针对展会所处的生命周期不同阶段的市场特点，制定相应的营销策略，有针对性地开展会展营销活动。

一、会展产品生命周期各阶段的市场特点

会展产品从进入市场到被市场所淘汰，历经培育、成长、成熟、衰退四个市场阶段。

在培育期，展会的规模往往不是很大，市场影响力较弱，行业知名度不高，目标客户对展会的效果和收益的预期不确定。参展商和观众对参与展会的意愿和欲望较低，展位销售情况不佳，且参展商构成以小型企业为主，展会的整体盈利状况不理想。

在成长期，展会在所属行业内积累了一定的知名度，具有了一定的市场竞争力。展会的规模不断扩大，参展商的数量快速增长，与会观众的数量和质量也不断提高，展会进入到快速发展阶段。与此同时，竞争者看到此类题材展会有利可图，也开始进入市场参与竞争。

在成熟期，展会在行业内获得广泛认可，其市场地位也基本稳定，参展商构成多元化且数量基本固定，展览规模基本定格。同时，此阶段也是市场竞争最为激烈的时期，销售增长较成长期慢，至成熟期后期展位销售呈现下滑趋势。

在衰退期，参展商对展会失去兴趣，大中型参展企业逐渐减少，展会规模趋于萎缩，展会的利润不断下降，处于微利甚至无利的状态。同时，竞争者看

到该类题材展会无利可图也纷纷退出市场。

以上是展会处于不同市场发展阶段的特点分析，我们将其归纳总结为下表。

表 5-1　展会不同市场发展阶段的特点分析

特点＼阶段	培育期	成长期	成熟期	衰退期
展会知名度	低	提高	高	回落
展位销量	低	迅速增长	缓慢增长至后期下降	迅速下降
利润	低	迅速增长	缓慢增长至后期下降	微利或无利
参展商	小型企业为主	中小型企业为主	多元化且数量基本稳定	趋于萎缩
竞争者	很少	增多	最多	迅速减少
销售增长	缓慢	迅速	缓慢至后期下降	迅速下降

二、展会生命周期各阶段的营销策略

处于不同市场发展阶段的展会，市场影响力不同，客户的参展需求不同，市场竞争的态势也不同，因此，办展机构为展会制定的营销战略与策略亦应有所不同。

1. 培育期展会的营销策略

培育期展会的营销目标是使展会在市场中立稳脚跟，并赢得进一步发展壮大的机会。此阶段的营销重点在于：

（1）弱化盈利观点，着眼长期发展

鉴于培育期展会的特点，不应过分强调展会的短期盈利能力而削减必要的前期投入，会展组织者应有长远的战略眼光，着眼于展会的未来发展。会展业的长期实践表明，一个知名品牌展的培育时间通常要经过 3～5 届，甚至更长，会展组织者在展会培育期的工作重点是规划展会的品牌化与长期盈利能力，在这一阶段，即使展会有盈利，也应拿出盈利的大部分作为展会的发展基金，做大、做强展会，提升展会的市场竞争力，促进展会可持续性发展。

（2）加大对展会的宣传推广力度

处于培育阶段的展会，其知名度和行业影响力都很有限，参展商和观众对展会不了解，没有形成参展习惯，因此培育期展会的营销重点是加大对展会的宣传推广力度，迅速提升展会的知名度，消除目标客户对展会的认知壁垒，激发起他们参展或观展的兴趣和欲望，培养他们对展会的好感与认同。办展机构应投入较多的精力和资金进行新展会的宣传与推广，以期在最短的时间内为展会打开市场。在宣传与推广手段方面，媒体广告、新闻报道、软性介绍文章、直接邮寄展会宣传资料、公关事件等营销手段，对提升展会知名度都会具有积极的意义与切实的效果。

（3）为目标客户提供体验式服务

21 世纪是“体验经济”时代。展会归根到底是提供一种服务，客户参加展会的过程也是其享受各种服务的过程。培育期展会的客户，基本上都是新客户，他们参展的初次体验对以后做出参展决策是至关重要的，同时，他们对展会的评价也会影响到其他参展商的后续参展。为此，会展组织者要力争为客户提供优质周到的服务，以服务实现展会的品牌价值，同时，在设计服务内容和服务形式方面，应特别强调“体验式服务”的作用，注重客户接受服务时的感受，根据客户的需求不断改进服务方式和服务质量，在做到服务规范化的同时，力所能及地提供一些个性化服务，体现“以客为尊”的服务理念，使客户在接受服务过程中感受到尊重并从中获得享受。总之，培育期的展会要特别注重以服务吸引新客户，提升客户对展会的满意度，进而转化为对展会的忠诚度。

2．成长期展会的营销策略

在成长期，由于前期的宣传造势与营销努力，展会的知名度和行业影响力均有了较大提升，此阶段会展营销的目标是通过进一步完善会展产品与服务，保持住展会品牌化成长的势头；突出展会的特色与优势，有效应对竞争；培养忠诚客户，进一步向市场渗透。

（1）突出展会的特色与优势

在展会的成长期，竞争对手日渐增多，竞争态势日趋激烈，办展机构必须防患于未然，为展会在今后的市场竞争中积累竞争优势。竞争优势来自于特色和差异化，千人一面的展会无法在竞争中取胜，办展机构要为展会寻找到与同类展会相比的特色和优越性，利用差异化战略打造独具特色的会展品牌，从而在市场竞争中脱颖而出。从前面会展产品的整体概念可知，会展产品包含核心要素、形式要素、附加要素三个层次，展会组织者可以从上述三个层次出发，寻找展会独特的卖点，再利用有效的宣传与推广手段，把展会的特色与优越性进行广泛传播，使其特色深入人心。

（2）重视客户关系管理

此阶段随着展会的快速成长，展会规模不断扩大，客户数量日益增多，传统的客户管理难以适应展会快速发展的需要。因此，如何保持和发展与新老客户之间的关系，更好地为客户提供服务，成为此阶段会展营销工作的重点。办展机构应加强对客户的管理与服务，树立客户关系管理的理念，应用客户关系管理（CRM）应用软件系统，有针对性地对不同客户提供个性化服务，快速而妥善地处理客户需求，从而提升客户对展会的满意度，培养客户对展会的忠诚度。

会展客户关系管理（CRM）系统是针对会展活动的业务运作流程和功能需求，由专门的软件开发公司提供的一套基于数据库、互联网、计算机联机数据分析处理、数据挖掘和聚类分组算法等信息技术而形成的应用软件系统。关于会展客户关系管理的相关内容可参见本书第十章第一节，此处不做赘述。

（3）实现展会规模的稳步扩大

会展业发展实践表明，只有展会发展到一定规模，其在行业内才能发挥较大的影响力。成长期展会的规模不断扩大，会展组织者应顺势稳步实现展会规模的扩大。扩大展会规模应特别注意两点：一是步子要稳，尽管展会的规模扩大就意味着实现更为可观的经济收益，但扩张的速度不宜过快，否则后续的相关服务跟不上，会直接影响展会的声誉，进而影响展会的成长壮大；二是参展商规模扩大的同时，专业观众应同步扩大。只有观众数量与展会的规模同步增长，展会才能保持良性增长的态势，如果观众（特别是专业观众）的数量和质量跟不上展会规模扩张的需求，参展商的展出效果会下降，展会品质也会大打折扣。此方面香港贸发局的办展经验值得借鉴，他们不会只考虑增加收益而盲目扩大展会的规模，而是根据市场的需要，逐年增加参展商数量，以便让买家和参展商数量成正比，展会规模与参观人数同步增长。

（4）持续改进会展服务体系

伴随着展会的快速成长，办展机构的营销重点转向如何进一步扩大展会的规模、如何提升展会的品牌形象等问题上，而对会展服务体系建设或多或少会有所忽略，很多服务问题被展会快速成长的现象所掩盖，以致办展机构不能及时发现和改进，甚至出现一方面展会快速发展，而另一方面服务水平不断下降的现象。

同时，随着展会规模的扩张，参展商和专业观众越来越多，原有的服务内容和服务手段已不能满足客户的需求，特别是对于老客户，如果不改进会展服务，以不变应万变，则其对展会的整体满意度就会下降。因此，对成长期的展会，办展机构应不断改进会展服务体系，创新服务内容与服务手段，使服务跟得上展会的快速成长。

3．成熟期展会的营销策略

在成熟期，展会的市场地位基本稳定，且能够为办展机构带来稳定的盈利。但是，根据产品生命周期理论，成熟期的展会面临着走下坡路的风险。因此，此阶段营销重点是尽量延长展会的市场周期，延缓展会进入衰退期的进程。

（1）进行产品和服务创新

尽管成熟期的展会在行业内已获得了广泛认可，市场地位也基本稳定，但会展组织者不能满足于现状，固步自封，而要进行产品和服务的创新，增强展会的活力和会展品牌的持续影响力。会展组织者在保持展会的战略定位与品牌特色的前提下，需要研究目标客户的需求，特别是把握客户需求的变化，有针对性地改进会展产品和服务，不断加强展会功能建设，使其既有自身的特色，又能兼容并蓄。同时，为客户提供更多的增值服务，如网络展览、贸易撮合、参展培训、商旅服务等，帮助客户实现参展价值的最大化，以此留住老客户，吸引新客户，培养展会的忠诚客户。

（2）创新会展品牌形象内涵

进入成熟期的展会，其品牌知名度在行业内已有基础，目标客户对展会很了解并已形成了稳定的参展习惯。此阶段，会展品牌宣传的重点不再是提升知名度，而是提升会展品牌的美誉度。

会展组织者要维持和巩固展会良好的品牌形象，提升品牌美誉度，就需要在会展品牌形象的内涵上下功夫，如展会在行业内的排名、专业化程度、对市场发展的引导作用以及品牌的象征意义等。一些国际知名展会之所以长盛不衰，原因就在于它有深邃的内涵，是前瞻性技术、时尚性标志、行业发展趋势、产业综合效应等的标志。会展品牌形象内涵的创新程度在一定意义上决定了展会在市场竞争中的生存力。

（3）建立对展会衰退期的预警机制

展会处于成熟期的后期，会展组织者应加强对会展营销工作的各项评估，通过营销质量评估、营销效率评估以及营销成本评估发现问题并查找原因。影响会展营销活动的因素很多，有展会自身的，也有的来自行业趋势、政治原因、经济环境、突发事件等，通过评估工作及早建立对衰退期展会的预警机制，利用科学的数据指标评估展会是否已进入到衰退期。相关的评估指标包括盈亏平衡点、新老参展商的参展率、参展行业的变动率、贸易观众的参会率等，通过几届数据的对比，发现危机，果断采取“关停并转”的措施，在展会尚未气数已尽还有微利时，对展会的走向进行决策，以保留办展机构的盈利性不受影响并能有效地保持营销队伍的稳定性，为策划和举办新展会积累资源。

4．衰退期展会的营销策略

在衰退期，参展商和观众对展会失去兴趣，参展积极性每况愈下。展会的规模日渐萎缩，展会盈利不断下降，处于微利甚至无利的状态。

会展业是个很特殊的行业，一个展会从培育到发展壮大，可能需要很长的时间，但展会如果陷入衰退，它可能会在一夜之间就突然垮掉。展会真正进入衰退期，很少有办展机构还愿意继续办它。一般来讲，办展机构在成熟期后期就应对已出现衰退征兆的展会采取措施，具体包括以下三种策略。

（1）转型策略

当展会出现衰退征兆时，办展机构可以采取的一个积极应对措施就是让展会及时转型，通过转型为展会找到新的发展机会。例如，改变现有展会的市场定位，为其进行重新定位，寻找到新的生存空间；调整现有展会的题材，将展会中一些有市场前景的题材分列出来单独办展，或者新增一些展会中没有的题材；发现新的细分市场，将展会定位到新的细分市场中去等。

（2）续留策略

由于绝大部分竞争展会已退出市场，本展会继续留在市场，接受先期退出的展会的客户，保持盈利的暂时增加。但应注意，续留策略只是一种维持现状的做法，办展机构不应再对展会追加投入，包括减少对展会的宣传与推广、减少展会的服务项目、减少营销人员，压缩展会的各项开支，让展会继续办下去，直到无利可图为止。

（3）放弃策略

对于已出现衰退征兆的展会，办展机构还有第三种选择，即立即停办、放弃该展会。尽管这样做可能会给办展机构带来一定的利润损失，但对于办展机构减少风险，集中力量开发新的展会是有益的。

第三节　会展产品的品牌营销策略

美国营销学家拉里·赖特（Lang Light）在谈到未来30年营销趋势时说：“未来的营销是品牌的战争——品牌互争长短的竞争。商界和投资者都将认清品牌才是公司最珍贵的资产……拥有市场比拥有工厂重要得多，而唯一拥有市场的途径是拥有具备市场优势的品牌。”品牌不仅是产品的标识，更是一种反映企业综合实力和经营水平的无形资产，在商战中具有举足轻重的地位和作用。在我国，会展市场营销已进入品牌营销时代，实施品牌营销已成为本土展会的重要发展战略之一。

一、实施会展品牌营销的重要意义

2001年我国加入WTO，2006年五年过渡期已过。根据入世承诺，我国政府对包括会展业在内的服务贸易领域全面开放，外资进入我国会展市场全面提速。目前全球最知名的会展公司如德国的汉诺威、法兰克福、科隆、慕尼黑、杜塞尔多夫以及意大利米兰、法国欧西玛特、英国励展等均已进入我国。外资全面进入我国会展市场是一把双刃剑。一方面，大量高水平的国际展会及跨国会展企业的进入必将带来全新的运作理念、成熟的管理经验、知名的国际展览、全球会展资源以及营销体系等，进而有力地推动我国会展业的专业化进程。另一方面，外资会展联军的大举进入，将给本土展会和办展机构带来巨大的生存危机，一些势单力薄、孤军奋战的本土展会和办展机构可能面临被淘汰出局的生存困境。

目前外资抢滩我国会展市场主要有三种形式：其一是通过建立合资公司或控股国内会展企业实现快速扩张，如英国老牌会展企业励展博览集团2005年参股国药展览公司，成立励展国药展览公司。其二是合作办展或参与国内名牌展会，如德国汉诺威展览公司与上海世博集团在2006年底签署合作协议，围绕"中国国际工业博览会"（"工博会"）展开为期5年的深度合作；英国励展集团2007年与广交会承办机构合作，全面参与广交会项目等。对此国内会展界一些有识之士表示担忧，认为此举将蚕食国内已经形成品牌的一些会展项目，或将一部分自有品牌转变为洋品牌。其三是以集团配合的方式共同开发中国市场，如德国的慕尼黑展览公司、汉诺威展览公司和杜塞尔多夫展览公司联手与上海陆家嘴（集团）有限公司合资建造上海新国际博览中心，争夺会展产业链中利润最丰厚的环节以攫取垄断性的高额利润。

在日益严峻的市场竞争中，我国本土的会展企业要想求生存、谋发展，必须学习和借鉴国外会展企业的成功经验与做法，走品牌化经营之路，不断提升自身的国际竞争力。

二、品牌与会展品牌

1. 品牌的内涵

营销学大师菲利浦·科特勒对品牌所下的定义是"所谓品牌，就是一个名字、称谓、符号或设计，抑或是上述的总和，其目的是要使自己的产品或服务有别于竞争者"。在市场营销实践中，品牌不仅指营销意义中的实体性的名称、符号或设计等，更是附加了消费者的心理感觉、印象及情绪上的认同。市场营销学中的品牌具有以下四个层面：

第一层面：品牌的名称和标志的知名度；

第二层面：品牌品质的认知度：好、差、高、低；

第三层面：品牌联想，即受众一接触到品牌所联想到的东西；

第四层面：品牌忠诚度。

由此可见，品牌更多的是消费者心理上的存在，是消费者对产品的一种主观认识。现在的营销不再是产品战，而是消费者脑海中的认知战，品牌就是这场战争中最有力的武器。

2．会展品牌和品牌会展

如果套用菲利浦·科特勒对品牌所下的定义，则会展品牌就是会展项目的主办方为该项目设计的名称、识别符号、图案以及上述因素的组合，其目的是使会展客户辨识该会展项目，并使之与同类竞争展会相区别。

例如由中国机床工具工业协会成功主办了11届的"中国国际机床展览会"，简称"CIMT"，其展会LOGO如图5-3所示。

图5-3　中国国际机床展的LOGO

会展品牌和品牌会展经常被混淆，其实二者之间还是有区别的。每个品牌都对应一个会展项目，但不是所有会展项目都可以成为品牌。一般来说，只有那些具有一定规模、能代表行业内的发展动态、能反映行业发展趋势、能对该行业具有指导意义并具有较强影响力的会展项目才能成为品牌会展。

马勇、王春雷在《会展管理的理论、方法与案例》一书中指出，构成品牌会展的标准包括①：

- 权威协会和行业代表的强力支持；
- 代表行业的发展方向，具有较高的知名度；
- 较好的规模效应；
- 提供专业的会展服务和完善的功能；
- 配合强势的媒体宣传；
- 获得UFI（国际展览会联盟）的资格认可；
- 坚持长期的品牌战略。

①马勇，王春雷. 会展管理的理论、方法与案例. 高等教育出版社, 2003:140

案例链接

品牌会展——“中国国际机床展”

中国国际机床展览会（China International Machine Tool Show，简称 CIMT）是经国家商务部批准，国际展览联盟 UFI 推荐，由中国机床工具工业协会主办，从 1989 年起，逢单年举行一次。CIMT 是中国知名度最高、规模最大、影响力最广的机床专业展览会，被国际工业界誉为与德国汉诺威国际机床展、美国芝加哥国际机床展、日本东京国际机床展齐名的世界四大国际机床名展之一。

CIMT 的展会规模一直居中国各类国际专业展会之首。据悉，在 2009 年 4 月举办的第 11 届中国国际机床展览会规模达 10 万平方米；1200 家企业参展，美、英、巴西等 12 个国家的行业协会组团参展；到场观众达 26.5 万多人次，中国军工、航空、船舶、铁路、电力、冶金等十大行业的大型集团买家均到场参观。据统计，本次展会交易成交额为内贸 13.5 亿元人民币，出口 32.8 亿元人民币。

展会主办方中国机床工具工业协会以服务行业为导向，从专业角度对展商和展品质量进行选择，并通过广泛、深入的用户调研和密切的用户联络，建立供需双方的密切联系和有机融合。同时主办方利用行业优势，与各国家和地区的机床协会构建了密切的联络网，使世界知名的机床工具制造企业悉数参展。CIMT 已成为国际先进制造技术交流与贸易的重要场所和我国机械制造技术进步与机床工业发展的推动力量。

5-4 中国国际机床展的广告海报

三、会展品牌营销的含义

品牌营销是指企业利用消费者的品牌需求，创造品牌价值，最终形成品牌效益的营销过程。在品牌营销过程中，企业把品牌的形象、知名度、美誉度等展示给目标消费者，并在其心目中形成对品牌的良好印象。通俗地说，就是把品牌深刻地印入消费者的心中。

会展品牌营销指办展机构运用现代品牌营销理论，通过打造具有良好品牌形象的会展项目，吸引目标参展商和专业观众，以实现利润最大化的营销策略和过程（见图 5-5）。

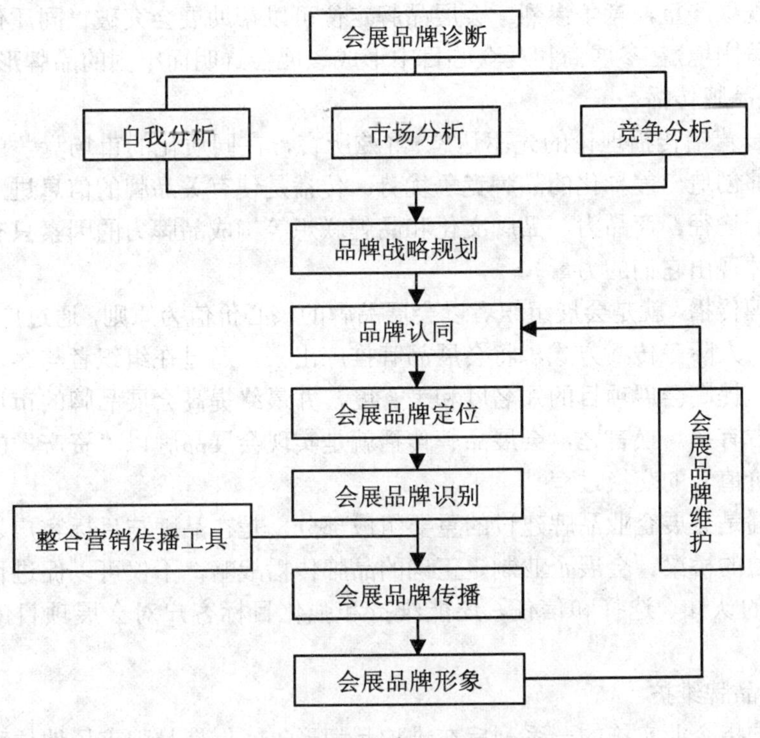

图 5-5　会展品牌营销

四、会展品牌营销的主要内容

1．会展品牌定位

美国加州伯克利分校哈斯商学院的 David.Aker 指出："如果缺少定位，品牌就会像没有舵的船一样。”[①]成功的品牌有一个共性特征，就是以始终如一的形式将品牌与消费者的心理需求连接起来，并能将品牌定位以贴切、准确的诉求表达传递给目标消费者。

会展品牌定位指主办方根据自身的资源条件和市场竞争状况，赋予本会展项目区别于同类竞争者的差异化和个性化特征，使其在参展商和观众心目中形成鲜明而独特的市场形象。

当前我国会展业的一大特点就是重复办展，同题材展会在一年里的不同时间和地点举办，共同瓜分有限的展览市场。如全国一年内办57个建筑装饰题材展，54个汽车展，在广州、深圳和珠海地区，每年3～4月间有6个家具展，展会同质化现象严重，竞争惨烈。会展品牌定位可以帮助展会突破“同质化”所带来的竞争困境，在参展商和观众心目中形成该展会鲜明而牢固的品牌形象。

2．会展品牌传播

正如整合营销传播理论的先驱达恩•舒兹所言，在同质化的市场竞争中，唯有传播能够创造出差异化的品牌竞争优势。传播是使有关品牌的信息进入大众心智的唯一途径，商品力、品牌文化和品牌联想等构成品牌力的因素只有在传播中才能体现出它们的力量。

会展品牌传播，就是会展组织者以会展品牌的核心价值为原则，通过广告、公关、销售、人际等传播方式，将会展品牌推广出去。通过在组织者与客户之间形成互动，提高会展项目的知名度和美誉度，并最终提高会展品牌的市场竞争力和市场占有率。换言之，会展品牌传播就是实现会展品牌以“资产”的形式创造出“价值”的交换过程。

品牌传播是会展企业品牌建设的重要组成部分，是在品牌与目标客户之间建立互动沟通的桥梁。会展企业制定正确的品牌传播战略，不仅可以促进目标客户对品牌的认知、选择和信任，还能维持和强化目标客户对会展项目的忠诚度。

3．会展品牌维护

品牌维护指企业实施的一系列旨在维护品牌形象、保持品牌市场地位和提升品牌价值的市场活动。如果把品牌比喻为企业或产品的生命，则品牌维护就是在延续生命。良好的品牌形象得来不易，企业需要对其进行精心的、持之以恒的维护，甚至是呵护。

首先，质量是品牌的核心要素。品牌定位再独特、品牌传播再成功，没有过硬的产品质量做保证也是徒劳。如果产品质量有缺陷，则更会导致知名度越

---

①（美）DvaidA.Akaer 著. 沈云聪，汤宗勋译. 品牌经营法则[M]. 内蒙古出版社, 1998:8

高，美誉度越低的不利局面。对于会展品牌维护而言也是同样的道理。主办方精心培育了一个品牌展会后，更要严抓质量管理，不断健全展会的功能，提高展会的品质，完善展会的服务，突出展会的优势与特色，提高客户的参展效果。

其次，注重品牌创新。创新是会展业发展的永恒主题，对于品牌展会而言，市场环境在变化、客户需求在变化、竞争对手的经营战略也在变化，如果固步自封、缺乏创新，品牌发展就会停滞不前，品牌的生命力也不会长久。为此主办方应在会展品牌的内涵、服务、传播、组织、管理等各方面实施创新，同时对品牌资产进行长远规划与管理。

再次，品牌维护还有品牌保护之含义。主办方精心设计的展会名称、文字、图案等具有知识产权特征的元素需要进行注册，成为会展企业或会展项目的商标，进而获得国家法律的保护。同时采取切实措施，打击各种侵权、仿冒、假冒组展商或会展品牌的行为，依法维护会展项目的品牌形象。

案例链接

“能源博览会”全面实施品牌保护战略

今日，中国（太原）国际能源产业博览会组委会注册并启用了“能博会”、“能源博览会”无线网址和通用网址，为我国能源产业唯一的国家级别、国际性能源博览会搭建起立体全面的中文网络品牌保护体系，为能博会招商引资搭建了互联网和移动互联网新的沟通渠道。

与中国（太原）国际能源产业博览会常用名称有效统一、容易记忆的“能源博览会”通用网址，既是其在互联网上的品牌延伸，更是社会各界访问、了解能源博览会的便捷渠道，为能源博览会树立互联网品牌提供了有效载体，也成为能源博览会在互联网上的重要识别标志。能源博览会开通启用的通用网址、无线网线、可信网站等整体识别体系，大大加强了能源博览会的品牌影响力和识别力，并成为展会史上的品牌保护典范，拉开了与其他展会的距离。

（资料来源：北京晨报. 2010-9-21，作者不详）

4. 会展品牌服务

完善的服务可以提升品牌形象和品牌美誉度，会展营销亦是如此。优质服务是为客户创造高价值、将客户满意转化为客户忠诚、为本展会取得竞争优势的重要武器，在会展项目日益同质化的今天，服务差别化成为打造会展品牌核心竞争力的体现。办展机构在进行会展品牌服务时，应特别注意以下三点。

其一，注重服务细节。正如某会展界资深人士所言，能获得客户认可的服务主要体现在每个细微环节上。例如，一些国际性会展项目在提供服务时就充分照顾到境外人士、与会者的风俗习惯，以更细微的服务提升会展项目的质量和水平。

其二，注重服务的个性化。个性化服务使展会独树一帜，能够在激烈的市场竞争中脱颖而出，且让客户印象深刻，为树立会展品牌的鲜明形象打下良好基础。服务个性化体现在三个方面，即服务时空的个性化（在客户希望接受服务的时间和地点提供服务）、服务方式的个性化（根据客户的需求和自身特点提供服务）、服务内容的个性化（服务内容不再是千篇一律，千人一面，而是为客户量身定制）。

其三，注重服务的持续性。当前我国会展服务存在一个通病，即认为展会一闭幕，服务工作也就宣告结束，对参展商及观众便不再理睬了。其实不然，会展服务贯穿于整个会展项目的展前、展中、展后各个不同阶段，不仅包括展前对参展商及观众的邀请、展中的现场服务和商旅服务，还包括展后回访以及与目标客户的长期联络。对会展客户的持续服务有助于塑造会展品牌形象，提升目标客户对会展项目的满意度和忠诚度，进而形成长远的效益。

案例链接

德国科隆国际家电博览会的“精细服务”

在我国，展会多具有较浓的行政主导色彩，主办方在客户面前，往往是居高临下的指挥者，而不是服务者。开幕式一结束，展会就宣告成功，主办方人员便无影无踪。而在国外会展业发达国家，一般都有一套成熟的会展服务运作模式，建立规范化、标准化的会展服务体系。主办方是以服务客户的形象出现的，通过建立客户服务中心，帮助参展商、采购商解决各种具体问题，包括投诉，只要是客户需要的，主办方就会想到和做到。

在德国科隆国际家电博览会上，一张展会服务清单让人眼前一亮。这份“展会纵览——参展商、专业观众及媒体须知”，除了写明提供购票、酒店住宿、交通、银行提款、翻译等常规服务外，还开出一张详尽的附加服务明细表。这些服务包括快递、照片冲印、与参展相关的行业协会信息、国际贸易新闻支持、法律、警察、休息及洗漱室、医疗站、邮局及媒体服务、运输代理、失物招领等。家电博览会期间，参展商和观众可凭有效门票，在科隆市内及周边地区免费乘坐所有地铁、火车和公共汽车的二等车厢。为帮助家电销售商提升商业宣传效率，主办方还与德国造型委员会携手，邀请优秀造型师为各国销售商讲解如何布置商店的家电橱窗。

第四节　会展服务策略

在我国会展市场竞争日趋激烈，会展项目日益同质化的今天，优质服务是为客户创造高价值、将客户满意转化为客户忠诚、为展会取得竞争优势的重要武器。办展机构在为参展商和观众提供优质服务的同时，还应注意服务的特色和差异化，以服务打造独具特色的会展品牌形象。

一、会展服务的分类

会展服务有广义和狭义之分。狭义的会展服务指办展机构在展会现场所提供的服务，包括展具租赁、安保、清洁、展品运输、展位搭建等专业服务。广义的会展服务不仅包括展会现场的服务，还包括餐饮、旅游、住宿、交通、电信等相关行业的配套服务。搞好广义的会展服务，不仅需要办展机构自身的努力，而且需要会展举办城市各相关部门的配合和协作。有鉴于此，本书仅研究狭义的会展服务，即由办展机构提供或控制的服务。

1．按照服务对象分类

从服务对象来看，会展服务可分为对参展商的服务、对观众的服务和对其他方面的服务（见图 5-6）。

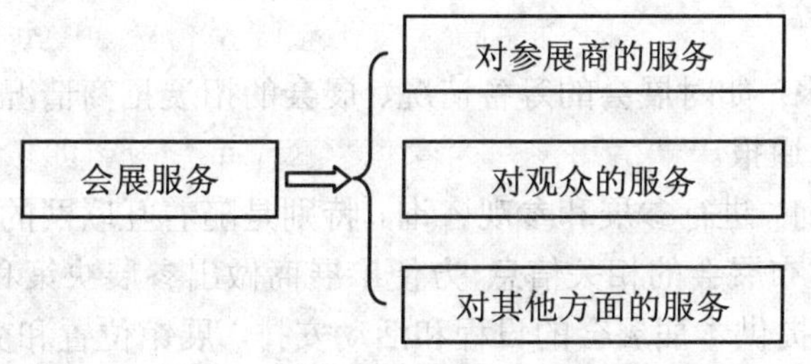

图 5-6　根据服务对象的会展服务分类

（1）对参展商的服务

参展商是会展产品的主要购买者，是办展机构的重要营销服务对象。对参展商提供的服务包括通报展会的筹备情况、提供行业的发展信息、提供贸易成交信息、展示策划服务、展品运输、组织和邀请高质量专业观众、展位搭建、展览现场服务、商旅服务等。

（2）对观众的服务

观众，特别是专业观众，是展会可持续发展的关键环节和根本保证，因此是办展机构另一类重要的营销服务对象。对观众提供的服务包括通报展品信息、提供行业最新的发展信息、展览现场服务、商旅服务等。

（3）对其他方面的服务

除了参展商和观众以外，展会还有其他的一些相关服务对象，包括新闻媒体、行业协会、行业主管部门、国际组织、外国驻华机构等，展会对上述机构的服务主要是信息服务。

2. 按照展会运作流程分类

从展会的实际运作流程来看，会展服务可分为展前服务、展中服务和展后服务（见图 5-7）。

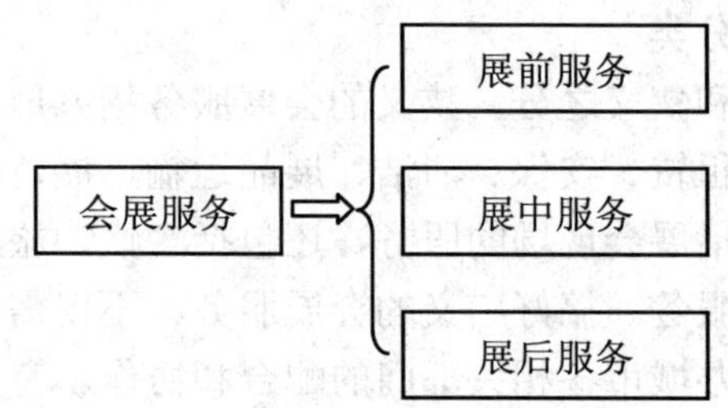

图 5-7　根据展会运作流程的会展服务分类

（1）展前服务

即在展会开幕前提供给参展商、观众和其他方面的相关服务，具体包括以下内容：

● 信息通报：如对展会的筹备情况、展会的招展招商情况、参展商的构成情况等信息进行通报。

● 信息咨询：进行参展和参观咨询。特别是随着互联网的普及，办展机构可以通过网络发布展会的相关信息，方便参展商做出参展决策和制定参展计划。此外，通过网络提供本届展会的日程和活动安排、展馆位置和交通、酒店预定、运输和搭建服务，还可以利用网络进行在线招展和招商。

● 展品运输：将参展商的展品、展具、布展用品、宣传资料、招待用品等物料及时安全地运抵展会现场，保证参展商顺利地布展和参展。展品运输是一项专业性很强的工作，办展机构通常交由专业的物流公司或运输公司来承担。

● 展位搭建：对标准展位和特装展位进行搭建。此项服务也是外包出去的，办展机构一般会根据展会规模的大小，指定一个或几个展位搭建服务商。标准展位的搭建由展会指定的搭建商承担；对于特装展位，办展机构可向参展商推荐展会指定的搭建商，但不会强制参展商必须接受。

● 信息预登记。对有意向参展的客户进行信息预登记，按照行业特点将参展商和展品进行分类，使参展信息更加实用有效。

● 观众邀请：对预登记的观众进行参观邀请，邮寄邀请函和胸卡。

● 免费培训：一些办展机构在展前为参展商和主要贸易采购商举办免费培训。对参展商来说，可以帮助他们利用展会平台达到更好的展出效果，而对买家来说，可以帮助他们筛选更好的贸易机会。

（2）展中服务

即在展会举办期间提供给参展商、观众和其他方面的相关服务。具体包括展会现场的安全保卫、清洁卫生、餐饮服务、解答观众咨询、解决参展商的各种问题等。在整个会展服务过程当中，展中服务是最为紧张的环节，需要组织者有效地组织与协调。

办展机构可通过提供附加值更高的展中服务，以提升会展服务的档次，获得目标客户的满意。例如，观众登录服务，不再是常规的观众报到登记，而是对观众信息进行采集与分类。目前国内一些品牌展会已将该项工作委托给专业公司来负责，由专业公司现场打印观众基本信息，生成个性化的参观卡，方便参展商识别。同时，专业公司还会将采集到的信息生成专业观众数据库，在展会结束后提供给参展商，作为展会的一项增值服务，可以有效提高参展商对展会服务的满意度。再如，现场监控服务，通过对展会现场每个出入口的到达情况作详细的监控，将到达人数、到达曲线、到达人员的比例分析等信息在展会的信息发布处现场显示，充分体现展会的高科技含量。此外，还可以提供现场分析报告制作、电子会刊制作、市场营销软件方面的服务等。

（3）展后服务

即在展会闭幕后继续提供给参展商、观众和其他方面的相关服务。展后服务最重要的部分是数据分析及客户维护服务。

● 展会统计分析报告：根据规范化的展会数据统计，形成统计分析报告，分析展会效果，对展会进行价值评估。

● 展后回访：这是展后服务的重要组成部分之一，对一般客户的回访包括发送感谢信、发送展会的相关报告与最新的评估资讯、进行展会满意度调查和下届参观意向调查等，回访形式包括邮寄、E-mail、传真等，对于重要客户，则应采用电话回访和登门回访的形式。总之，展后回访应体现办展机构对客户的尊重和重视，使其感受到组织者的精心服务。

● 建立行业信息中心：收集反馈意见，有效利用信息管理的统一平台，实现行业卖家和买家信息库的有效使用；建立展会的信息网站，促进参展商和观众之间的展后交流。

二、会展服务的实施原则

办展机构和目标客户之间的价值传递是非常重要的，而会展服务是价值传递的关键环节。为此，办展机构应树立服务理念，建立规范化、标准化的会展服务体系，以国际化、市场化的要求进行会展服务运作。

1. 服务规范化

会展服务的一大特点是“不标准化”，不像实体性商品，都是工业化流程生产出来的标准化产品。会展服务是由人来提供，受服务人员的服务技能、服务知识、服务态度等因素的影响，同样的服务内容，服务的效果和服务质量会有所差异。有鉴于此，办展机构应遵循服务标准化、规范化的原则，建立起一套会展服务标准，用这些标准来规范和约束展会工作人员和相关服务人员，以此保持服务质量的稳定性和一致性。

目前，国内很多会展主办方已经意识到了服务规范化、标准化的重要意义，如在全国率先获得ISO9000国际质量体系认证的深圳高交会展览中心，就已经建立了一套包括展览业务经营、展览工程、展场租赁、会展物业管理等在内的较为完善的会展服务体系，并在展览实践中严格按照规范的流程进行运作，为高交会、家具展、中国国际互联网展等大型展会提供了一流、高效的会展服务。

案例链接

加强标准化管理　提升展位搭建服务

“第69届全国汽车配件交易会”（以下简称汽配会）将于2011年4月22日～24日在厦门举办。为了进一步加强汽配会的统一管理，规范展会服务秩序，为特装参展商提供更为优质的服务，日前，组委会在北京召开了“汽配会装修、搭建单位工作会议”。参加会议的有经汽配会组委会资质认证的泉州惠通行会展服务有限公司、北京中天艺会展服务有限公司、北京世纪未来展览有限公司、成都华蓉会展服务有限公司等9家专业公司。

据组委会介绍，此次会议的目的是为了规范特装展位的装修搭建工作。通过资质认证、签订协议、缴纳保证金、发放资格证书等一系列的管理措施，以保证汽配会特装展位的装修、搭建工作规范化，努力提高搭建质量、搭建速度、搭建安全性，更好地为参展商提供服务。

与会代表认为，随着汽配会规模的逐年扩大，只有加强展会的各项标准化管理，才能为广大参展商提供更加便捷、优质的服务。经过讨论，组委会制定了本届汽配会“特装展位搭建与装修流程图”，将资质审核—签署协议并缴纳保证金—颁发施工许可证书—召开评选活动的整个流程，以协议的方式固定下来。

在协议中，对以下四个方面的内容进行了专门细化。其一，关于保证金，主要用于因施工方的责任在展会现场造成各类违规事故的先期赔付，如果施工方不再从事展会搭建装修工作，组委会将全额退还。其二，关于证书，每届展会将由组委会在汽配会官方网站上公布资质认证的单位，并向其颁发"施工许可证书"，逐步淘汰无资质认证的施工单位，届时只有持"施工许可证书"的施工单位方可进场施工，以切实保护参展商权益。其三，关于搭建数量，为确保所有展位施工按质、按量、按时完成，组委会可根据施工单位的规模事先调整其搭建的展位数量。其四，关于评选活动，每届展会结束后，组委会将评选出优秀施工单位并予以公布。

汽配会组委会表示，随着此次会议各项措施的逐步落实，必将为本届汽配会的增值服务提升一个新的台阶。

（资料来源：上海汽车报. 2011-1-16，作者不详）

2．服务有形化

会展服务的另一大特点是"无形性"，即看不见摸不着而只能感受得到，服务难以度量，服务质量难以控制，而客户对服务的感知也具有差异性。为此，应设法使会展服务"有形化"，即将抽象的服务理念和服务手段，通过有形的线索布置在展会现场，使参展商和观众能识别和感知到会展服务的存在。

所谓"有形线索"，指会展服务流程中能被参展商和观众直接感知的能提示展会服务的各种有形物品，如展区展位分布图、参观指南、参展商服务手册、免费上网区、贵宾买家休息区、现场一条龙服务咨询台等。参展商和观众看不到服务，但他们可以通过有形的物品来感受服务，这些物品就成为展会提示客户某项服务客观存在的重要"线索"。办展机构应尽量将会展服务通过有形的线索布置在展会现场，使参展商和观众感受到会展服务的存在。

3．服务人性化

通俗地讲，人性化服务就是在提供服务的过程中体现对人性的尊重。服务的使用者是人，因此提供服务者应换位思考，细心地替人着想，让服务对象在接受服务的过程中感到舒适，受到尊重，甚至能从中获得享受。

办展机构在提供会展服务时，除了注重服务的规范化和有形化外，还应特别注重服务的人性化，尽量从参展商和观众的需求出发，以人为本，开发服务内容和设计服务流程。例如，大凡参观过国内几大国际车展的消费者，对展会现场的人流拥挤、人声嘈杂、秩序混乱等都有切身的感受，在这样的环境中观展很难获得舒适和享受。作为国内第四大车展的"深港澳国际车展"，主办方为了营造舒适的展会环境，在2008年的车展现场首次启用“静音车展”模式，为参展商和观众创造了相对安静惬意、轻松自如的参展和观展氛围。为保证“静音”效果，主办方采取了多种措施，包括对参展企业，严格限制其音响设备和现场音量，加强对现场音响设备的管理；对现场活动，严格要求参展商在主办方指定的时间段内有序地进行活动促销和节目表演，避免相互交叉而形成噪音干扰；同时，为了避免出现观展人流的拥挤和堵塞，主办方在车展现场的二楼平台开辟了多个主题休息区，供观众分流休息使用。

办展机构在提供人性化服务时还应注意，接受服务的参展商或观众是具体的人，而非抽象的服务对象，人是有差异的，人的需求也具有多样性的特点，为此，在提供服务时还必须考虑人的差异性和需求的多样性，尽量提供个性化服务，满足不同服务对象的需求。

案例链接

香港贸发局的会展服务

香港贸易发展局是亚洲首屈一指的会展主办机构，拥有超过30年的办展经验，旗下的多项展会规模庞大，傲视亚洲，甚至在全球排名三甲之列。香港贸发局被誉为全球最成功的会展主办机构之一，在会展服务方面，香港贸发局的很多做法值得国内办展机构学习和借鉴。

以香港贸发局举办的礼品展为例，主办方在展区内外提供完善的配套服务，包括为不同参会者设置的买家中心、商务中心、新闻中心、客务中心等，还有免费的无线上网区、免费本地电话、代理登记商务旅行团、流动电讯服务、快递及货运服务、免费往返巴士等，凡是能想到的可谓应有尽有。此外，由于展会规模较大，涉及展馆较多，在会展中心的每个路口和扶梯前都设有清晰的指示牌。每位买家登记后，会得到一本介绍详尽的展会资料，厚如一本书，里面不仅有与展会直接相关的各种信息，还有乘车路线、公共服务电话、简易香港地图及香港旅游介绍等，可谓一本在手，万事皆备。大会还每天印刷发行场刊，图文并茂地介绍当天的活动安排和展会信息，免费供参展商和买家取阅。

2007年，香港贸发局在展会上首次设置了“休息区”，客商在进行交易的同时，也可在“休息区”享受按摩等各项有助身心放松的服务。由于客商来自世界各地，其中不乏宗教人士，考虑到其特定需要，贸发局在展览现场专门设置了祈祷间，方便客商在参展期间也能进行祷告。

4．服务差异化

在会展项目日益同质化的今天，服务成为深化展会内涵、提升展会附加值的重要手段。办展机构提供差异化的服务，可以帮助展会突破同质化困境，打造独具特色的会展品牌形象。

服务差异化指办展机构面对同类竞争展会不断推陈出新，开发出具有自身特色的服务模式，在服务内容、服务手段、服务渠道、服务形象等方面实施差别化策略，突出自身的服务特色，以服务凸显展会的竞争优势，从而与同类竞争展会相区别。要实现服务差异化，首先需要调查、分析市场上同类展会的服务种类、主要竞争展会的服务缺陷、自己展会的优势等，然后有针对性、创新性地开发服务项目以满足目标客户的需要。此外，还要采取有别于他人的传递手段，迅速而有效地把会展服务传达给服务接受者。

案例链接

第14届秋冬面料展的展位划分

2008年10月20日～23日，第14届中国国际纺织面料及辅料（秋冬）博览会（简称“秋冬面料展”）在上海新国际博览中心举行。本次展会的展览面积由7个展馆扩充到10个展馆，达到11.5万平方米，比上届增加了43%；来自30个国家和地区的2500多家参展企业参展，比上届增加了25%。本届展会的突出特色是展区布局方面的创新。为了更好地服务于专业观众，主办方优化和调整了国内参展商的展品区域，力求最大程度地为买家采购提供便利。

国内以往的纺织面料展，都是按照纤维成分来划分展区的，分为棉、麻、丝、毛、化纤等展示区域。而此次秋冬面料展的展位布局，则是按照展品的最终用途来划分展区的，共分为正装面料区、时尚女装面料区、休闲装面料区、功能／运动装面料区、服装辅料区、衬衫面料区和牛仔面料区七大展区。在每个展区内，再根据面料的成分做进一步划分，如正装面料区主要展示毛纺面料和化纤仿毛面料；时尚女装面料区主要展示各类化纤、丝绸、棉、麻、印花等时尚面料；休闲装面料区的展品主要以棉、化纤、针织、麻为主；功能／运动装面料区重点突出面料的功能性，展示采用新工艺、新技术生产的高科技、环保性、功能性面料。

本届展会按照展品的最终用途划分展区，适应了市场购销贸易方式，最大程度地为买家采购提供便利。比如买家要选购时尚女装面料，棉、麻、丝、毛、化纤等品类的面料都有，以前要逛遍所有的面料展区找到这些面料，而且由于展品众多，买家往往分不清哪些是女装面料。而按照面料的最终用途划分展区，这个问题就迎刃而解了。选购女装面料的买家直奔时尚女装面料区就可以了，大大节省了买家的参观时间、精力和体力。

（资料来源：纺织会展网 http://www.fzhzw.cn，2008-10-27）

办展机构在提供会展服务的过程中，除了遵循规范化、有形化、人性化、差异化的实施原则外，还应特别注意以下两点。

第一，会展服务很多是外包给会展服务商的，办展机构决不能因为这些服务已经外包出去而忽视对服务质量的监督和管理。因为，在参展商和观众看来，这些服务是办展机构提供的，是与展会一体的，他们会将服务商的失误归结到展会身上。因此，办展机构必须制定严格的服务商遴选标准，选择和委托高质量的服务商，并对其进行全过程的监督与管理，谨防因服务商的问题影响展会的整体形象。

第二，只承诺可以兑现的服务。一些办展机构为了更好地招徕客户而言过其实地宣传会展服务，对不能兑现的服务也大包大揽，殊不知这样做会导致客户产生较高的心理期望，一旦在参展过程中得不到预期的服务，客户会极为不满。因此，办展机构应实事求是地宣传会展服务，只承诺可以兑现的服务，当客户的心理期望与实际所得相符时，他会基本满意；若客户还能获得期望之外的服务和收益，则他会产生惊喜，进而提升对展会的满意度。

惊喜	获得意外的服务与收益
基本满意	获得承诺的服务与收益
不满意	未获得预期的服务与收益

图 5-8 客户心理预期与满意度的关系

三、会展增值服务

1．增值服务的内涵

增值服务（value-added service），是差异化竞争时代企业构建其竞争优势的重要手段。在美国休斯敦大学捷安娜·阿博特（JeAnna Abbott）和阿格尼斯·德弗兰克（Agnes DeFranco）合著的《会展管理》一书中，将“展会的增值服务”定义为“组展机构为了达到‘吸引回头客’的目的，而向参展商和观众提供的一系列附加服务”。增值服务的目标有两个，一是创建客户关系，二是建立客户忠诚。

增值服务的本质，是为参展商和专业买家提供新的价值。近年来，随着办展理念的不断发展，“交易”已不再是展会的首要功能，树立品牌形象，拓展客户关系替代了“交易”的主导地位。提供增值服务，为参展商和专业观众创造更多的附加利益，已成为提升展会的竞争优势、促进展会可持续发展的重要手段。

2．增值服务的主要内容

一般来说，展会的增值服务包括以下方面的内容：

（1）贸易配对服务

传统观念认为，主办方提供了贸易平台，至于参展商是否达到了预期目标，观众是否找到了适合的供应商，不是主办方需要考虑的问题。而事实上，为参展者提供有助促进其“成交机率”的服务项目，是主办方的一项重要工作。

英国励展博览集团认为，展会增值服务的首要工作是为参展商和专业买家进行“商业配对”（Business Matching）。公司推出“特邀买家计划”，每年展会前，工作人员都会按采购资格、采购量、采购的决定权等指标对“实力买家”进行确认，“实力买家”将得到主办方提供的往返机票及展会举办期间星级酒店免费住宿等优待。当然，“实力买家”有进行邀约的义务，“配对”也有数量要求，如国内买家必须在展会上完成10个以上的配对；国际买家必须在展会上完成15个以上的配对。通过在线邀约系统，参展商可以了解到买家来自何地，采购决定权有多大，采购兴趣在哪里等，基于所了解到的信息向买家提出要求，买家拥有接受或拒绝的选择权。

在欧洲，展会组织者在展前利用其掌握的资源调查买卖双方的兴趣所在，进行“撮合”，在展会举办期间，会安排专门的洽谈间供买卖双方进行“配对”，专业买家或参展商在“洽谈间”进行等候，每隔半个小时，都会有一批专门安排的“配对对象”到来。他们会直奔主题，免去寒暄等诸多不必要环节，如果合适，双方可立即进行洽谈；如不合适，“配对对象”会马上进入下一个洽谈室进行配对。据了解，该举措已在欧洲实行多年，对促进展会成交效率有不可估量的作用。

（2）参展顾问服务

办展机构利用自己的专业背景，成为参展企业的参展顾问，站在参展商的角度，帮助其规划参展流程、制定参展计划、培训参展人员，提供参展顾问服务。此时，办展机构与参展商之间不再是简单的交易关系，而致力于发展战略合作伙伴关系。

关系营销理论近年来十分流行，该理论认为，与短期交易相比，企业更应注重与客户之间构筑、发展和维护长期的、有成本效益的关系，以谋求双方共同发展。借鉴关系营销理论，我们认为办展机构与参展商之间存在着五种关系水平，分别是基本交易型、被动关系型、负责型、能动型和合作伙伴型（见表5-2）。

表 5-2 办展机构与参展商之间的五种关系水平

关系类型	基本特征
基本交易型	展位售出后维持基本关系，展会结束后不再联系。
被动关系型	展会期间遇到客户提意见或寻求帮助时，被动地接待和处理。
负责型	展会期间主动征询客户意见，不断寻求改进服务的建议与做法。
能动型	展会结束仍保持与客户的联系，征询其对展会服务的意见与建议，传达展会及服务的新信息。
合作伙伴型	与客户建立高度亲密的关系，站在客户的角度成为其参展顾问，而客户也成为办展机构的参谋。

在上述五种关系水平中，合作伙伴型是最牢固的，也是竞争者较难以破坏的。就办展机构而言，与客户（尤其是重要客户）建立并保持某种长期的稳定关系，对提升其重复参展率、满意度和忠诚度是非常必要的。为参展商提供参展顾问服务，正是致力于发展长期关系而提供的一项增值服务。该项服务的具体内容包括协助参展商做好参展计划、进行参展人员培训、进行相关认证或知识产权法的培训、提供全套的展会咨询服务，以及全程的顾问指导服务等。

（3）向参展商提供完整的观众数据库

参展商在展会中会利用各种途径收集客户信息，但所收集到的信息不一定完整和全面。由办展机构在展会结束后向参展商提供完整的观众数据库，不失为一项有效的增值服务。

有效的观众信息管理，是办展机构提供该项增值服务的重要保障。参加过“上海国际地板材料展览会”的观众，会在进门处遇到手持 PDA（个人数字助理）的服务人员，对着观众佩戴的胸卡拍照。观众信息管理的流程是这样的：观众需事先在相关网站录入其个人信息，信息被储存到数据库中；观众的信息编号被写成条形码，打印在其佩戴的胸卡上；持胸卡入场的观众无需签到和交换名片，只要让现场工作人员的 PDA 在胸卡上拍摄一下，条形码上的信息就会被自动记录下来；展会结束后，办展机构工作人员将 PDA 上的信息进行汇总，后台软件操作人员会对汇总信息做进一步的分析和编制，形成高质量的观众数据库；办展机构在展会结束后将完整的观众数据库提供给所有参展商，作为向参展商提供的一项增值服务。

（4）举办展品推介会

展品推介会是参展商与其客户进行面对面交流，全方位洽谈的有效方式。

办展机构为重要参展商的展品举办专场新闻发布会或推介会，设计主题活动，协助邀请专业买家、重要客户和相关媒体，并提供会议场地和多媒体设备，是向参展商提供的非常有益的增值服务之一。此外，对于重要客户，办展机构还可以邀请媒体在展会现场进行报道，对展品进行推介或安排人物专访，利用媒体的广泛传播提升参展企业的市场形象，为其进一步发展助力。

（5）推出网上展会

实体展会的组织者利用互联网平台，构建网上展会，作为实体展会的补充形式。网上展会最突出的优势是不受展会举办地、会期等条件的约束，一般展会的举办时间为3～5天，而网上展会可以为参展商搭建一个“永不落幕”的网上展示平台；同时，互联网没有地域限制，只要能上网，观众就可以不出家门随时随地浏览、参观展会。对于参展商而言，参加一次展会，可以获得“线下”和“线上”的两次展示机会，且网上展会因为不受时空限制，作用时间更长，影响范围更广，因此参展商普遍欢迎网上展会的形式。办展机构推出网上展会是为参展商提供的非常有效的增值服务。

例如，“中国第一展”广交会的主办方推出“网上广交会”，通过与现场广交会业务的紧密结合，实现“网上洽谈，现场成交”。据统计，网上广交会的日均访问量达60万，在广交会举办期间的日均访问量更是高达700万，超过75%的到会客商通过网上广交会获知展会资讯。

需要指出的是，目前国内除了部分顶尖展览会能把自己的网上展会经营得如火如荼，大部分展览的网上展会其实徒有其名，简单的页面设置和信息罗列，还远远不能满足买卖双方的交易需求。办展机构为实体展会搭建网上展示平台的工作还任重而道远。

本章小结

会展产品指办展机构向参展商及观众提供的旨在满足其参展或参观需求的有形产品和无形服务的集合体。与一般的实体性产品不同，会展产品更多地表现出“服务产品”的特征，具有综合性、无形性、不标准性、不可分割性和不可储存性的鲜明特点。

会展产品也有市场生命周期，展会从进入市场到被市场所淘汰，一般需历经培育、成长、成熟、衰退四个市场阶段。办展机构应针对展会所处的不同市场发展阶段制定相应的营销策略，有针对性地开展会展营销活动。

会展品牌营销指办展机构运用现代品牌营销理论，通过打造具有良好品牌形象的会展项目，吸引目标参展商和专业观众，以实现利润最大化的营销策略和过程。会展品牌营销包括会展品牌定位、会展品牌传播、会展品牌维护以及会展品牌服务。

会展服务有不同的类型。从服务对象来看，会展服务分为对参展商的服务、对观众的服务和对其他方面的服务；从展会的实际运作流程来看，会展服务分为展前服务、展中服务和展后服务。办展机构在提供会展服务的过程中，应遵循规范化、有形化、人性化、差异化的原则，以服务打造独具特色的会展品牌形象。同时，还应为参展商提供更多的增值服务，以期提升展会的竞争优势，培养客户忠诚。

习　题

一、名词解释

会展产品　　会展客户的让渡价值　　会展品牌　　品牌会展
会展品牌营销　　会展生命周期营销策略　　会展增值服务

二、简述题

1．会展产品具有哪些显著特征？
2．简述会展产品生命周期各阶段的市场特点。
3．会展服务主要包括哪些类型？
4．办展机构提供会展服务时应遵循哪些原则？
5．如何理解会展增值服务？

三、论述题

1．如何提升参展商的客户价值？
2．论述会展品牌营销的主要内容。
3．论述会展产品生命周期不同阶段的营销策略。

四、实训题

以小组为单位，实地调研某一展会，从观众的角度感受会展服务，发现问题并提出改进建议，撰写相关调研报告。

第六章

会展定价方法与策略

学习目标

- 了解影响会展定价的主要因素
- 理解展会的市场发展阶段对展位定价的影响
- 理解展会的需求价格弹性对展位定价的影响
- 掌握成本加成定价法、需求导向定价法和竞争导向定价法
- 掌握差别定价策略和折扣定价策略
- 能够运用基本的定价方法与策略，为特定的会展项目制定展位价格

引　言

在会展营销组合决策中，定价策略是重要的营销策略之一，因为价格不仅决定了会展组织者的经济收益，而且影响着展会在市场中的竞争地位。主办方在进行价格决策时既要考虑到成本的补偿，又要考虑到目标客户对该定价的接受能力，同时还要考虑竞争展会的定价情况，以定价获得竞争优势。

从会展组织者的收入来源看，会展产品的价格体系一般应包括展位价格、门票价格（特指一些较具观赏价值、观众需购票参观的展会，如国际车展、航空展等）、广告价格和赞助价格。本章选择展位定价作为研究对象，一是因为展位销售是会展营销中的核心工作，是会展组织者最重要的收入来源；二是因为展位定价具有很强的代表性和典型性，其定价原则与方法同样适用于会展价格体系中其他产品的定价。

本章在系统分析影响会展定价的主要因素的基础上，介绍常见的展位定价方法与定价策略，特别对折扣定价策略和差别定价策略进行重点讲解。希望通过本章的学习，使读者了解影响会展定价的主要因素，掌握会展定价的主要方

法和定价技巧，并能付诸实践工作，为特定的会展项目制定展位价格。

引导案例

定价策略是市场营销组合中独具特色的组成部分，它能对市场变化做出灵敏的反应。一个成功的定价策略，应当既能体现其他营销策略的要求，又有助于其他策略的顺利实现。以下是《国际商报》一篇关于第108届广交会展位定价的报道，仅供参考。

第108届广交会展位价格将恢复至2万元

2010年7月10日～11日，第108届广交会筹备工作会议在北京召开。记者从会上获悉，第108届广交会将重点优化参展企业结构，提升整体参展质量。同时，将因金融危机而临时调低的标准展位费恢复至2万元的原价格。

步入2010年，全球经济复苏，我国经济却仍然面临许多困难，虽然上半年稳定出口政策成效明显，但外贸形势仍不容乐观，这无疑给第108届广交会带来较大压力。尤其是随着近年来广交会规模的不断扩大，广交会参展企业的整体结构和质量都受到一定影响。广交会工作领导小组办公室主任王志平就此指出："参展企业质量决定着一个展览的整体素质。优化参展企业结构既是对我国外贸'调结构'的积极落实，也是转变外贸发展方式的重要途径。"他进一步指出，在当前我国经济出现恢复性增长、外贸出口逐步趋稳的形势下，广交会展位需求已超过金融危机前的水平，为此，从第108届起，广交会将恢复每个标准展位2万元的原价格。另一方面，在连续扩容和金融危机冲击后，提升广交会参展企业质量已成为大众广为关注的问题。

此外，记者从本次会议中获悉，在客商邀请方面，第108届广交会计划邀请总量为91万户，比上届增长5.8%。在出访招商方面，将主要选择受金融危机影响较小的新兴市场、我国重要贸易伙伴、广交会重要客源市场等。目前，赴马来西亚、新加坡的出访小组已顺利完成招商任务。第108届广交会将于10月15日～11月4日在中国进出口商品交易会展馆举办，并将保持三期展览格局不变。

（资料来源：国际商报. 2010-7月-日，作者：安飞）

思考：

1. 会展主办方为展位定价时主要考虑哪些因素？

2. 上述案例中，第108届广交会的标准展位价格调回至2万元是出于何原因？其要达到的目的又是什么？

第一节　影响会展定价的主要因素

由市场营销学的基本理论可知，价格具有买卖双方双向决策的特征，企业在为产品定价时，既要考虑成本补偿和利润目标的实现，又要考虑目标客户能否接受这一定价的可能性，还要考虑竞争对手的定价策略。会展组织者在制定展位价格时需要综合考虑各种因素，我们将影响会展产品定价的因素分为两大类，即内部因素和外部因素（见图 6-1）。

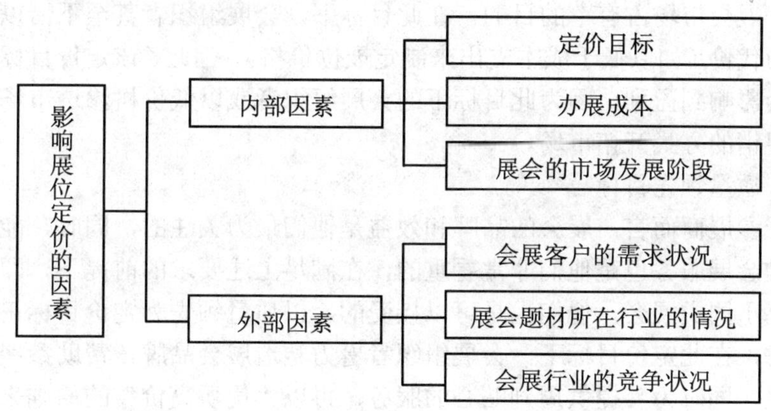

图 6-1　影响展位定价的因素

一、内部因素

顾名思义，内部因素来自于会展主办方的内部，是其为会展产品定价时有能力控制的因素。通常情况下，影响会展产品定价的内部因素主要包括以下三个方面。

1．定价目标

定价目标，指企业通过特定水平价格的制定或调整，所要达到的预期目标。定价目标是企业市场营销目标体系中的具体目标之一，它的确定必须服从于企业营销的总目标。[①]不同企业，同一企业的不同时期或不同市场条件下，其定价目标是不同的。对于会展营销而言，比较常见的定价目标包括利润目标、市场份额目标、质量领先目标和生存目标。

（1）利润目标

即以追求盈利最大化为定价目标，在此目标下，会展组织者考虑的核心问

① 纪宝成. 市场营销学教程. 中国人民大学出版社，2003：191

题是如何为展位定价才可以获得最大的利润，而对市场竞争的效果、在社会上及客户中产生的影响等问题考虑较少。但应注意，盈利最大化取决于合理价格所推动的销售规模，如果为追求盈利最大化而制定不切实际的高价格，则很可能会阻碍会展产品的销售，进而影响到总体盈利水平。

（2）市场份额目标

市场份额在很大程度上决定着企业的经营绩效和竞争能力，扩大市场份额比追求利润最大化更具有战略意义，对会展营销也是如此。会展组织者以扩大展会的市场份额为定价目标，通过最大限度地增加展位销量，扩大展会规模，达到提升展会市场占有率的目的。在此目标下，会展组织者甚至不惜以牺牲眼前利益为代价（如以低于成本支出来制定展位价格），因此，该定价目标在短期内可能会影响到盈利，因为此目标下的会展组织者或以低价格渗透市场，或以高强度促销的方式开拓市场。

（3）质量领先目标

对于参展商而言，展会的品牌和效益是他们最为关注的，同时，能否享受到优质的会展服务也是他们非常看重的，在满足上述要求的前提下，即使展位价格稍高于同类展会，他们也是可以接受的。以质量领先为定价目标正是出于以上考虑，在此定价目标下，会展组织者着力塑造展会品牌，帮助参展商提高展出效果，同时为其提供周到贴心的服务，再以“优质高价”的原则来制定展位价格。

（4）生存目标

在处于市场环境不利的情况下，会展组织者为了能在市场中站稳脚跟，通常会选择先生存后发展作为定价目标，为展位制定较低的价格，甚至亏本销售展位。需要注意的是，这是一种处于不利环境下的缓兵之计，这种定价目标只能作为特定时期的过渡性目标，一旦出现转机，将很快被其他目标所代替。

2．成本因素

成本是定价的基础，会展组织者为展位定价时，必须考虑举办本次展会的成本状况。正常情况下，定价必须首先使成本得到补偿。主办方举办一个展会要付出的成本如表 6-1 所示。

表 6-1 举办展会的成本

序号	项目	主要内容
1	展览场地费	租用展览场馆以及由此而产生的各种费用：包括展览场地租金、展馆空调费、展位特装费、标准展位搭装费、展馆地毯及铺设地毯的费用等；

续表

序号	项目	主要内容
2	展会宣传推广费	用于展会宣传与推广的各种费用：包括广告费、宣传资料设计、印刷费、资料邮寄费、新闻发布会的费用等；
3	招展和招商的费用	用于招展、招商的各种费用：包括招展资料的设计、印刷、邮寄费；付给代理商的佣金；大买家邀请费等；
4	相关活动的费用	支持展会配套活动的相关费用：如技术交流会、论坛、展会开幕式、嘉宾接待、酒会、活动现场布置、礼品、纪念品和外请临时工作人员的费用等；
5	办公费和人员费	办展机构的行政办公费、设备费、人员工资等；
6	其他运营成本	杂费、机动费等。

3．展会的市场发展阶段

我们知道，任何产品都有其市场生命周期。展会作为特殊的产品形式，也有其市场发展阶段，一般分为培育期、成长期、成熟期和衰退期。在展会的不同发展时期，市场竞争状况不同、参展商的需求不同，主办方的定价策略也要有所不同。

在展会的培育期，由于市场认可度低，展位销售情况不佳，整体盈利较低，参展商构成以小型企业为主。此阶段以补偿成本费用为定价目标，展会以保本或微利的方式运行，展位价格制定不宜太高。

在成长期，由于前期的大规模宣传与推广，展会在行业内积累了一定的知名度，具有了一定的市场竞争力，参展商的结构也在发生变化，中小型企业参展热情提高，展览规模也在迅速扩大。与此同时，竞争者看到此类题材展会有利可图，也开始进入市场参与竞争。此阶段以追求盈利为定价目标，展位价格可相应提高。

在成熟期，展会在行业内获得广泛认可，其市场地位也基本稳定，参展商构成多元化且数量基本固定，展览规模基本定格。同时，此阶段也是市场竞争最为激烈的时期，销售增长较成长期慢，至成熟期后期展位销售呈现下滑趋势。此阶段应以保持或扩大现有市场份额为定价目标，制定有竞争力的展位价格。

在衰退期，展会对目标客户的吸引力急剧下降，参展商和观众对该展会失去兴趣，大中型参展商逐渐减少，展会规模趋于萎缩。同时，竞争者看到该类题材展会无利可图也纷纷退出市场。此阶段应以尽快回收资金为定价目标，调低展位价格，以调动参展商的参展积极性。

二、外部因素

外部因素指对展位价格制定造成影响，又为会展组织者自身所不能控制的各种外部力量。通常情况下，影响会展产品定价的外部因素主要包括以下 3 个方面。

1．会展客户的需求状况

如前所述，价格具有买卖双方双向决策的特征，主办方制定展位价格不能仅从卖方的角度，还要从买方（目标客户）的角度考虑参展商对展位价格的接受能力。一般而言，商品的价格和需求量之间呈负相关关系（见图 6-2）。

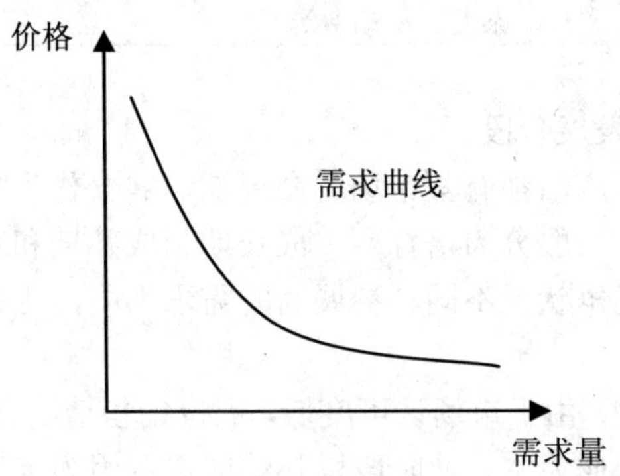

图 6-2　商品价格与需求的关系

从上图可见，当商品价格下降时，需求量增加；当商品价格提高时，需求量减少。展位价格和需求之间的关系也遵循上述法则，即在通常情况下，展位价格提高，则参展商对该展会的需求减小；而展位价格降低，则参展商对该展会的需求就提高。该现象的产生原因主要有三点：其一，部分参展商，尤其是一些小型企业，因价格问题无能力参展，价格降低后则符合他们的支付能力；其二，部分参展商对参展犹豫不决，当展位价格降低后，他们会以不妨试试的态度参展；其三，一些参展商因价格降低而增加订购展位面积。

但在实践中我们也发现，参展商对一些展会价格变化的反应特别敏感，而对另一些展会价格变化的反应不太敏感。例如有“中国第一展”美誉的广交会，尽管标准展位的报价高达 20000 元人民币，但参展商对其仍趋之若鹜，甚至达到“一位难求”的地步。这就引出一个经济学概念——需求的价格弹性。

需求的价格弹性简称为需求弹性或价格弹性，系指因产品价格的变动而引起需求相应变化的比率，反映需求对价格变动的敏感程度。用需求价格弹性系数（Ep）来表示，其计算公式为：

$$\underset{\text{Ep}}{\text{需求价格弹性系数}^{①}} = \frac{\text{需求量变动的百分比}}{\text{价格变动的百分比}}$$

根据 Ep 取值的大小，通常分为三种情况，即需求富有弹性（Ep＞1）、需求缺乏弹性（Ep＜1）和需求固定弹性（Ep＝1）。影响需求弹性的因素有很多，最主要的因素包括：商品对消费者生活的重要程度、商品（品牌）的可替代程度以及商品的供求状况。换言之，商品对消费者越是重要，其在市场上越是无法被替代，越是供不应求，则其需求弹性越小，反之则越大。

不同的展会，其需求弹性也是有强弱之分的。对于需求富有弹性的展会，参展商对展位价格的变化反应非常敏感，小幅度的提价可能就会较强烈地影响到参展商的参展意愿。对此类展会，主办方宜采用薄利多销的定价策略，甚至可以通过适当降价，刺激对价格敏感的潜在购买需求。一般不采用提价策略，必须提价时务必谨慎，以防止需求量由于价格上涨而锐减。

对于需求缺乏弹性的展会，参展商对展位价格的变化反应不敏感，也就是说，主办方降低价格并不能有效地刺激购买，而适当提高价格也不会很强烈地抑制需求。有鉴于薄利并不能多销，主办方可将展位价格定高一些，通过高价厚利为己方争取更大的利润空间。

在以下条件下，展会的需求缺乏弹性：其一，该展会没有或少有替代者、没有或少有竞争者；其二，该展会的参展商的价格接受能力普遍较强，他们对价格不敏感，对高价格不介意；其三，参展商有比较固定的参展习惯，他们并不愿意改变习惯，也不积极寻找价格更便宜的展会，甚至认为那样会支出更多的转移成本；其四，与价格相比，参展商更看中该展会的质量、品牌和管理服务水平，如果他们认为组织者的服务好、展出效果好，则展位价格高一些是可以接受的。

2．展会题材所在行业的情况

专业展会都是依托特定行业的，主办方制定展位价格时，还要调研、评估该展会所依托行业的发展情况。

首先，要研究展会题材所在行业的市场发展状况。如该行业处于买方市场，行业内企业的竞争会比较激烈，则企业参展的积极性较高，其对展位价格的敏感度较低，此时可以将展位价格制定得高一些；反之如行业处于卖方市场，企业产品不愁销路，其参展的积极性本来就低，高的展位价格更可能成为阻碍其

①由于需求规律的作用，需求价格弹性系数（Ep）实际上是负数。但为了简单起见，通常取 Ep 的绝对值。

参展的影响因素之一。

其次，要研究展会题材所在行业的整体盈利水平。该行业的整体盈利水平决定了目标参展商可能的盈利水平和支付能力。如果该行业的整体盈利水平较高，则参展商对展位价格的敏感度较低，此时可将展位价格定得高一些，以获得更多的利润；反之，如果该行业的整体盈利水平较低，则企业的盈利水平和支付能力也不高，此时将展位价格定得过高，参展企业可能无法承受而放弃参展。

3．会展行业的竞争状况

这是影响会展定价的重要外部因素之一，也是会展组织者制定展位价格必须考虑的要素之一。国际展览组织机构在开发新的会展项目时，会仔细分析整个会展市场以及展会所在行业的发展趋势，并通过收集竞争对手的各种资料与信息，通过顾问与决策团队对价格体系进行反复酝酿，最终确定具有竞争力的定价标准。

那么，怎样通过分析外部竞争状况，制定有竞争力的展位价格呢？

首先，要充分调研和评估本展会所在市场的竞争状况，是卖方市场还是买方市场？同类会展项目是供不应求还是供大于求？如果是卖方市场，会展项目供不应求，则主办方的议价能力就强，反之则较弱。

其次，要调研与本展会有竞争关系的同类展会的价格状况，这是主办方定价的参照系。俗话说："知己知彼，百战不殆"，只有充分摸清同类竞争展会的价格水平，才能有的放矢地为本展会定价，使价格真正成为赢得竞争优势的利器。就此有营销学家指出，在竞争激烈的市场上，价格的最低限受成本约束，最高限受需求约束，介于两者之间的价格水平确定则以竞争价格为依据。

再次，要评估自己的展会在市场竞争中的地位，是处于市场领先地位，还是处于市场跟随地位。如果是前者，可采取的定价策略比较灵活，一种情况是，当展会具有非价格方面的其他优势（此时价格不再是决定购买的第一因素）时，可以高于竞争对手定价；而当展会缺乏非价格方面的竞争优势时，则可以用低价格排挤现有竞争对手，并使新竞争者难以进入，以此保持市场领导地位和议价能力。而如果是后者，则往往采取跟随定价策略，与竞争对手保持基本一致的定价水平，或者将展位价格定得稍低一些。

综上所述，展位价格的制定受多种因素的影响。会展组织者既要考虑到展会的经营策略与定价目标、办展成本、市场发展阶段等内部因素，还要考虑到展会的竞争状况、目标客户的需求以及展会所依托行业的发展态势等诸多外部因素。在全面考虑和综合分析各种影响因素的基础上，选择恰当的定价方法，辅以灵活的定价策略，制定科学合理的展位价格。

第二节 会展定价方法

价格的高低主要受成本费用、市场需求和竞争状况三方面影响，会展营销亦不例外。会展组织者为展位定价时，应以目标客户的需求为前提，以举办本次展会的成本费用为基础，以同类展会的价格状况为参照，据此有三种定价方法，即成本加成定价法、需求导向定价法、竞争导向定价法。以下分别进行介绍。

一、成本加成定价法

展会的策划和举办过程中，组展方通常是根据展会的预期规模从会展中心（展馆）“批发”一定面积的场地或者一定数量的展位，然后把它们“零售”给参展商。

成本加成定价法，即在单位展位成本的基础上，附加一定的加成率，从而使主办单位盈利。其计算公式为：

单位展位售价＝单位展位成本 ×（1＋加成率）

在这种定价方法中，加成率的确定是定价的关键。一般来说，加成率的大小与展会的需求价格弹性和主办方的预期盈利有关。展会的需求价格弹性指展位价格的变化引起参展商对其需求变化的比率，反映需求对价格变化的敏感程度。前面已经讲过，不同展会的需求弹性是不同的。对于需求弹性较大的展会，加成率略低可以刺激潜在的购买需求，有效地促销展位；而对于需求弹性较小的展会，参展商对价格不太敏感，此时薄利并不一定能多销，故可将加成率定得稍高一些。

成本加成定价法具有计算简单、操作方便的优点，在正常情况下，按此方法定价可以使主办方获得预期盈利。但此方法的缺点是仅考虑到自身的成本补偿，而没有考虑到市场竞争和需求状况的影响，以此方法确定的展位价格能否符合参展商的心理预期和接受程度，能否适应市场竞争的变化形势，是需要商榷的。因此，主办方为展位定价时，应将成本加成定价法与其他定价方法配合运用，方能达到预期效果。

二、需求导向定价法

需求导向定价法指办展机构为展位定价时，不是以成本为定价基础，而是从参展商的角度出发，根据参展商对展位价格的期望和接受程度制定展位价格。需求导向定价法又可分为以下两种。

1．市场认可价值定价法

消费者在实施一项购买行为时，有以价格判断价值的本能。换言之，消费者会对商品进行价值判断，即他认为这个商品值多少钱(通常是一个价格区间)。当商品的实际价格明显高于他的价值判断时，他会认为购买该商品不值得；反之，当商品的实际价格明显低于他的价值判断时，他又很可能对商品的价值产生怀疑，因为“一分钱一分货”、“好货不便宜、便宜无好货”；而只有当商品的实际价格在消费者的价值判断区间时，他才会认为物有所值，从而顺利地实施购买。

市场认可价值定价法正是以目标客户对商品价值的判断及理解程度作为定价的基本依据。主办方用该方法为展位定价时，首先进行市场调查，了解该展会在参展商心目中所形成的价值，再根据参展商对展会的认可价值，结合成本导向定价法，最终确定展位的实际价格。

2．需求差别定价法

会展组织者根据参展商及其需求的不同制定不同的展位价格，通常有以下几种形式：（1）因客户而异，即同样的展位，针对不同状况的参展商，制定不同的价格。如对新客户和老客户、组团参展和一般参展、国内参展商和国外参展商，同样的展位其报价各不相同。（2）因位置而异，即主办方根据展位在场馆中所处的地理位置不同，为其制定不同的价格。同样 3m×3m 的标准展位，如果所在地理位置优越，则展位费较高，以此体现“优地优价”的原则，反之则较低。参展商可根据自身的具体情况，特别是参展预算和财务支付能力，选择不同位置的展位。（3）因时间而异，即对于同样的展位，主办方根据参展商报名参展及支付展位费的时间不同，而制定不同的价格。参展商预定展位和缴付展位费越早，价格就越低。

用需求导向定价法制定的展位价格，与办展成本关系不大，而与客户及其需求的不同有密切关系。关于需求差别定价法，我们将在本章第三节重点讲解，在此不作赘述。

三、竞争导向定价法

这是一种以市场上相互竞争的同类展会的价格作为参照，制定本展会展位价格的定价方法。采取该定价方法时，办展机构必须明确自己的展会在市场竞争中所处的地位，再根据竞争状况确定或调整自身的价格水平。竞争导向定价法通常有以下三种情况。

1．高于竞争对手定价

主办方为自己的展会制定高于同类展会平均价格水平的展位价格，以高价格体现本展会的名、特、优。此种定价需要满足以下条件：一是市场上有足够的购买者，他们对本展会的需求缺乏弹性，即使展位价格定得较高，市场需求也不会大量减少；二是在高价的情况下，少有竞争者。显然，此种定价适用于知名展会、行业垄断性展会以及需求弹性小的展会。

2．低于竞争对手定价

主办方为自己的展会制定低于同类展会平均价格水平的展位价格，以低价格打开或扩大市场，提高市场占有率。

此种定价需要满足以下条件：第一，展会的需求弹性较大，低价能够有效地扩大展位销售；第二，展会的规模效应明显，规模扩大所产生的利润能弥补价格降低所造成的损失，展会将随规模的扩大而增加盈利；第三，主办方有足够的经济实力来承受一定时期内的低价所造成的利润损失；第四，低价能有效地阻挡潜在竞争者进入同类题材的展会，且不会因低价而引发恶性竞争。

显然，此种定价适用于竞争激烈且容易被模仿的展会、需求富有弹性的展会以及新入市的展会。在市场竞争激烈的情况下，会展组织者主动发起“价格战”，用低价排挤现有竞争对手，或使新竞争者难以进入，以此保持本展会的市场竞争地位和议价能力。

3．随行就市定价

主办方按照本地区或本题材展会的平均价格水平为展位定价，以期获得行业平均利润。此种定价的目的在于：其一，平均价格水平在人们的观念中常被认为是“合理价格”，易为目标客户所接受；其二，可与竞争展会和平相处，避免激烈竞争带来的风险；其三，能为主办方带来合理、适度的盈利。

在会展营销实践中，市场追随者较常采用此种定价方法。主办方用此方法定价时，必须下大力气控制办展成本，因为只有努力控制成本，才能在平均价格水平的基础上比竞争展会获得更高的盈利。

以上我们介绍了会展定价的三种方法，即成本加成定价法、需求导向定价法和竞争导向定价法。在实际应用中，有鉴于这三种定价方法各具特色，各有优劣，主办方往往将三种定价方法综合运用，以便扬长避短，各取所长。换言之，主办方为会展产品定价时，既要考虑成本的补偿，又要考虑参展商的心理预期以及对价格的接受能力，还要考虑到同类竞争展会的价格水平，在统筹考虑的基础上制定出最终的合理报价。图 6-3 是展位定价的流程图，供读者参考。

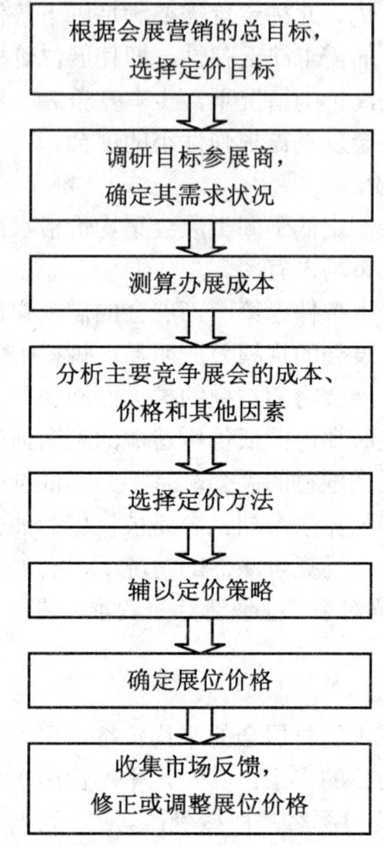

图 6-3 会展定价的程序

第三节 会展定价策略

本章第二节介绍了会展定价的主要方法。会展组织者综合运用这些定价方法，为展位制定了基本价格后，为使定价更具有吸引力，进而更好地促销展位，还可以运用一些定价策略（或称之为定价技巧），鼓励参展商或扩大展位认购面积、尽早支付展位费或连续参展等。本节介绍几种最为常见的会展定价策略。

一、差别定价策略

差别定价策略指会展组织者考虑到参展商及其参展需求的不同，为展位制定不同的价格，旨在获得更高收益或争取更多客户的定价策略。在会展营销实践中，常见的差别定价策略包括以下几种。

1．不同展位类型，不同价格

主办方将展位划分为不同的类型，再根据展位类型制定不同的展位价格。通常情况下，主办方将展位划分为标准展位和特装展位两种类型。

标准展位又称为标摊。国际通用的标准展位面积为 3m×3m=9m^2，由 3 面围板、1 块楣板（含参展商名称）组成。图 6-4 是标准展位的示意图，其基本配置包括 2 盏射灯、1 个电源插座、1 张洽谈桌、3～4 把折椅，铺设地毯。有的展会还配备 1 部电话、1 个宽带接口。当然，不同展会其标准展位的基本配置也会略有差异。

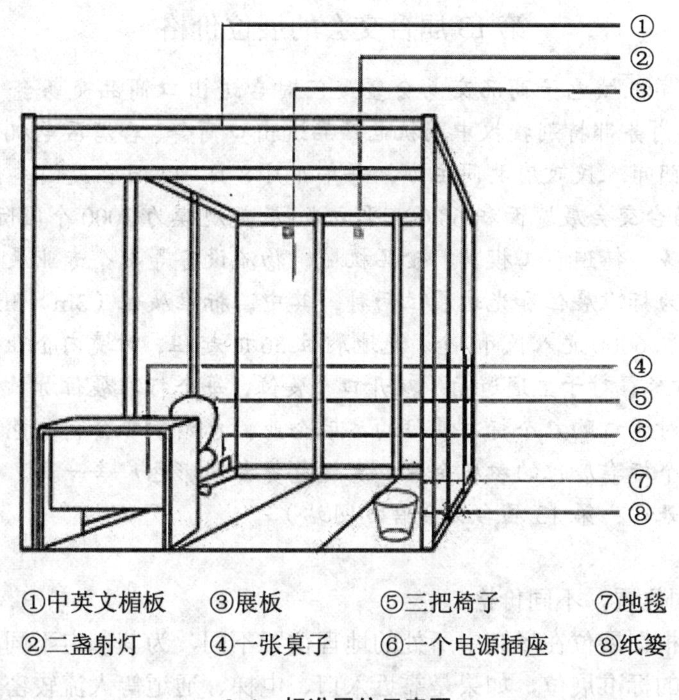

①中英文楣板　③展板　⑤三把椅子　⑦地毯
②二盏射灯　④一张桌子　⑥一个电源插座　⑧纸篓

6-4　标准展位示意图

标准展位又可以分为“单开口”展台和“双开口”展台。其中，“单开口”展台夹在一排展位的中间，观众只能从其前面的过道进入展台内；“双开口”展台位于一排展位的顶端，两面邻过道，观众可以从两面进入展台。“双开口”与“单开口”展台相比，面积相同，但多出一条观众进入展台的侧面通道，因而观众流量更大。

特装展位又被称为空地展位，指不采用标摊装搭的方式，而是申请预留空地，委托布展施工单位使用与标摊装搭材料不同的制作材料，进行复杂的装修布展。特装展位面积一般不少于 36m^2。

特装展位也有不同类型，常见的有“半岛型”和“岛型”。“半岛型”展位三面面向观众，观众可以从三个方向进入展台参观；“岛型”展位观众可以从任意一个方向进入展台参观，因此展示和广告效果最好，是大型企业参展之首选。

不同类型的展位，在吸引参观客流方面大有差别，展出效果也是不同的。对于不同的展位类型，主办方会制定不同的展位价格，以满足参展商多样化、个性化的参展需求。

案例链接

第13届台交会的展位价格

海峡两岸机械电子商品交易会暨厦门对台进出口商品交易会（简称台交会），由中国商务部特别授权中国机电产品进出口商会、台湾区电机电子工业同业公会和厦门市人民政府共同主办，每年4月8日-11日在厦门举行。

第13届台交会展览面积60,000平方米，展览规模为2000个国际标准展位，设立机械设备、铸造、工模具、食品机械、物流设备等七个专业展区。本届展会的展位分为标准展位和光地展位两种，其中，标准展位（3m×3m=9㎡）对境内企业收取6000元人民币/个；光地展位36㎡起租，对境内企业收取600元人民币/平方米；对于主通道角（双开口）展位，每个标准展位加收400元人民币。此外，对于订购6个标准展位的参展企业，惠赠免费会刊彩色广告半页；对于订购8个标准展位的参展企业，惠赠免费会刊彩色广告一页。

（资料来源：第13届台交会官方网站）

2. 不同位置，不同价格

主办方根据展位在场馆中所处的地理位置不同，为其制定不同的价格。同样3m×3m的标准展位，如果是靠近入口、电梯、通道等人流较密集的位置，则有利于观众参观，也易于使参展商捕捉到商机，主办方会制定较高的展位价格，以体现“优地优价”的原则。反之，如果展位位于客流量小的位置，则主办方会制定较低的展位价格，以便把无人问津的展位推销出去。

表6-2是“2011上海国际专业灯光音响展览会”的展位报价单。该报价就体现了“不同位置、不同价格”的定价原则。展会的主办方将展览区域划分为国际区、国内A区和国内B区。就国内展区而言，A区的位置较B区优越，这个展区的标准展位和光地展位的报价均高于B区，不同展区展位价格的差异由此可见一斑。

表 6-2　2011 上海国际专业灯光音响展的展位报价

展位位置	标准展位（RMB）	光地展位（RMB）
国际区	22000 元/个	1790 元/㎡
国内 A 区（优越区）	16000 元/个	1400 元/㎡
国内 B 区（普通区）	8800 元/个	880 元/㎡

注：标准展位 9 m^2 起订；光地展位 27 m^2 起订

（资料来源：2011 上海国际专业灯光音响展览会招展函）

3．不同时间，不同价格

即对于同样的展位，主办方根据参展商报名参展及支付展位费的时间不同，而制定不同的价格。参展商预定展位和交付展位费的时间越早，所获得的价格优惠越多，以此鼓励参展商尽早注册、尽快交费，以便于组织者回笼资金，降低风险。表 6-3 是“2010 中国国际调味品及食品配料博览会”针对报名时间而制定的价格优惠方案，该报价充分体现了“不同时间，不同价格”的定价原则。

表 6-3　“2010 中国国际调味品及食品配料博览会”的价格优惠方案

优惠条件	优惠措施
2010 年 4 月 30 日前预定展位并交纳展位预定金	展位价格优惠 10%
2010 年 7 月 31 日前预定展位并交纳展位预定金	展位价格优惠 5%
2010 年的参展企业将享受下届展会展位费 5%的优惠	

注：展位预定金为展位费的 40%，其余 60%须于 2010 年 9 月 1 日之前交纳

4．不同客户，不同价格

即同样的展位，针对不同状况的参展商，主办方制定不同的价格。如对新客户和老客户、大客户和小客户、组团参展和一般参展、国内参展商和国外参展商等，主办方把同样的展位销售给不同客户时，往往提供不同的展位报价。

（1）老客户和新客户

就参展商而言，既有第一次参加本展会的新客户，也有连续多届参展的老客户。主办方在服务好新客户的同时，均十分注重与老客户关系的保持。原因有三：其一，展会都是要持续举办的，与老客户建立并保持良好且稳固的关系，对展会的可持续发展至关重要；其二，老客户往往有很强的示范效应，对其他参展商参展有很好的宣传和带动效应；其三，维持老客户的成本要大大低于吸引新客户的成本。有资料显示，开发一个新客户的成本是维持一个忠诚客户成本的 5 倍。

为了维系好与老客户的关系，主办方在制定展位价格时会对老客户有所倾斜。例如，已经举办了十届的“中国汽车用品暨改装汽车展览会”在展位价格方面就特别制定了针对老客户的会员价格，体现主办方对老客户的特别优惠。表 6-4 是于 2011 年 2 月 25 日～27 日在中国国际展览中心新馆举办的第 12 届该展会的展位费，仅供参考。

表 6-4 第 12 届中国汽车用品暨改装汽车展览会的展位报价

展位类型		展位价格（RMB）	会员价格（RMB）
标准展位	A 类	7800 元/个	6800 元/个
	B 类	6800 元/个	5800 元/个
光地展位（36 m^2起租）	A 类	825 元/ m^2	700 元/ m^2
	B 类	725 元/ m^2	600 元/ m^2

（资料来源：第 12 届中国汽车用品暨改装汽车展览会招展函）

（2）大客户和小客户

大客户指一次性预定展位数量较多的参展商。会展组织者在制定展位价格时会对大客户有所倾斜，主要出于以下两点考虑：其一，大客户对展位销售做出了直接贡献，为主办方带来了较为可观的经济收入；其二，大客户一般都是行业中的大企业，它们参展本身就会提升展会的规格和档次，同时对其他企业参展起到了积极的带动和示范效应。有鉴于此，会展组织者通常会对大客户实行一定的价格优惠，或者给予较多的价格折扣。

（3）国外客户和国内客户

会展组织者将同样的展位销售给国内参展商和国外参展商时，通常会收取不同的展位费，国外客户要高于国内客户，即实行所谓的价格“双轨制”。如前述“2011 上海国际专业灯光音响展”案例中，对境外参展商，标准展位（3m×3m＝9 m^2）的报价为 22000 元人民币/个，光地展位（27 m^2起租）的报价为 1790 元人民币/平米；而对于国内参展商，即使是在优越区，同样条件的标准展位和光地展位的报价分别为 16000 元/个和 1400 元/平米，国内普通区的展位报价则更低。

对于向国内参展商和国外参展商收取不同展位费的“双轨制”问题，在会展业界莫衷一是，有人认为这是一种价格歧视，不符合 WTO 的基本精神，但有人认为此现象的存在有其合理成分，主办方根据展会的具体情况以及市场状况，运用价格杠杆为展会带来更多盈利并无不妥之处。

知识链接

经营策略是展位定价的出发点

近年来，会展业界对主办方向参展的国内、外企业收取不同参展费的问题议论纷纷，要分析其利弊可从以下几个方面来看：

一是过去国外参展商在我国境内参加展览会所付的参展费比国内参展商高，这是属于一个历史阶段的问题。一般来说，由于发展中国家比较落后，经济发展水平较低，在他们的发展过程中采取一些保护政策，如对一些经济发达国家进入本国的产品、消费实行国内外不同价，这是一个被国际社会普遍认可的惯例。我国在改革开放前和初期，在一些领域，如民航、旅游、外汇商店等所实行的内外不同价格政策就是这一惯例的具体实践。这些政策的实施在当时有一定的积极意义。我国一直以来所实行的国外参展商来华参展支付较国内展商高费用的做法，也正是这一政策在展览行业的具体表现。

二是现时国际上已自然形成了一个行价，即任何一个国家的参展商去其他国家参展，每占用一个标准展位，大体上的参展费（不含食宿、交通）都在2000至3000美元之间。这就意味着你如果想离开自己的国家到国外去参加一些国际性展会，你就必须有心理准备付出这笔费用。在这一点上不管你是“穷”国参展商还是“富”国参展商都是一视同仁。

三是组展方对参展费的确定有赖于众多因素的平衡。组展方组织展览会（这里指商业性展会），一定要有经济效益，即有盈利（不管是从当前看，还是从长远看）。他们在展位定价时要综合考虑方方面面的因素，如展会的场租、广告、运营成本等成本费用、展会创品牌的经营策略、参展商的经济承受能力等。对来自各方面的因素进行评估和权衡，进而找出一个定价的平衡点。

综合上述，从理论上讲，虽然我国已经加入WTO，国外参展商应享受“国民待遇”，但是由于每个展会的实际情况不同，对于如何合理收取国内、国外参展商的参展费，是否应取同一价格或不同价格，说到底仍应由会展组织者依据市场调节的原则，依据展会的经营策略及国际惯例，在对其可能性和经济效益做出评估后，自行确定为宜。

（资料来源：广州会展网．2007-6-19，作者：郑子华）

二、声望定价策略

一些展会由于主办方多年的苦心经营，在行业内形成了较高的知名度和一定的口碑，参展商对它也有信任感，即使展位价格比同类展会高一些，参展商还是能欣然接受的。声望定价就是基于参展商这种微妙的需求心理特点，针对人们“按质论价”、“价高质必优”的心理，对在参展商心目中享有盛誉、具有较高知名度的展会制定高于同类展会平均价格水平的展位价格，以高价格提升客户对展会的价值判断。

声望定价源于人们“以价格判断价值”的本能心理，特别是在识别名优产品时，这种心理意识尤为明显。会展组织者运用声望定价策略，对名、优、特的展会制定高价格，对目标客户识别该展会形成积极的心理暗示，还可能产生扩大销路的积极效果。

案例链接

广交会的声望定价

广交会是“中国进出口商品交易会”的别称，创办于1957年春季，每年分春、秋两季在广州举办（春季的举办时间是当年4月，秋季的举办时间是当年10月）。广交会由国家商务部及广东省人民政府主办，中国对外贸易中心承办，从第95届起每届在中国出口商品交易会新旧两馆（广州流花路展馆和广州琶洲展馆）同时举行。

迄今为止，广交会举办已逾百届，历经半个多世纪的发展，是我国目前历史最久、层次最高、规模最大、商品种类最全、到会客商最多、成交效果最好、信誉最佳的综合性国际贸易盛会。以2010年第108届广交会为例，本届展会的展览总面积达113万平方米，展位数量57136个，参展商数量（含境内外企业）共计23599家，到会境外采购商200612人。

广交会的展位分为光地展位和标准展位两种基本形式。近年来，广交会进口展区的标准展位（9㎡）报价一直保持在3万元人民币左右，而光地展位的报价也在3000元人民币/平米的水平。尽管展位价格较其他展会要偏高，但广交会作为一种稀缺资源，其展位长期以来一直供不应求，用“一位难求”来形容绝不过分。据有关报道显示，广交会的展位费原价2万–3万/个，而黑市上展位费的价格平均在6万～7万/个。鉴于广交会的展位非常紧俏，炒卖广交会展位的现象十分普遍，甚至出现了专业转让广交会展位的公司。

2008年，受全球金融危机的影响，大型展会缩水，实力不济的小展会被迫取消，有“中国第一展”美誉的广交会也受到一定的冲击。2008年广交会的一个标准展位的转让价格约为4万元人民币左右，2009年上半年第105届广交会的展位转让价格和2008年持平，没有明显上涨。

然而到了2009年下半年的第106届广交会，随着各国消费者对金融危机的恐慌心理逐步消除，参展企业对经济回暖的信心也逐步增强，广交会展位的转让价格快速反弹，从去年同期展会的4万元涨至8万元左右的水平。

有参展商说，前几年为了能拿到广交会的展位，曾经托朋友想尽办法，以每个近10万元的高价买得。金融危机爆发后，参展商锐减，广交会的展位转让价格也曾一路走低。但到了2009年下半年，各国消费市场的逐步回暖让国内企业看到了希望，都想在年底前通过广交会拿到更多的外贸订单，“一位难求”也就不足为奇。

（以上资料分别摘自：中国进出口商品交易会（广交会）官方网站、金华日报.2009-10-13，作者：周律江、蒋美洋，本文有所删减）

三、折扣定价策略

折扣定价指办展机构给予参展商或招展代埋商的一种价格优惠，旨在促销展位。常见的折扣策略包括统一折扣、差别折扣、特别折扣和位置折扣。

1．统一折扣

所有参展商都适用于一个统一的折扣标准。折扣标准通常按参展商的参展面积大小来制定。参展面积越大，所得到的折扣就越大；当参展面积达到一定的规模时，折扣不再增加。表6-5是某展会的统一折扣标准。

表6-5　某展会的统一折扣标准

展位数	折扣标准
2个标准展位及以下	不予折扣
3～5个标准展位	给予5%的折扣
6～8个标准展位	给予10%的折扣
9～11个标准展位	给予15%的折扣
12个标准展位以上	给予20%的折扣

注：标准展位为3m×3m=9 m²

2．差别折扣

将折扣标准分为几类，针对不同的标准执行不同的价格折扣。例如，按参展商的地区来源不同，分别给予不同的折扣；或者对标准展位和光地展位执行不同的折扣标准等。

差别折扣从整个展会的角度看，各参展商适用的折扣标准是不一样的，而从某个具体折扣标准所覆盖的全部参展商的角度看，它们所适用的折扣标准是一样的，因此，差别折扣不会引起展会价格体系的混乱。

3. 特别折扣

指对那些参展规模巨大、在行业内有较大影响力和知名度的企业给予特别价格优惠。行业知名企业参展对于提升展会的档次和影响力，以及带动其他企业参展具有重要意义，且它们的参展面积一般都较大，为吸引这些企业参展，主办方一般会给予特别价格优惠。

4. 位置折扣

如前面“不同位置，不同价格”中所讲到的，展位处于场馆中的不同位置时，其价值是大有差别的，主办方定价时除了遵循“优地优价”原则，为地理位置优越的展位制定较高价格外，为了避免较差位置的展位无人问津，往往对它们给予较大的价格折扣，以鼓励参展预算有限的客户认购该类展位。

以上是展位销售中最为常见的几种折扣定价策略。需要指出的是，折扣定价策略是主办方促销展位的有效手段，执行得好，确实可以起到锦上添花的效果，但若执行得不好，会造成展会整个价格体系的混乱，对本届展会乃至展会的长远发展十分不利，因此执行价格折扣应注意以下问题：

第一，要严格执行价格折扣标准，杜绝办展机构内部不同招展人员为自己能招揽到更多企业参展而破坏统一的折扣标准；

第二，招展代理商是引起价格体系混乱的重要原因，因此，办展机构应加强对招展代理商的招展价格管理；（关于对招展代理商的管理，详见本书第八章的相关内容）

第三，避免在招展末期低价倾销展位。这种做法不仅严重挫伤了早期预订展位的参展商的积极性，而且变相鼓励参展商对下届展会采取观望态度；

第四，严格控制特别折扣的适用范围。特别折扣仅适用于少数行业知名企业，对于一般企业不适用。

知识链接

执行招展价格时应注意的问题

办展机构应尽量避免在招展过程中出现价格混乱的现象。引起价格混乱的原因很多，有价格折扣制定不科学的原因，也有展位促销策略方面的原因，甚至因招展代理商而引起的价格混乱也屡见不鲜。因此，办展机构须采取有效措施保证招展价格的严格执行。

1. 严格执行价格及价格折扣标准

价格及价格折扣标准一旦确定，所有营销人员都必须严格执行，对于不符合折扣标准的参展商，则不能给予价格折扣。要防止营销人员为能招揽到更多的企业参展而破坏统一的价格折扣标准。对于那些声称不给予较多价格优惠就不参展的企业，办展机构应果断地予以回绝，不能为了吸引部分参展商而破坏整个展会的价格标准，因为这将会引发其他参展商的不满。情况严重时，其他参展商也会要求享受更多的价格折扣，若不被满足，甚至会出现罢展、退展的现象，最终导致客户的流失。

2. 加强对招展代理商的价格管理

办展机构付给招展代理商的佣金一般是根据其销售的展览面积或展位数来确定的。招展代理商为了得到更多的代理佣金，往往不顾主办方制定的价格标准，低价销售展位，从而引发整个招展价格体系的混乱。为了避免这种情况，办展机构要对招展代理商进行严格的管理与监督，杜绝擅自改变价格标准而低价销售展位的行为。主办方对招展代理商在招展过程中应进行定期的沟通与检查，一旦发现违规行为，应严肃处理并取消其代理资格，保证招展价格体系的顺利运行。

3. 避免在招展末期低价倾销展位

从展会长远发展的角度看，随意倾销展位，无论对下届展会的招展，还是对办展机构的形象都会产生非常不利的影响。有些展会的展位销售不尽人意，甚至在即将开幕时还有部分展位没有销售出去，一些办展机构往往会急于回笼资金而不顾价格标准，将展位大幅度降价出售。这种做法不仅严重挫伤了较早报名参展的企业的积极性，还助长了其他参展商的观望情绪。如果持观望态度的企业数量增多，集体施压于办展机构，展会最终不得不降价倾销展位，则办展机构的经济效益就难以保证，这样的展会，其发展前景也会令人堪忧。因此，办展机构在招展之前必须有所准备并能采取有效措施防止此类情况的出现。

4. 严格控制折扣价格的适用范围

位置折扣的适用范围较好控制，因为展会中相对较差的位置一般都是比较明确的，执行起来也比较方便。而差别折扣和特别折扣的适用范围有时较难把握，一旦出现问题就会引起价格体系的混乱。在执行差别折扣时，折扣的标准不宜太多，最好不要超过三个，各种折扣的标准划分要非常明确，不能含糊。在执行特别折扣时，可以将适用该标准的企业名单一一列出，并明确达到多大参展面积才能给予的折扣范围。

（资料来源：会展快讯. 2009（17），作者：黄彬，本文有所删减）

本章小结

定价策略是会展营销组合决策的重要组成部分。会展产品的价格体系一般应包括展位价格、门票价格、广告价格和赞助价格，本章以展位价格为研究对象，讨论办展机构如何为展位定价。

首先，需要综合考虑各种影响因素。通常将影响展位定价的因素分为内部因素和外部因素。前者包括展会的经营策略与定价目标、办展成本、市场发展阶段等因素；后者包括展会的竞争状况、目标客户的需求、展会所依托行业的发展态势等为办展机构自身所不能控制的各种外部力量。

其次，在综合分析各种影响因素的基础上，需要选择恰当的定价方法。常见的展位定价方法包括成本加成定价法、需求导向定价法和竞争导向定价法。在实际应用中，鉴于这三种定价方法各具特色，各有优劣，办展机构常常将三种定价方法综合运用，以各取所长。

再次，在为展位制定了基本价格后，为使报价更具有吸引力，进而更好地促销展位，还需要辅之以灵活的定价策略（又称为定价技巧）。差别定价、声望定价和折扣定价是最为常见的会展定价策略。

最后，需要采取有效措施以保证展位价格的严格执行。例如，严格执行价格及价格折扣标准、加强对招展代理商的价格管理、避免在招展末期低价倾销展位、严格控制折扣价格的适用范围等，防止在招展过程中出现价格混乱的现象。

习　题

一、名词解释

展会的市场发展阶段　　展会的需求价格弹性
定价目标　　差别定价策略
成本加成定价法　　需求导向定价法　　竞争导向定价法

二、简述题

1．常见的会展定价目标有哪些？
2．举办一个展会的成本费用包括哪些方面？

3．简述展会的声望定价策略。
4．对处于不同市场发展阶段的展会，应如何制定展位价格？
5．对于不同需求价格弹性的展会，应如何制定展位价格？
6．执行折扣定价策略应注意哪些问题？

三、论述题

1．影响展位定价的主要因素有哪些？请分别阐述。
2．办展机构应如何根据竞争对手的情况，为本展会的展位定价？
3．差别定价策略包括哪些类型？具体应如何实施？

四、实训题

调研某一展会的价格方案。利用所学知识，分析该展会采用的定价方法与定价策略。结合同类竞争展会的定价情况，指出该展会定价方面是否存在问题，并提出相应的改进建议。

第七章

招展和招商

学习目标

- 理解自行招展和间接招展的特点
- 掌握常见的招展方式
- 了解电话招展的工作流程
- 掌握招展代理的内涵及主要形式
- 理解对招展代理商的选择、管理与激励手段
- 掌握展会招商工作的实施要点
- 能够设计和编写展会招展函

引　言

招展和招商，是关系到展会能否成功举办的至关重要的工作。通俗地讲，招展是组展方对参展商的招徕行为；而招商是对专业观众的招徕和邀请。招展与招商之间的关系密切，两者互为促进，相辅相成。

会展组织者在进行招展（或招商）时有两种选择，即自行招展（或招商）和利用代理商招展（或招商），不管选择哪种形式，其目的都是促进展会的成功举办和可持续发展。本章将详细介绍招展、招商的理论与实务，特别对招展（或招商）的主要方式、招展文件的编制、招展代理商的管理等重点内容进行系统分析与讲解。希望通过本章的学习，使读者了解招展和招商工作的主要内容，理解两者之间的密切关系，掌握常见的招展（或招商）方式，能够编写招展函、参展商手册等重要的招展文件。

引导案例

东莞外博会：企业不花钱拿展台 采购商免费住酒店

“首届广东外商投资企业产品（内销）博览会”（简称外博会）将于6月18日在广东东莞举行。

本届外博会共安排约2500个国际标准展位，来自家电、消费电子、服装鞋帽、玩具礼品等九大行业的广东省外商投资企业，重点展示近万种质优价廉的生活日用消费品。

为减轻企业负担，广东省政府安排专项资金，为参展企业免费提供标准展位。而对于参加采购的重点客商及专业采购商，主办方将为其提供一定标准的免费客房住宿。

本届外博会参展企业的热情之高，也令主办方感到意外。截至目前，全省报名参展企业1147家。“预计报名参展企业还会增加，我们现在要做的是好中选优。”省外经贸厅副厅长吴军说。

“在外博会上，采购商可以采购到许多原本用来出口、只在国外市场销售的优质商品，参展的都是产品质量过硬的广东外资企业。”吴军说，此次展销的产品以质量安全、有竞争优势的终端消费品为主，甚至还将展出比亚迪双模电动汽车。而展会第三天将被设为开放日，让市民观众进馆采购。

主办方介绍，从目前采购商的报名情况看，外商投资企业中的著名零售企业基本都已报名参会。截至5月22日，已有21家大型外资采购商报名参展采购并将设立展位，6家大型外资采购商报名观展采购，39家专业采购商报名观展采购。其中，沃尔玛将派出40名买手、家乐福将派出51名买手、卜蜂莲花派出52名买手参加。预计届时参会的采购商将达5000家。

“我们将为采购商提供尽可能多的优惠待遇。”吴军说，对全球大型零售企业、全国百强连锁企业以及大型批发市场等重点客商，主办方不但免收展位费，而且将为其提供2间3晚免费标准客房住宿。对于此次九大类产品的批发零售企业、贸易商等专业采购商，则免费提供1间2晚标准客房住宿。

附：重点客商的报名及优惠条件

重点客商指全球大型零售企业、全国百强连锁企业以及大型批发市场等采购企业。要求：认领摊位，派采购经理或买手采购，并安排专人在摊位接待厂家；优惠条件：免收标准摊位费、提供2间3晚免费标准客房住宿；办理程序：5月30日前填妥《重点客商参展意向书》，连同公司营业执照复印件一并传真至省外经贸厅或省经贸委（注：外资企业的申请由省外经贸厅受理，内资企业的申请由省经贸委受理）。

（摘自南方日报. 2009-5-26. 作者：吴哲，本文有所删减）

思考：

1. 案例中提到："广东省政府安排专项资金，为参展企业免费提供标准展位"，请问这样做是出于何种考虑？

2. 外博会为什么要为重点客商提供免费客房住宿？

3. 展会的招展和招商两者之间的关系是怎样的？

第一节 招展策略

一、招展形式的选择

办展机构如何将展位销售给目标参展商，有两种选择，即自行招展和间接招展（利用代理商招展）。

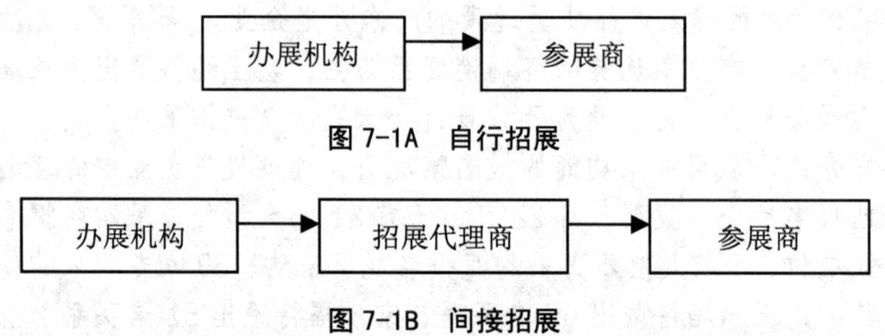

图 7-1A 自行招展

图 7-1B 间接招展

图 7-1A 中，办展机构直接将展位销售给目标参展商，不经过任何中间环节，此种招展形式为自行招展。这样做的优点在于：（1）由于没有中间环节，所以不需要支付中间流通费用，从而有利于降低会展产品的成本；（2）办展机构和参展商直接沟通，更便于了解参展商的需求，同时也避免了在招展价格、展位划位等方面的业务冲突。这种招展形式的缺点在于：（1）只利用办展机构自身的资源进行招展，没有充分调动更广泛的社会资源为本展会的市场开发服务；（2）可能会由于办展机构的招展能力有限，导致潜在的目标市场开发缓慢。

图 7-1B 中，办展机构通过招展代理商将展位销售给参展商，此种招展形式为间接招展。该图中只有一个层级的招展代理商，还有的情况是，由一级招展代理商继续转包展会的招展业务，形成二级代理，甚至三级代理。值得注意的是，代理商的层级越多，办展机构控制营销管理的成本越高，难度越大，因

此，在一个区域内的招展代理商最好不要超过两级。

利用代理商招展的主要优点是：（1）突破办展机构自身的资源限制，广泛地利用社会资源和外部力量，有助于快速地开拓市场；（2）可以使会展组织者从招展工作中解放出来，把更多的精力放在展会的组织和服务方面。这种招展形式的缺点在于：（1）需要支付招展代理商一定的代理佣金，这无疑增加了会展营销成本；（2）办展机构与参展商之间需要通过第三方进行沟通，可能会由于信息交流不畅而带来业务协调方面的冲突；（3）招展代理商一般是独立于办展机构之外且以盈利为目的的经济实体，出于自身利益的考虑，可能会在招展过程中有不当行为，如果监管不力，则会出现虚假承诺、恶意竞争、招展价格体系混乱等问题，直接影响到办展机构和展会的整体形象。

选择哪种形式销售展位，要视具体情况而定，如展会的市场规模、组展方的资源和自身实力，一般来说，如果展会已成功举办了多届，组展方手中积累了大量客户并已建立了完整的客户数据库，且每届展会的参展商中老客户都占一定比例，此时组展方可设置专门的机构和人员，直接加强与客户的沟通与交流，采用自行招展的形式。而如果展会规模很大，目标客户所处的市场区域分散，尤其是海外市场，组展方对海外代理商有较大的依赖性，此情况下往往需要利用招展代理商。

二、常见的招展方式

当前会展招展的主要方式包括直接拜访招展、电话招展、直邮招展、网上招展、其他同类展会招展以及机构合作招展等。

1．直接拜访招展

展会的招展人员通过登门拜访，与目标客户进行面对面的直接沟通。一般来说，直接拜访招展有较为充裕的时间，招展人员可以比较从容、详尽地向客户宣传和推介展会，有利于增强目标客户对展会的了解和认知；同时，可以及时地了解客户对展会的需求状况，在第一时间内解决客户的疑义，便于直接促成其行为反应。更为重要的是，登门拜访招展易于使目标客户感到亲切和受到重视。直接拜访招展的缺点是运行成本较高，有鉴于此，在实际操作中，会展组织者往往针对较为重要的 VIP 客户采取此形式进行招展。

2．电话招展

招展人员通过电话向目标客户推介展会，解答疑问，提供与销售有关的服务。电话招展需要事前妥善规划、沟通过程中抓牢客户心理，达成意向后及时追踪服务，以便获得令人满意的招展效果。电话招展需要把握的要点如下：

（1）事前规划和准备

收集目标参展商的名单是电话招展的第一步。对于连续举办过多届的展会，组织者通常会建立比较完整的客户数据库，该数据库中的企业是电话招展的重点对象。除此之外，招展人员还可以通过购买其他同类展会的会刊或参展商名录，收集对本展会可能感兴趣的客户；留意经常在行业媒体，如专业报纸、杂志、网站上做广告的企业，他们也是展会的潜在客户；此外，还可以通过行业协会（或商会）、政府主管部门、外国驻华机构提供的企业名单收集目标客户信息。

（2）熟悉产品和服务，准备好相应文件

招展人员一定要了解自己的展会的特色和优势；知道目前市场中同类展会的状况；知道自己的展会处于什么样的市场地位，以及在客户心目中的市场形象；知道自己的展会的劣势在哪里，以及如何在电话招展中扬长避短；知道在与客户的沟通中需要提炼哪些内容以吸引客户的注意和对展会的兴趣。

同时，招展人员须做好相应文件的准备，如提前准备好展会的宣传材料、展位图、标准模式的报价单、参展流程表、参展协议等，便于企业有需求的时候即可提供。

（3）沟通过程中把握客户心理

首先，要了解客户。招展电话想要打动客户，关键是要了解客户，了解他需要什么、疑虑什么以及现在所面临的困难是什么，在此基础上有针对性地与其进行交流与沟通。没经验的电话招展人员总是向客户阐述自己的展会如何好、主办单位的规格如何高、政府如何准备搭台唱戏，其实客户真正关心的并不是展会如何好，而是展会如何能让他受益，招展时所要说的内容也该是如此。招展人员要学会将招展信息变成有效的帮助策略，才能真正打动客户。其次，要进行信息跟踪以及深入诱导，这是招展成功的关键。招展人员在电话沟通的过程中可能会得到很多信息，了解到企业对展会的态度、存在的种种疑虑等，据此要进行有针对性地说服和诱导，打消客户心中的顾虑和不安因素，但切勿强行灌输，那样只会令人反感。最后，在招展过程中要对客户真诚，不可急于求成，更不能为招徕客户而对展会做不切实际的吹嘘和夸大。

（4）及时追踪服务

电话招展很少有初次沟通就确定成交的，一般是先把展会的信息传达给目标客户，如果客户有参展意向的话，会索要一些详细资料，招展人员与客户预约下一次通话时间，有必要的话，招展人员需要亲自登门拜访客户，进行更为深入的沟通和磋商，因此必须做好及时的追踪服务，以期尽快达成合作意向，促成客户的参展行为。

3．直邮招展

会展组织者通过收集、整理、筛选潜在客户名单，确定符合条件的客户群，然后将展会的各种招展资料直接邮寄给目标参展商。由于依赖于信息强大的客户数据库，因此直邮也被称为“数据库营销”。

不可否认的是，直邮招展在我国现阶段的发展还面临两个主要瓶颈：其一，直邮招展的反馈率较低，目标客户认同程度也很有限，大部分直邮信函被客户视为垃圾信件而被处理掉；其二，对会展组织者而言，目标参展商规模较大，要邮寄的信函数量众多，这也是一笔不小的开支，且还需要占用一定的人力资源。因此，为数不少的会展组织者认为直邮的营销效果较差，对直邮招展并不十分重视。

有关营销研究机构的调查结果显示，在直邮活动中，近24%的目标客户可能永远接收不到邮件，而16%的目标客户则将邮件直接抛弃。造成这种结果的直接原因，一方面是由于企业组织机构中存在着众多的“过滤者”，如秘书、办公室主任等，层层过滤邮件；另一方面是很多直邮信函没有良好的创意、制作不精良、个性不鲜明、传递过程不科学等，致使邮件到达率不高。因此，为保证直邮招展的效果，首先应尽量找准目标客户群，提高直邮的针对性，避免不必要的资源和人力浪费；其次，对直邮活动要进行科学、合理的策划，对直邮的整体过程进行有效监控，通过及时纠错与调整，以期到达预期的直邮招展效果；第三，会展组织者可以委托专业直邮公司进行直邮招展，利用专业公司在业务及管理方面的优势和经验，可以有效地掌控直邮的程序，提高直邮的准确率与时间效率。

4．网上招展

互联网在展会的信息发布和招展、招商发面发挥着越来越关键的作用。网上招展主要有两种情况：一种情况是主办方建立展会的官方网站，随时将最新的展会信息通过官方网站进行发布，向目标参展商进行招展宣传，同时将网站开发成交互式的电子商务管理系统，参展商可以在网站上办理诸如展商预约登记等各种业务；第二种情况是在国内外同类网站上做链接，如“中国国际机电产品博览会”的主办方与商务部、中国机电进出口商会、中国机械工业联合会等政府部门、行业协会的网站建立互链，多角度、多层面地将展会信息传达给目标展商。

5．其他同类展会招展

其他同类展会上聚集着大量的行业企业，它们很可能也是本展会的目标展商。办展机构在同类展会上设立展位，宣传和推介本展会，与参展企业进行直接的交流沟通，可以有效地促进招展。或者定期派员前往同类展会，购买展会会刊或参展商名录，可以准确收集到潜在参展商的名单，作为本展会招展的重要信息来源。

6. 机构合作招展

会展组织者与相关机构建立业务合作关系，进行展会的招展。相关机构包括行业协会（或商会）、政府主管部门、专业媒体、外国驻华机构等，它们往往以“合作单位”、“支持单位”的名义出现，利用它们在行业内广泛的影响力以及对企业的感召力，组织行业内企业参展。

办展机构必须要处理好与展会题材所在产业的政府主管部门和行业协会的关系，并最好与全国或海外在该产业有较大影响的机构合作建立招展组团代理关系，同时要与该行业各大专业媒体搞好关系。上述关系不仅有利于招展，而且对提高展会的行业影响力，以及形成展会的品牌效应至关重要。

三、招展文件的编制

招展相关的文书包括招展函、展位确认书、参展商手册等。本节重点介绍招展函和参展商手册的编制。

1. 招展函

招展函是办展机构用来推介展会以招揽目标参展商参展的小册子。招展函的主要作用是向目标参展商说明展会的基本情况，并引起他们的参展兴趣。招展函是展位营销的核心资料之一，也是目标参展商了解展会情况的主要信息来源，招展函的编制在招展策划和展位营销工作中占有重要地位。[①]

（1）招展函的主要内容

为了能使目标参展商对展会有足够的了解，并对展会做出基本的判断，招展函介绍展会的内容必须准确而全面。一般来说，招展函包括以下内容：

- 展会的基本内容

包括展会名称和LOGO、展会的举办时间和地点、办展机构名单、办展起因和办展目标、展会特色（用非常简洁的语言高度概括展会特色，如展会的宣传口号，展会主题）、展品范围和价格等。

- 市场状况介绍

结合展会的定位，对展会题材所在行业的状况做简要介绍，如行业生产、销售、进出口及发展趋势等。此外，还要简要介绍办展所在地区及国家的市场状况。

- 展会招商和宣传推广计划

---

① 华谦生. 会展策划与营销. 广东经济出版社, 2004: 178

主要包括展会的招商计划、宣传推广计划、相关活动计划、展会服务项目等。

● 参展办法

主要包括：如何办理参展手续、详细的付款方式、参展申请表和办展机构的联系办法等内容。

● 各种图案

招展函中还应包含一些图片和其他图案，如展馆图、展馆周边地区交通图、往届展会现场图片等。这些图片既可以对展会相关情况做进一步的说明，也起到了美化招展函的作用。

（2）招展函的编制原则

办展机构在编制招展函时，应对其内容、图片和版面做细致的规划和安排。编制招展函应遵循以下四点原则：

第一，全面准确。招展函是参展商了解展会的重要资料，也是他们做出参展决策的主要依据，在办展机构与其目标客户进行沟通和联系时起着重要作用。因此，招展函所包括的内容一定要全面、准确，不能出现差错，同时，要生动、简洁，令人一目了然。

第二，简单实用。招展函的内容要简明、实用，切忌拖沓和繁琐，与招展无关的任何内容均不能出现在招展函上。

第三，美观大方。招展函的版式安排、文字图片等的布局要美观大方，让人赏心悦目。同时，文字的字体要符合人们的阅读习惯。

第四，便于邮寄和携带。招展函一般要通过邮寄或招展人员的携带而传递到目标参展商手中，为此，招展函的制作样式要便于邮寄和携带，否则会给招展工作带来不便，还会增加展会的办展成本。

案例链接

招展函参考范本

prolight+sound
SHANGHAI

2011上海国际专业灯光音响展览会

展出日期： 2011年10月11日–10月14日

开放时间： 10月11日 9:30–17:00　10月12日 9:30–17:00
10月13日 9:30–17:30　10月14日 9:30–15:30

主办单位： 上海国际展览中心有限公司
法兰克福展览（香港）有限公司

协办单位： 中国舞台美术学会
中国录音师协会
中国广播电视协会制作艺术（灯光）工作委员会
上海市照明学会
上海市演出行业协会
上海市文化娱乐行业协会

展出地点： 上海新国际博览中心（浦东龙阳路2345号）

参展费用： 国际区　标准展位：22000元/9平方米　光地展位：1790元/平方米
国内A区　标准展位：16000元/9平方米　光地展位：1400元/平方米
国内B区　标准展位：8800元/9平方米　光地展位：880元/平方米

标准展位（9平方米起订）： 地毯、三面白色展架墙板（每面3米×2.5米）、两盏射灯、一个500W \ 220V电源插座（电量仅供普通办公用品，如电脑、饮水机等使用，展品用电和机器设备除外）、一张问讯桌、两把折椅、一只废纸篓，一条中英文的公司楣板。

光地展位（27平方米起订）： 仅提供场地、展厅照明、公共场所清洁及现场管理与服务。

展品类别： 专业视听设备及技术，专业音响设备及技术，专业灯光设备及技术，激光演示技术及设备，舞台机械设备 \ 装置 \ 系统及技术，舞台特效，LED，公共广播器材，会议系统，相关配件

观众来源： 进出口代理，批发商 \ 零售商，器材租赁公司，专业灯光音响工程设计公司，宾馆 \ 餐厅 \ 酒吧，俱乐部 \ 舞厅 \ 夜总会，影剧院 \ 音乐厅，电台 \ 电视台 \ 影视制作，相关协会 \ 媒体 \ 出版物，演出团体，专业调音师，展览 \ 会议策划，市政建设工程

联系方式： **上海国际展览中心有限公司**
地　址： 上海市娄山关路55号 新虹桥大厦8楼801–804室
邮　编： 200336
联系人： 符海强　汤晔华　郑轶多　杨晶灵　马智斐
电　话： （86）21 62953191　62951399　62951400　62782384　62951402
传　真： （86）21 62780038
E-mail： intexfhq@sh163.net　intextyh@sh163.net

展会网站： **www.prolightsound.com**

prolight+sound
SHANGHAI
2011上海国际专业灯光音响展览会

上海新国际博览中心
龙阳路 2345 号
2011 年 10 月 11-14 日

2010 年上海国际专业灯光音响展览会
特 别 回 顾

2010 上海国际专业灯光音响展览会（Prolight+Sound Shanghai）于 10 月 12 日至 15 日在上海新国际博览中心成功举办，共吸引来自 79 个国家和地区 15,200 名观众参观，海外观众 1,328 名。展商和观众人数创下历史新高，奠定了其在亚洲音响、灯光及娱乐技术领域中的重要地位。

- **展商：** 403 家展商来自 19 个国家，较 09 年增长 17.4%，展出面积 23000 平方米
- **观众：** 来自 79 个国家和地区的 15200 名观众参观了展会，同比去年增长 11%
- **活动：** 全国艺术院团院长论坛、全国音视频技术论坛暨音视频工程商大会、电视演播技术论坛三大主题论坛再续辉煌，新推出的舞美新技术与设备信息交流会及耳机试听会也广受好评
- **评价：**

已连续四年参展的著名德国耳机话筒制造商声海高度评价上海国际专业灯光音响展览会是"一处独特的销售平台，让海内外客户均能在上海汇聚一堂"。该公司大中华区总裁 Marc Vincent 先生赞道："我们十分重视这个在上海举办的专业灯光及音响的展会，其选址有助我们在华东地区取得理想的宣传效果。我感觉到展会观众不断增长，让作为参展商的我们更加感到展会的吸引力。"

来自台湾 IAG 集团 Wharfedale MI & Lighting 分部的高级销售经理 Takashi Yoshida 先生表示，观众对其舞台及建筑灯光产品极感兴趣。他说："很多来自日本、香港、台湾、英国、斯洛伐克、土耳其以及其它国家的分销商及业内人士向我询价，反应比我预期中理想。在展会中取得了如此良好的成绩，我们希望明年能订到更大的展位，让我们的音响系统得以演示。"

来自德国的 MA Lighting International GmbH 在英国、美国、阿联酋、阿根廷以及新加坡均设有分公司，其总裁 Michael Althaus 先生在展会上成功跟中国分销商及重点买家取得联系。他兴奋地说："中国参展商的质量之高、展会专业性之强的确让我惊讶！"

欧洲采购团成员之一的英国 Northern Stage 公司生产经理 Chris Slater 先生指出："参观完展会的各个部分后，我发现这是一个很成功的展会。目前我已经跟几家有潜力的供应商洽谈，并看到展出的 LED 技术远比英国的先进。"

更多展会资讯，请登录：www.prolightsound.com

（资料来源：2010 上海国际专业灯光音响展览会招展函）

2．参展商手册

参展商手册是办展机构将筹展、布展、展览以及撤展各阶段参展商应注意的主要问题汇编成册，以方便参展商进行参展准备的小册子。编制参展商手册是展会筹备过程中的一项重要工作。

（1）参展商手册的主要内容①

从某种意义上讲，参展商手册既是帮助参展商进行参展筹备的纲领性文件，也是办展机构对展会布展、展览和撤展等各环节进行有效管理的指导性文件，参展商手册所包含的内容涉及举办展会的各个环节。参展商手册的主要内容包括以下方面：

● 前言

主要是对参展商参加本展会表示欢迎，说明本手册编制的原则和目的，提醒参展商在筹展、布展、展览和撤展等环节要自觉遵守本手册的相关规定等。前言一般都很简短，言简意赅。

● 展览场地基本情况

包括展馆及展区平面图、展馆周边的交通图、展览场地的基本技术数据等。绘制展馆及展区平面图时，要注意标明展馆各种服务设施所在的位置、展区和展位划分的详细情况、展馆内部通道和出入口等；在绘制展馆周边的交通图时，要注意标明展馆在该城市的具体位置、到展馆可以利用的各种主要交通工具和交通路线、各指定接待酒店在该城市的具体位置等；对于该展览场地的基本技术数据，要清楚准确地列出地面承重、馆内通风条件、货运电梯容积容量、展馆室内空间高度、展馆入口高度和宽度、展馆的水电供应状况等。展览场地基本情况的介绍对于帮助参展商准确地找到展馆和自己的展位，进而进行展位搭装和布展有着很好的指引作用。

● 展会的基本信息

包括展会的名称、举办地点、展览时间、办展机构、展会指定承建商、指定运输代理、指定旅游代理、指定接待酒店等。特别注意对于办展时间，必须具体列明展会的布展时间、开幕时间、对专业观众和普通大众开放的时间、撤展时间、布展撤展加班时间等，对以上时间尽量精确到小时。此外，要具体列明各办展机构、展会指定承建商、指定运输代理、指定旅游代理、指定接待酒店等的详细联系地址、联系人、联系电话、电子邮箱等，以便参展商在需要的时候方便联系各有关人员。

① 此内容摘自：华谦生. 会展策划与营销. 广东经济出版社, 2004: 122-123

- 展会规则

即对参展商提出参展所必须遵守的一些规章制度，包括：展会有关证件使用和管理的规定、展会现场安保的规定、展位清洁的规定、物品存放的规定、现场使用水电的注意事项、现场展品销售的规定、消防规定、知识产权保护规定、现场展品演示的注意事项等。

- 展位搭装指南

即对参展商顺利、安全地搭装展位和布展所做出的指导和说明，包括标准展位说明和空地展位搭装说明。鉴于标准展位的基本结构和配置都是一样的，所以标准展位说明主要是对展位的标准配置作出说明，列明参展商使用标准展位的注意事项，提出如需增加非标准配置以外的其他配置的处理办法等。空地展位搭装说明主要是对参展商搭建空地展位做出一些规定和要求，如使用材料的要求、动火作业的规定、消防安全的规定和铺设电线的规定等。

- 展品运输指南

即对参展商及时安排展品等物品的运输所做出的指导和说明，主要包括海外运输指南和国内运输指南等。不管是海外还是国内运输指南，都要对展品等的运输方式和运输线路、各种货品的交运和文件提交的期限、货运文件的准备和交付、收费标准、包装、海关报关、回程运输、可供选择的自选服务等作出具体说明。

- 会展旅游信息

即对解决参展商参展期间的交通、吃、住、行、旅游等需要而做出的说明。一般应详细列出各指定接待酒店的档次、协议优惠价格、地址、联系电话和传真以及联系人、与展馆的距离等，列出海外观众和参展商入境的签证办法、会展期间及前后可供选择的商务考察和观光休闲旅游的线路和安排等。

- 相关表格

即参展商在筹展和布展过程中需要使用的各种表格，如贵宾买家服务表、聘请临时服务人员申请表、额外工作证和邀请卡申请表、研讨会和技术交流会申请表、刊登会刊广告申请表等。

案例链接

参展商手册的封面与目录参考范本

2011 中国（北京）国际涂料博览会

www.coatshow.cn

2011 中国（北京）国际涂料博览会

参展商手册

北京涂博国际展览有限公司

二〇一〇年

www.coatshow.cn

1

目 录

（资料来源：2011 中国国际涂料博览会参展商手册）

（2）参展商手册的编制原则

参展商手册编写好后就可以印刷成册了，在展会开幕前的适当时间内寄给参展商，也可以将其发布在展会的官方网站上供参展商阅览和下载。办展机构在编制参展商手册时，应注意以下六点原则：

第一，实用有效。参展商手册所包含的内容应对参展商进行筹展、布展、展览和撤展有较大的指导作用，参展商在得到该手册后，就可以按照手册指引筹备参展的各项工作，因此该手册必须实用、有效。

第二，简洁明了。参展商手册对各方面内容的说明和叙述必须简洁明了、准确具体，同时不能使人产生歧义。否则，在参展各环节的具体执行中就会引起争议，既不利于参展商展出，也不利于办展机构对展会现场进行管理。

第三，详细全面。参展商手册的各项内容要尽量详细，以便对参展商筹展给予有效的指导。例如，对布展和撤展加班时间的规定应该具体到小时，对各种表格的返回期限的规定要具体到日等。再如，对展馆入口的高度和宽度、对展馆的地面承重能力、对消防的注意事项等，均须一一列明，不能有所遗漏。

第四，制作精美。参展商手册的排版和制作要美观大方，印刷精美，用纸考究。参展商手册的制作与展会的档次和品牌形象要相符，不能给人以不好的联想。

第五，专业。参展商手册的遣词造句要符合行业习惯和规范，所涉及的术语要专业，内容的编排要符合参展商的筹展程序，应避免让参展商翻来覆去地寻找自己需要了解的内容。

第六，国际化。对于国际化展会，参展商手册的内容编排和制作要尽量符合国际参展商的要求，除中文文本外还要有外文的文本。外文文本的翻译一定要准确，因为海外参展商就是根据该手册筹备各项参展事宜的，如果翻译不准确，将会给他们带来极大的不便。

第二节　招展代理商

办展机构除了自行招展外，还可以借用外部力量，即利用招展代理商来做大、做活招展业务，以此增加招展的业务网络，扩大业务规模，提高经济效益。对招展代理商的管理包括对其的选择、管理和激励，代理佣金水平的制定以及对招展地区与权限的规定等内容。

一、招展代理的内涵及主要形式

1. 招展代理的含义

招展代理，是指代理商与会展组织方签订合同，在组展方规定的权限范围内代理招展，并按照实际销售的展位数量或金额提取相应比例的代理佣金。

招展代理有显性代理和隐性代理之分。显性代理一般指专门从事展会的销售代理业务，或在经营其他主营业务的同时从事展会的销售代理业务的公司。办展机构与显性代理商通过签订正式的代理合同，明确双方的权利义务关系，确保招展工作有序进行。隐性代理指那些拥有客户资源又不便于签订正式代理合同的招展机构，它们往往以“合作单位”、“支持单位”的名义出现，帮助办展机构招展。政府机构、行业协会、媒体、外国驻华商务机构（或贸易代表处），甚至个人，都可以做隐性代理。办展机构通常以口头许诺的方式委托它们招展，并给予相应比例的佣金，佣金一般也会以隐性的形式支付。

2. 招展代理的主要形式

一般来讲，展会的招展代理包括独家代理、排他代理、一般代理和承包代理四种形式。

（1）独家代理

独家代理指在一定时期内，办展机构将某一地区的招展权指定给一个代理商独家负责，在该地区不再有其他代理商为本项目招展，本办展机构也不得在该地区招展。对独家代理商而言，本地区负责展会招展业务的机构仅此一家，没有竞争对手，因此可获得较多的市场机会和较大的盈利空间。

（2）排他代理

排他代理指办展机构将一定时期内某一地区的招展权赋予一家代理商，该地区内不再有其他代理商为本项目招展，但本办展机构可在该地区招展。换言之，除了办展机构授权的一家代理商可以在该地区招展外，办展机构自身也可以在该地区招展。

（3）一般代理

一般代理指办展机构在同一地区同时委托几家代理商作为本项目的招展代理，本办展机构也可在该地区招展。选择一般代理的形式进行招展时，必须明确各代理商的招展权限，且代理条件必须统一、明确。

（4）承包代理

承包代理指代理商从办展机构手中承包一定数量的展位，不论能否完成约定的展位销售数量，代理商都应按约定的展位费付给办展机构，这是一种包销展位的代理形式。

与前三种代理形式相比，承包代理商面临的风险最大。为了保障承包代理商的利益，办展机构通常会以高于其他形式的代理佣金或价格折扣将展位分包给承包代理商。

在上述四种代理形式中，独家代理和排他代理由于办展机构只与一家代理商合作，与代理商之间易建立相互信任的合作关系；同时，由于一定市场区域内只有一家代理商负责本展会的销售，避免了多家代理商争夺目标客户而带来的市场混乱，因此这两种代理形式对代理商是比较理想的。但是，采取这两种代理形式，办展机构对代理商的依赖度较高，一旦在招展工作中出现问题将会给展会带来巨大的损失。因此，选择这两种代理形式时，必须加强对代理商的资质和招展能力的审查，严格甄选代理商。

如果说独家代理和排他代理重在选择代理商的话，则一般代理的工作重点应放在对代理商的管理上。采取一般代理形式，由于在同一市场区域存在着多家代理商销售展位，争夺目标参展商，可能会造成无序竞争；如果不同的代理商为争取客户而在招展价格或服务方面做出不一致的承诺，还可能进一步损害办展机构和展会的信誉。此外，这种代理形式在一定程度上增加了办展机构的管理难度。有鉴于此，办展机构应控制一般代理商的数量，同时应加强对代理商的监管。

二、招展代理商的选择

在展位销售过程中，招展代理商处于毋庸置疑的中坚地位，其他渠道虽然在招展过程中也发挥重要作用，但是其稳定性和工作的努力程度通常逊色于招展代理商。因此，办展机构能否建立一支稳定、高效的代理商队伍，是决定招展工作能否顺利完成的关键环节。

办展机构选择招展代理商时，需要综合考虑多种因素。首先，要保证代理商的资质可靠，因为只有可靠的代理商才能切实地履行招展职责；其次，代理商的业务覆盖区域应与会展项目所要达到的目标市场相吻合，同时，代理商应熟悉展会题材所涉及的行业，且在该行业领域内具有业务优势；再次，代理商应有较强的招展能力，其以往的招展业绩良好；最后，招展代理商还应具备一定的营销管理水平和营销能力。

对于不同性质的招展代理商，办展机构考察的侧重点会有所不同。如前所述，除了招展公司外，行业协会（或商会）、相关媒体、外国驻华商务机构或贸易代表处，都可能成为招展代理。为保证招展代理的资质可靠，必须对其进行考察，只有符合条件的机构和个人才能成为招展代理。

对于从事代理招展的公司，主要考察其以往的代理业绩、其所熟悉的行业和业务范围、业务覆盖区域、营业执照（包括发证单位和有效期等）、人员数量、业务规模，办公地点、负责人等；

对于协会或商会，主要考察其成立的时间、覆盖的地域、会员数量、对行业内企业的感召力以及批准成立的单位等；

对于相关媒体，主要考察其发行量、覆盖范围、在行业内的权威性和影响力等；

对于个人代理，需要重点考察其可靠性和信誉度，包括其身份、履历经历、业务能力、社会关系以及个人信誉；

对于国外代理，主要考察其以往的代理业绩、公司注册证件、个人有效证件、机构实力等，必要时还可通过我国驻国外商务处、贸易代表处和公司协助了解。

相关链接

“四标准”选择国外招展代理商

如何组织到尽可能多的境外参展商来华参展，提高展会的品牌效应，是成功举办一个国际展的关键。而有效选择招展代理商，又成为实现这一良好愿望的重要因素。一个好的海外招展代理商，至少应具有以下四个条件：

首先，代理商应有一定的客户基础。代理商是否掌握与展会主题相关的参展商客户，是他能否胜任招展工作的基础。在国外，能满足这一条件的机构主要有相关行业协会、地区商会等，此外专业展览公司、广告公司等也可供选择，尤其是一些在境外举办过相同题材展会的机构（企业），更应是首选对象。

其次，要熟悉展会各项工作的运作。代理商在其代理的范围（地域）内代表主办者形象与客户接触，而每一个参展商也会对即将参加的展会进行评估，对参展的费用、程序、展览服务等各方面提出各种各样的问题和疑问，这一切都需要代理商进行详细的解答。如果代理商不熟悉展会运作流程，或者没有这方面的工作技能，是不能给予客户满意解答的，也就不能很好地完成招展工作。

第三，选择信誉良好的机构。良好的商业信誉是经济伙伴之间合作成功的基础。如果对方信誉好，则合作较易顺利进行。否则容易产生经济纠纷，影响合作关系。因此，要通过各种渠道，既要深入了解代理商的代理能力，又要了解其资质信誉情况。对于某些国家的代理商，还要了解其代理资格（如果某些国家对代理资格有要求），经过对比，择优取舍。

第四，选择办展理念相近的合作者。由于国内外的社会状况、企业特点、经济环境、个人价值观等方面都有不少差异，因此，在选择代理商时应尽量选择能够互相理解，最好是能接受我方办展理念、工作方法及要求的合作者。除此之外，还要看对方是否有利益要求，不管这种要求是出于政治性，还是出于经济利益驱动。如果某个代理商对代理工作没有利益追求，它就不会积极主动地去做好这项工作，这一因素也会直接影响到招展成效。

在完成代理商的选择后，合作双方应签署一份合作协议，通过法律和经济手段确立双方合作的合法性，明确双方的“责、权、利”，以利于代理招展工作的顺利进行。

（资料来源：新华网，2003-03-07，作者：郑子华）

三、招展代理商的管理

1．代理商的权利与责任

办展机构必须明确招展代理商的权利与责任，只有权利与责任明确了，招展代理工作才能更好地展开。

（1）招展代理商的权利

- 按代理合同的约定收取佣金；
- 从办展机构处获取招展必需的完整资料；
- 按代理合同享受办展机构对展会的宣传与推广支持；
- 在规定的时间内预订的展位能得到保证。

（2）招展代理商的责任

- 按代理合同约定的代理形式和条件履行职责，依法经营；
- 有责任对所代理的会展项目进行宣传与推广；
- 定期向办展机构相关负责人汇报招展情况；
- 对办展机构划定的展位不得有异议；
- 维护办展机构和展会的声誉和形象；
- 按办展机构规定的价格（或价格范围）招展，按时收取和缴纳参展款（含定金）；
- 不得对办展机构制定的参展条件做私自改动；
- 必须协助办展机构做好参展商的服务工作。

明确了代理商的权利和责任后，双方还应签订代理协议，以法律手段保障代理商的权利，同时约束代理商的行为。以下是招展代理协议的范本，供读者参考。

案例链接

招展代理协议书参考范本

甲　　方：　　　　　　　　　　乙　　方：

代表签字：　　　　　　　　　　代表签字：

经甲乙双方友好协商，本着平等、诚信、互利的原则，就甲方授权乙方代理××展的招展事宜达成以下协议：

一、合作说明

1. ××展由××部委和×××部委联合主办，由甲方承办，将于2011年×月×日至×日在××市举行。

2. 展会的主场地安排在××展馆。由甲方统一协调、统一管理、统一分配，具体内容请按照甲方制定《展馆使用管理规定》实施。

3. 展会日程：

布展时间：2011年×月×日—2011年×月×日

展览时间：2011年×月×日—2011年×月×日

撤展时间：2011年×月×日—2011年×月×日

二、招展代理

1. 本协议所称的招展代理，是指由甲方授权国内外有实力的中介组织或个人作为××展的招展代理（乙方），并签订招展代理合同，授权乙方在约定的范围内召集参展商。

2. 本协议所指的完成招展任务，是指由乙方招集的、签订了参展合同并交纳了参展费用的参展商，申请使用的展馆实用面积总和达到或超过乙方约定承担招展的展馆实用面积的情况。参展费用包括展馆租赁费用和配套服务的费用。

三、代理商必须具备的资格条件

1. 具有独立承担民事法律责任的境内外法人、其他组织；

2. 具有履约能力；

3. 在中介服务领域具有较高知名度和良好的业绩，有广泛的联系渠道及客户基础；

4. 熟悉对内、对外招展的运作及相关法律、法规和政策的规定；

5. 其他由甲方规定应具备的条件。

四、甲方权利与义务

1. 甲方同意授权乙方代理（　　）展区光地面积和标准展位面积（　　）

平方米的招展及相关联络工作。

2. 甲方负责按总体方案和实际需求统一展馆展位划分与分配。为保证展馆的总体协调性，甲方保留调整展位的最终权利。

3. 甲方在乙方完成约定招展任务后按照约定支付乙方代理费用。

4. 甲方负责乙方所邀请的参展商在展会期间的统一管理。

五、乙方权利与义务：

1. 乙方负责代理（　　）展区的全面招展及相关联络工作，并且承诺在2011年×月×日以前完成招展任务。

2. 乙方向甲方提供招展计划书，在招展时提供进度情况表，便于甲方能实时掌握招展进度情况。

3. 乙方在招展过程中须统一执行甲方制定的“××展项目价格”，未经甲方许可，乙方不得擅自改变统一的项目价格。

4. 乙方应对其邀请的各参展商说明和要求需向甲方缴纳的相关费用，具体价格请参照“××展项目价格”的有关规定。进入交易平台的参展商，需按规定程序与甲方签订交易合同。

5. 乙方应对其邀请的各参展商说明和要求在展会期间（包括布展期和撤展期）的场馆使用及配套服务，必须遵守甲方统一制定的《展览现场及施工管理的若干规定》、《关于物业管理及安全保卫的规定》、《关于消防安全管理规定》等规定，并由甲方统一协调管理。

6. 乙方协助甲方在展会期间对乙方所邀请的参展商进行统一服务与管理。

7. 乙方须按甲方指定的目标参展商完成招展任务，目标参展商在本协议的附件中具体约定，附件与本协议具有同等的法律效力。

8、乙方保证所邀请的参展商展出展品与技术的合法性，保证其不存在任何知识产权纠纷问题，并保证所有提交资料的真实、准确、合法。

9. 乙方有义务维护甲方的形象，不得从事有损甲方及××展形象的行为。

10. 乙方在完成招展任务后有权取得约定的代理费用。

11. 乙方有义务协助甲方解决在招展过程中发生的各种纠纷。

12. 乙方需在本合同生效后五个工作日内向甲方交纳代理保证金（　　）万元，乙方完成招展任务后，甲方在展会结束之后五个工作日内返还代理保证金。该代理保证金的金额为测算代理费用的（　　）%。如果乙方没有完成招展任务，将不予返还代理保证金。

六、代理费用的支付办法

1. 乙方所招集的展位总和低于50个标准展位的(包含50个)，代理费用为展位租赁费用已进款额的15%；超过50个标准展位的，代理费用为展位租赁费用已进款额的20%。

2. 乙方在完成招展任务后可以从展位租赁费用已进款额中提取相应的代理费用。

七、违约责任：

甲乙双方均应正当行使权利，履行义务，保证本协议的顺利履行。任何一方未能履行本协议时，均应向对方承担违约赔偿责任。

八、争议处理

在甲乙双方履行本协议过程中如果发生争议，首先应当友好协商解决；协商不成，任何一方均可将该争议提交××仲裁委员会仲裁。

九、其他条款

1. 本协议自双方签署盖章之日起生效，至2011年×月×日结束。如需继续合作，则由甲乙双方另行协商。

2. 本协议一式两份，甲乙双方各执一份。

3. 本协议未尽之事宜，甲乙双方可另行协商并签订补充协议约定。

甲方：	乙方：
地址：	地址：
电话：	电话：
代表人签字（签章）：	代表人签字（签章）
签约日期：　年　月　日	签约日期：　年　月　日

2. 代理佣金的制定

办展机构支付给代理商的佣金，要根据代理的形式、代理期限的长短、代理商的业绩水平等来综合确定。需要注意的是，支付给代理商的代理佣金，应该与允许代理商给予参展商的价格折扣分开，给予参展商的价格折扣由办展机构决定，以免引起招展价格体系的混乱。

独家代理、排他代理和一般代理的代理佣金，通常按办展机构实际收到的、由该代理商招徕的参展商所交纳的参展费总额的15%～20%的比例提取；承包代理的佣金应该高一些，如25%或更高。为鼓励代理商的招展积极性，给代理商的佣金可以采取累进折扣制，即按照代理商销售展位数量或金额设置不同的佣金比例，销售展位数量或金额越高，计提佣金的比例越高。

代理佣金支付的时间和方法，根据具体情况可分为以下三种：第一种情况是定期结算、定期支付，按季度或月度结付，以实际进入办展机构账户的展位费计提一定比例的代理佣金；第二种情况是逐笔结算、汇总支付，代理商每促成一笔交易，该笔展位费到账后即与之结算，但到规定的时间才支付；第三种情况是逐笔结算、逐笔支付，代理商每促成一笔交易，该笔展位费到账后即与之结算，并支付本笔交易的代理佣金。

另外，无论采取何种结算支付形式，都必须规定由此引起的营业税和个人所得税扣缴办法。

3．招展价格的管理

代理商是引起招展价格体系混乱的主要原因。代理商一般是独立于办展机构之外的、以盈利为目的的经济实体，通过销售展位赚取一定比例的代理佣金。办展机构付给招展代理商的佣金一般是根据其销售的展览面积或展位数来确定的。招展代理商为了得到更多的代理佣金，往往不顾主办方制定的价格标准，低价销售展位，从而引发整个招展价格体系的混乱。

例如，办展机构为了有效地激励代理商多销展位，通常在代理佣金的制定上采用累进佣金制，如代理商销售 50 个标准展位以下时，按照 15%的比例计提佣金；销售 50 个标准展位或以上时，佣金比例提高到 20%。如果代理商已完成了 45 个展位，为了获得更高的佣金比例，对于剩下的 5 个展位，可能会擅自给予较大的价格折扣，甚至更有甚者，对于未完成的极少量展位，采取免费赠送的方式，以凑够展位数。此做法破坏了整个展会的价格标准，将会引发其他参展商的不满。情况严重时，其他参展商也会要求享受同样的价格折扣，若不被满足，甚至会出现罢展、退展的现象，严重影响到办展机构和展会的整体形象。

为了避免这种情况，办展机构要对招展代理商进行严格的管理与监督，杜绝擅自改变价格标准而低价销售展位的行为。办展机构对代理商在整个招展过程中应进行定期的沟通与检查，一旦发现违规行为，应严肃处理并取消其代理资格，保证招展价格体系的顺利运行。

4．代理风险的防范

办展机构选择代理招展的形式销售展位，必须对由招展代理商而引起的各种代理风险进行评估和预判，同时采取有效的措施加以防范。一般来说，由招展代理商引起的风险包括以下四种情况。

（1）多头对外的风险

办展机构选择一般代理的形式时，同一市场区域内同时有多家代理商进行招展工作，即使是独家代理或排他代理的形式，也不排除一些代理商为更多地招揽客户而突破授权范围，进行跨区域招展。当多家代理商争夺有限的客户资源时，很有可能会出现恶意竞争、虚假承诺、擅自打折等诸多问题，直接影响到办展机构和展会的形象和声誉。

（2）招展价格混乱的风险

如前所述，招展代理商为了多销展位以获取更多的代理佣金，采用压低展位报价或者擅自打折等方式，引起招展价格体系的混乱，招致其他参展商的不满，破坏展会的统一价格标准。

（3）资金管理的风险

一般情况下，代理商不负责客户参展费的收缴。大多数代理协议明确规定，代理商发展的客户需要把参展费汇入办展机构指定的银行账户，待参展费到账后再与代理商结算代理佣金。但在实际运作中也有这样的情况，即由代理商代为收取客户的参展费，并在约定的时间内将参展费扣除一定比例的代理佣金后汇给办展机构。在此种结算方式中，办展机构面临一定的资金管理风险，即不法代理商代收参展费后卷款潜逃。尽管上述情况属极个别行为，但办展机构与代理商约定参展费管理方式时，务必谨慎行事，以防范风险。

（4）展位分配混乱的风险

参展商都希望获得优越的展位位置，以实现更好的展出效果。代理商为了争取到更多的客户，可能会许诺参展商在展位划位中与主办方通融，并承诺给予其位置优越的展位。而事实是，展位的紧张可能导致代理商最终无法实现这种承诺，从而带来展位划位方面的纠纷。出现此种情况时，参展商会迁怒于主办方，如处理不好则可能造成客户的流失。

以上各种代理风险中，不管是恶意竞争、承诺无法兑现，还是招展价格混乱、展位分配纠纷，尽管是由招展代理商引起，但受伤害最大的还是办展机构和展会的整体形象。为此，应加大对招展代理商的监督与管理，设法防范和降低各种代理风险。首先，严格甄选代理商，从资质、业务能力、信誉、以往的代理业绩等方面综合考虑，选择合格的招展代理商；其次，根据展会的具体情况选择适宜的招展代理形式，控制代理商数量，防止无序竞争；再次，明确招展代理商的权利与责任，以招展代理合同的形式严格约束代理商的行为；最后，加强对代理商的管理与监督，在招展的整个过程中进行定期的沟通与检查，一旦发现违规行为，应严肃处理并取消其代理资格。

例如，第 106 届广交会在进口展区的招展事宜通告中就明确指出，某一地区或某一行业原则上不超过一个代理，招展代理一律限于一级代理，不得以任何方式转包代理。主办方将根据各代理机构的招展能力，合理划分各自的招展市场和展品范围。进口展区的代理招展期限仅限于第 106 届。今后的代理合作，将视本届的代理情况再行考虑。

四、对代理商的协助与激励

招展代理商是帮助办展机构进行展位销售的营销中介机构，他们的工作效率直接影响到会展营销的效果与效益。办展机构应本着“双赢”原则，采取切实措施，为招展代理商提供业务协助和支持，同时进行有效激励。

1．提供招展必需的完备资料

办展机构为代理商提供招展所需的完备资料，包括展会介绍资料、招展函、参展商手册、展位预定及付款通知书等全套招展文件，以便其能够更好地进行招展工作。同时，应注意提供文件的规范化和标准化，保证不同的代理商招展工作步调统一和口径一致。

2．对展会进行全方位的宣传与推广

要想取得理想的招展效果，宣传与推广工作是必不可少的。为了配合代理商的招展工作，办展机构应对展会进行全方位的宣传与推广，通过多种传播媒体，利用多样化的宣传与推广手段，不断提升展会的知名度和品牌形象，从而为代理商进行招展工作打好基础，铺平道路。因此，加强对展会的宣传与推广力度，不仅是展会品牌建设的需要，也是办展机构为招展代理商提供的重要协助与支持。展会宣传与推广的力度越大，越有利于代理商招展工作的开展。

3．协助代理商做好人员培训

招展是一项专业性较高的工作。招展人员不仅要具备销售方面的知识和技能，而且要掌握相关的会展专业知识，特别是对所服务的展会应有全面深入的了解，包括该展会的行业背景、运作流程、特色与亮点、目标客户的需求特点等。上述内容对于办展机构内部的营销人员可能并不陌生，但对于招展代理商的销售人员未必系统掌握。因此，办展机构应针对代理商的工作需要提供必要的人员协助，或者协助代理商做好内部招展人员的培训工作，不断提高招展人员的素质和业务技能，为代理商招展工作的顺利开展创造条件。

4．必要时提供营销指导

对于初次合作的代理商，因其对本展会的招展工作还不熟悉，尚未形成稳定、成熟的招展工作秩序，办展机构可以为其提供营销指导，包括制定具体的招展计划、规划高效的招展流程、组建招展团队、培训招展人员等，通过专业的营销指导，协助代理商更好地进行招展工作。

5．制定累进佣金制，激励代理商多销展位

办展机构除了对招展代理商的工作给予支持和协助外，还要对其进行必要的激励。其中，制定累进佣金制是激励招展代理商多销展位的有效做法。如前所述，累进佣金制是按照代理商销售展位的数量或金额设置不同的佣金比例，销售展位数量或金额越多，计提佣金的比例就越高，以此激励代理商为得到更多的代理佣金而多销展位。但是，累进佣金制在实际执行过程中，可能会出现一些制度性风险，对此办展机构应有所防范。

6. 转变代理形式，或与代理商建立长期代理关系

如果说累进佣金制是对代理商的物质激励的话，则转变代理形式更多地体现为一种精神激励。对于那些严格执行代理合同、招展业绩突出的代理商，办展机构除了提出口头或书面表扬外，还可以通过转变代理形式的做法表达对其工作的认可，如由一般代理商升级为排他代理商或独家代理商，或者与代理商建立长期的合作关系，使代理商切实感受到办展机构对其的充分肯定与信任，激励代理商更好地开展以后的招展工作。

第三节　招商策略

对于展会（尤其是专业展会）而言，专业观众的邀请是展会成功的关键环节。招商即是办展机构为展会组织和招募专业观众的过程，其中，专业观众指从事展会上所展示的某类展品或服务的设计、开发、生产、销售或服务的专业人士。邀请到尽量多的高质量专业观众到会参观，是办展机构为参展商提供的最好服务。

一、了解目标观众的需求

成功的会展组织者首先要清楚的就是“展商想见到怎样的观众，同时观众希望看到何种展商”，这是专业观众组织工作的前提条件，也是明确展会主题确保展会质量的一个至关重要因素。

如何组织高质量的专业观众？需要从了解观众的需求出发。对办展机构而言，需要了解目标观众的如下需求：

- 参观目的：收集信息、寻找代理、寻找新货源、订货或其他；
- 参观兴趣：全部产品、特定产品、新产品、零配件；
- 了解展会的信息渠道：新闻报道、广告、内部刊物、直邮信函、展会官方网站等；
- 其在公司采购过程中起到的作用：决策、参与、建议、不参与；
- 对展会的感受：时间、地点、宣传、现场服务、展商等；
- 被展台吸引的原因：展台设计、展品、现场演示、资料或其他；
- 是否参观过其他同类展览会？

● 有哪些尚未满足的观展需求？

● 对本展会的意见与建议等。

对于展会的所有现实或潜在的专业观众，应对其需求进行及时、全面的调查，在此基础上分析专业观众的行业分布、基本数量、需求特征及变化趋势，同时，特别注意对专业观众的意见反馈，为制定“一对一”的个性化营销方案提供参考依据。

对专业观众的需求调查，可采用多种调查方法与手段，如电话调查、展会现场访问调查、邮寄问卷调查、网上调查、焦点小组访谈法、展会现场观察法等。关于调查方法与技术，本书第三章有详细讲解，请读者参考学习。

二、建立目标观众数据库

如同招展需要建立目标参展商数据库一样，招商也是建立在完整而实用的目标观众数据库基础之上的。一个好的目标观众数据库是进行展会招商策划和制定展会宣传推广方案的重要依据，也是制作展会通讯和观众邀请函的基础。一般来说，展会的目标观众范围要比目标参展商的范围广，其涉及的行业也更多。办展机构进行招商时，不能把目标观众的范围仅仅局限在展会题材所在的行业，还要考虑其相关产品的各种用户所在的行业。

1．收集目标观众信息

建立观众数据库的基础性工作是收集目标观众的信息。当前专业展已成为展会发展的必然趋势，其结果是产品的目标市场越来越明确，客户定位越来越清晰，在此前提下，收集目标观众信息并不是一件很困难的工作。对于办展机构而言，一般可通过以下渠道来收集目标观众的信息：

● 通过行业企业名录收集。

● 通过同业商会（或协会）收集。各行业都有商（协）会，其下有大量的会员单位，通过与同业商会（或协会）的合作，可以获得其会员单位的基本信息。

● 通过政府主管部门收集。

● 通过专业报刊收集。

● 在同类展会上收集。同类展会上聚集着大量该行业领域的专业观众，他们也可以成为本展会的目标观众。

● 通过外国驻华机构收集。

● 通过各种专业网站收集。

● 通过各地的电话黄页收集。

以上是办展机构收集专业观众信息的主要途径。需要注意的是，收集目标观众的信息，除了要收集他们的名称、地址、联系电话、E-mail 和网址等基本信息外，还要注意收集他们的产品需求倾向。

除了上述信息收集渠道外，目前展会收集专业观众信息还有一个既常规又十分有效的做法，即在展会现场设立观众登记处，由观众填写信息登记表和收集名片。对专业观众登记信息表，办展机构将会在展会结束后进行分类整理，全部保存在观众数据库中，并由专人进行管理。观众登记信息表中，除了记录每位观众的姓名、职务、所属的行业与地区、联系方式等基本信息外，还有公司信息，如公司规模、成立年份、经营业务、经营性质、市场区域等，以及观众的参观要求、兴趣范围等信息。

2．建立目标观众数据库

在完成了前述目标观众的信息采集后，紧随其后的就是数据存储和数据处理两项工作。其中，数据存储指办展机构的招商部门将收集到的数据以目标观众为基本单元，逐一输入电脑中，建立目标观众数据库。数据处理指利用先进的统计技术和强有力的软件支持，分类存储所有收集和整理后的数据信息，并且可以按照多种分类进行查询。

目标观众数据库是观众组织的基础，也是办展机构宝贵的资产。建立目标观众数据库应遵循以下原则：

- 该数据库中要有一定的数据量；
- 目标观众的数据必须真实可靠，如有变动应能及时修改、更新；
- 数据的分类应科学、合理，同时便于查找和检索；
- 数据库的用户界面要友好、简洁、一目了然；
- 数据库要适合在局域网上使用，支持多用户同时使用；
- 对数据库的修改要有一定的权限限制。

3．进行数据库营销

所谓数据库营销，指企业通过收集和积累客户信息，经过分析筛选后，针对性地使用电子邮件、短信、电话、信函等方式进行客户深度挖掘与关系维护等营销工作。就展会招商而言，办展机构以强大的专业观众数据库为基础，开展数据库营销，采用直接邮寄（或以电子邮件、传真等形式）将展会的宣传资料、专业观众邀请函或门票等直接寄给目标观众，邀请其到会参观。

例如，2009 年 8 月 21 日～24 日在北京农业展览馆举办的“第九届中国国际礼品赠品及家庭用品展览会”，主办方励展华博展览（深圳）有限公司建立了目前礼品行业较为系统完备的观众数据库，同时借助全球顶级会展企业——励展博览集团的数十万条行业数据库，最大限度地涵盖了礼品行业的采购部门及其负责人，收集了完整的专业观众联络信息。为邀请专业买家，准备了总量 10

万份的邀请函及展会信息，通过多种方式进行邮寄或派送。紧随其后，励展华博呼叫中心的专职工作人员进行“一对一”的通知，邀请并提醒每一位专业观众光临展会。

三、招商工作的实施要点

对于会展组织者而言，邀请和组织到质量好、数量多的专业观众，是展会成功举办的关键，也是对参展商提供的最好服务。以下是东博国际机床展的招商案例。

案例链接

东博国际机床展 买家邀请一对一

（东博）上海国际机床展（EASTPO），是中国三大国际机床展之一，也是华东地区规模最大、最具影响力的国际性专业展会。2008 年，第 10 届东博国际机床展组委会特别扩大了买家邀请工作，增加人员进行“一对一”式的大买家邀请，其目的只有一个：更有效地寻找专业买家，为参展商提供最好的服务。

该展会的组织者秉持“组织专业买家比招展更重要”的组展理念，坚持将买家邀请作为“重中之重”。为此，组织者增强了市场部配置、官方网站建设和人力资源配置，加大和充实了数据库建设，专业人员对 50 万买家资料进行了数据更新；利用多年积累的专业观众和买家的资料，借助计算机网络为展会与参展企业进行宣传，通过专业的网站、媒体不间断地发布展会信息及资讯，强势推进买家邀请的组织工作。

为了全方位做好买家邀请，EASTPO 2008 充分发挥同期举办的“首届国防科技工业新产品新工艺新技术应用研讨会”和“军工精密超精密加工技术交流会”的互动效应，组织学术交流会的专家、跨国集团公司的 CEO、专业买家到展会现场与参展商进行洽谈与交流，制作了数十万份专业买家邀请函和参观券，组织国内外相关行业企业的 CEO、总经理、采购部、研发技术部等专业人士到会参观。

为让买卖双方在行业盛会上得到充分的交流与达成交易，EASTPO 2008 推出了组建大买家采购团的方式。新年伊始，EASTPO 高层就拜访了上海市机械工程学会、国防科工委、上海模具协会及上海、江苏、浙江地区的若干机床企业。机械联合会、国防科工委等均通过发文，组织采购团参加 EASTPO 2008。组委会还与外国驻中国领事馆以及国外的专业协会、学会进行联系与合作，得到了德国工商总会、英国制造技术协会、韩国机械产业振兴会、日本锻压机械工业会等海外协会的大力支持，组织海外采购团和专业观众参观展会和参与论坛活动。

（资料来源：东博网 http://www.eastpo.net，作者：张婷）

由上述案例可见，在专业观众组织和招商推广方面，以下做法是行之有效的。

1. 组织保证

为保证展会专业观众组织工作落实到位，办展机构应成立专门的观众组织机构，指定部门、专人负责专业观众的组织邀请、服务等相关工作。

例如，“2010 广东国际家电配件采购博览会”组委会成立 6 人专责小组，全程负责展会的专业观众邀请工作，通过上门拜访、电话、传真、短信、电邮、邮寄、专业杂志网站、报纸、电视台等多种渠道发布展会信息，向国内外企业寄发了 2 万份请柬、5 万份邀请函、30 万张参观券。重点邀请国内特别是华南地区各家电厂、家电配件厂、家电制造设备企业、家电检测认证、物流等相关行业的专业人士到场参观洽谈，同时广泛邀请业内的代理商、经销商到会参观洽谈。通过多方努力，最终成功组织专业观众达 3 万人次。

2. 招商宣传

招商宣传是吸引目标观众的主要手段，应贯穿于展前、展中、展后的各个阶段。观众不会仅仅因为被邀请而观展，他们只有在认为可能有实际收获的情况下才会前来观展。因此，招商宣传的内容要集中在观众兴趣范围和利益上，要有针对性和吸引力。

首先，与国内外相关行业的专业媒体（包括各种专业杂志、报纸、网站等）结为宣传联盟，以展会全程推广、行业论坛、学术会议等形式重点推介本次展会，吸引相关行业专业买家到会参观。

其次，选择一些极具影响力的大众媒体发布本次展会的广告，或撰写相关软性宣传文章，增加展会的知名度和社会影响力，吸引部分专业观众到会参观。

再次，通过与相关行业协会、学会合作，于展会同期举办行业年会、权威学术会议等系列活动，吸引该行业专业观众参与活动的同时参观展会。

最后，通过参展商的业务渠道，邀请专业买家到会参观。在宣传与服务上支持并鼓励参展商举办各种类型的技术交流会、新品发布会等相关活动，吸引专业观众到会参观。

3. 机构合作

会展组织者与各类机构合作，借力行业协会、政府主管部门、专业媒体等合作机构，利用他们在本行业中的权威性和影响力，做好展会的招商工作。在具体做法上，包括分期向买家发送展会动态资讯；通过电话、信函、传真、电子邮件以及重点客户登门拜访等形式邀请专业买家到会参观；开展有组织的赠票计划，将针对专业观众的门票及请柬通过合作机构进行大范围的派发。

需要特别指出的是，办展机构还可以充分调动参展企业的积极性，利用参展企业的渠道邀请到专业观众。参展商都有自己的目标客户群，他们既希望在展会中结识新客户以发掘新的市场机会，同时也希望与老客户面对面地沟通，深化合作，增进感情。因此，参展商对邀请客户有很高的积极性。有关调查结果也显示，展会中被邀请的观众来源，主办单位邀请和参展商邀请的比例在 1:3 左右，如何更好地发挥参展企业的邀请作用，是会展组织者应该重视的问题。

4．海外推广

对于国际性展会，境外观众数量和质量是评价展会的重要指标。为此，主办方必须确保一定数量的国际专业买家到会观展。海外推广可通过以下形式：一是与国外著名的商务网站进行文字链接或发布广告，也可以利用国外的专业杂志发布会展广告；二是利用自己建立的数据库或其他数据库资源，对境外目标观众与专业买家发 E-mail 进行邀请，并提供观众网上预注册服务；三是保持与境外相关行业协会、商会、驻华使领馆商务处等机构的经常性联络，通过上述机构展开境外观众的邀请与组织工作；四是参加境外观众较为集中的著名品牌展会，并进行招商推广。

鉴于办展机构自身的精力和资源有限，因此对于境外观众的组织，一般应结盟海外合作伙伴。海外合作伙伴对所在地区状况比较熟悉，加之其区域影响力和关系网络，会为展会带来某一特定区域的境外专业观众，并可扩大展会在当地的知名度。

案例链接

法国国际专业展促进会——招募海外观众的专业机构

一个成功的展会需要在全球招募参展商，以丰富全面的展品吸引专业观众，同时还需要在各国动员专业观众，从而使参展企业可以走向世界市场。建立一个长期高效的海外促销网络是每个展览公司的需求，但任何一家展览公司也很难独自负担一个全球网络，于是便诞生了多家展会联合共享的海外促销网络。法国国际专业展促进会就是最典型的代表。

该促进会由商会和政府牵头，成员为法国的主要展览公司。虽然只是一个民间团体，但成立 20 多年来，该机构为促进国外参展商和专业观众来法国参展、参观起到了重要作用。目前，全法国共有 65 个展会加入了这一促进网络，它们都是法国最知名的国际性专业展会，通过该促进会在世界各地做海外参展商的招募工作以及海外观众的促进工作。为了给会员提供优秀的国际促进服务，该机构在近50个国家和地区建立了办事处。除少数办事处是由促进会总部投资的以外，其他办事处都是财务独立的机构或公司。在经费来源方面，由巴黎工商会和展览场地公司等主要理事单位提供的年度补贴，占经费的一小部分；由加入促进会的展览公司按所需推广的会展项目数及宣传工作量而缴纳的费用，占促销经费的绝大部分。

5．贵宾邀请

即针对特别重要的专业观众，制定专门的贵宾邀请计划，为展会的重要观众及买家提供一系列的特殊待遇以及各种便利，以提高此类观众参观展会的积极性。

知识链接

特邀买家计划与PSA邀约计划

特邀买家计划旨在专门邀请具有决策、组织、预算的负责权和影响力的专业买家到会观展，并与参展商展开一对一的邀约洽谈，促成参展商与采购商的合作，也是最直接有效的商业洽谈新模式。

特邀买家享受的权利包括免费往返机票、酒店住宿、参加展会同期的专业会议和活动，以及不同等级的服务。特邀买家应尽的义务主要是在展会期间完成预先安排好的与参展商面对面邀约洽谈的任务。

PSA邀约计划指为参展商和买家在展前安排的邀约计划，以确保双方在展会期间实现最直接、最大限度的交流互动。展商与买家将根据自身的需要选择相应的邀约对象，达成有价值的商业合作。

以下是中国（北京）国际商务及会奖旅游展览会的特邀买家计划，仅供参考。

中国（北京）国际商务及会奖旅游展览会（CIBTM），是专注于中国及亚太地区商务旅游、会议、奖励旅游、大会及展览会（商务会奖旅游）的专业展览会，历经四年的不断发展，已成为中国和亚洲地区领先的国际展览会。该展会对特邀买家有一套严格的评估标准，包括采购权限、年度预算、每年举办活动次数、举办国际活动的次数等，以确保参展商会见有影响力的关键买家。同时，该展会的特邀买家可享受如下权利：

- 可以免费获得从特定机场到北京的航班机票；
- 在北京的CIBTM官方指定酒店（四星级或五星级）免费住宿；

- 在展会举办之前可通过邀约安排系统与参展商一对一预约；
- 应邀参加招待晚宴以及各种社交活动；
- 展会举行期间可进入特邀买家休息室；
- 免费参加专业教育项目；
- 参加展会前后考察活动（2009年首次）。

6. 展后推广与服务

目前，还有为数不少的会展组织者在展会结束之后，对专业观众就不再提供后续跟踪与展后服务了，这种做法是非常错误的。会展营销工作并不能因为展会的结束而结束，为了保持与专业观众的良好关系，促进展会的可持续发展，展后推广以及专业观众回馈是展会结束后必须跟进的重要工作内容。

（1）展后推广

指展会结束后，利用媒体对展会进行的后续跟踪报道和宣传推广。主要是对本届展会的总体报道，将展会的展出规模、专业观众人数、专业含量、展出效果、成交额、参展商和观众的良好反馈等提供给新闻媒体，通过媒体向社会发布，进一步扩大展会的社会影响，为下一届展会的招展和招商工作预热。

（2）展后服务

指在展会结束后，及时与专业观众进行沟通与反馈，征询其对展会的意见与建议，加深其对展会的良好印象，树立展会的品牌形象。具体做法包括：

其一，发送感谢信。及时向到会的专业观众发送感谢信，并发送展会的相关报告与最新的评估资讯，使观众直观感受到组织者的精心服务，感谢信还可附带一份观众满意度调查问卷，体现组织者对观众意见的重视，以及对改进下届展会服务工作的信心。

其二，及时更新网站。展会结束后，主办方应将本届展位的亮点、成果以及相关统计资料及时更新，同时将下届展会的主题、调整内容、报名注册方式等资讯在网站更新发布。

其三，召开观众座谈会。展会结束后，可视具体情况召集观众代表进行座谈，与观众面对面地交流有关观众邀请与现场服务工作中的细节问题，总结经验，发现问题，为下一届招商工作提供借鉴和参考，同时，也体现出主办方对观众组织工作的重视，不失为一种良好的公关策略。

本章小结

招展和招商是会展营销中两项极为重要的工作。两者之间关系密切，互为促进，相辅相成。

在招展方面，办展机构既可以自行招展，也可以通过代理商招展。两种选择各有利弊，要视展会的具体情况而定。招展的主要方式包括直接拜访招展、电话招展、直邮招展、网上招展、其他同类展会招展以及机构合作招展等。为使招展工作顺利进行，办展机构应做好招展函、参展商手册等招展相关文件的编制。

选择代理商招展时应注意，代理商分为显性代理和隐性代理，代理形式又包括独家代理、排他代理、一般代理和承包代理。不管选择哪种代理形式，办展机构都必须严格甄选代理商，加强对代理商的管理，防范各种代理风险，同时，在合作过程中对代理商进行有效的协助与激励。

招商是对专业观众进行邀请和组织的过程，因此，了解专业观众的需求是招商工作的前提条件，同时，建立完备的目标观众数据库，也是有效招商的重要保障，包括收集目标观众信息、建立专业观众数据库、进行数据库营销等工作流程。为确保招商工作的顺利开展，办展机构应特别做好组织保证、招商宣传、机构合作、海外推广、贵宾邀请、展后推广与服务等具体工作。

习　题

一、名词解释

招展代理	显性代理	隐性代理
直邮招展	机构合作招展	累进佣金制
参展商手册	特邀买家计划	

二、简述题

1. 什么是自行招展？该招展形式有何特点？
2. 什么是间接招展？该招展形式有何特点？
3. 简述招展函的编制原则。
4. 办展机构如何对代理商进行协助与激励？

5．办展机构如何与机构合作开展招商工作？
6．办展机构如何针对专业观众进行展后推广与服务？

三、论述题

1．招展代理的主要形式有哪些？各有何特点？
2．招展代理可能会带来哪些风险？怎样规避和降低代理风险？

第八章

会展宣传与推广

学习目标

- 了解会展宣传与推广工作的程序
- 掌握会展宣传与推广的主要手段及其应用
- 理解会展宣传推广预算的常见方法
- 熟悉会展广告的主要形式和常见媒体
- 理解会展新闻发布会的实施要点
- 能够撰写会展广告文案
- 能够撰写会展新闻稿
- 能够编写会展宣传推广策划方案

引　言

当前我国会展市场的供求结构悄然发生变化，绝大多数会展项目已由卖方市场转向买方市场。面对日渐增多的同类题材会展项目，参展商和观众有了更多的选择机会和更大的选择余地。在激烈的市场竞争格局中，如何突破目标客户的选择壁垒，在同类竞争项目中脱颖而出，对于会展主办方而言是一个重大命题。

宣传与推广工作是破解上述命题的有效途径。会展宣传与推广指主办方有目的、有计划地开展的一系列旨在促进招展、招商以及树立会展品牌形象的活动。对会展项目进行成功的商业包装和市场推广，可以有效地传播会展品牌形象，提升会展品牌的知名度和美誉度，进而达到提升品牌竞争力和扩大市场份额的目的。有鉴于此，会展企业越来越重视会展项目的宣传与推广工作，并在实践中不断探索与创新。

本章将对会展宣传与推广的工作程序、主要方式及其应用进行深入阐述，特别对会展广告、会展新闻宣传这两种最为有效的会展宣传推广手段进行详细讲解。希望通过本章的学习，使读者了解会展宣传与推广的基本理论，掌握会展宣传与推广手段的运作要领，能够独立完成会展宣传推广计划的编制。

引导案例

会展宣传与推广是指会展项目的组织者有目的、有计划地开展的一系列旨在促进招展、招商以及树立会展品牌形象的活动。有效的宣传与推广工作对会展项目营销是至关重要的。以下对“2008年第五届中国国际冶金工业博览会”的宣传与推广活动进行简要介绍。

作为亚洲第一冶金展，中国国际冶金工业博览会从2004年至今已经成功举办了4届，为推动行业发展和国内外企业交流合作发挥了不可替代的作用。2008年9月26日～28日，“第五届中国（北京）国际冶金工业博览会”成功落下帷幕，展会吸引了国内外486家冶金企业参展，展出面积较上届增加了10%，共有来自中国本土及海外专业人士28600人到场参观。展会全面展示了国内外冶金行业的最新产品、生产设备以及国际高尖端的生产应用技术和材料，是代表国内冶金工业最高水平的一场行业盛会。

本届展会的成功举办离不开卓有成效的市场推广与媒体宣传。为推介本次冶金展，主办方利用已有的数据库、客户网络、电子邮件和信息网，印刷并寄发了针对参展商的招展函和针对专业观众的招商参观函；通过电话、传真、网络邀请等形式联络目标客户；在相关领域的专业展会、专业市场中散发展会宣传材料；在目标展商集中的热点地区进行专题报道；在机场、火车站、汽车站、交通要道及展览中心周边设立宣传本届展会的大型广告牌。

在媒体宣传方面，主办方设立了专门的展览会信息窗口，对本届展会进行长期深入的宣传报道；不失时机地举办了多场新闻发布会，及时通报展会进展情况；组织电视台、报纸、电台记者对展会进行阶段性和全方位报道；与行业内专业媒体建立长期合作关系，为展会搭建长期宣传运行体系。在媒体选择方面，主办方与《中国金属导报》、《联合钢铁》、《Steel Metallurgy》、国际钢管网等国内外200多家媒体开展合作，为展会宣传造势，最终确保了参展商的展出效果。

思考：

1． 会展宣传与推广的主要目的是什么？

2． 会展宣传与推广的主要方式有哪些？

3． 本案例中主办方在宣传媒体的选择方面有哪些值得借鉴之处？

第一节　会展宣传与推广概述

宣传与推广工作是会展营销的重头戏。随着我国会展经济的快速发展，会展市场的供求关系也在悄然发生变化，绝大多数会展项目已由卖方市场转向买方市场。在会展市场的竞争日益激烈、会展项目同质化现象日趋严重的今天，那种认为“酒香不怕巷子深”的理念早已被“好酒也得勤吆喝”的理念所取代。会展企业精心策划了一个好的会展项目，如果不进行有效的商业包装和市场推广，也只能“待字闺中”，得不到市场认可。因此，会展宣传与推广作为重要的营销策略，不仅应该得到各方的高度关注，而且应在实践中不断创新求变。

一、会展宣传与推广的目的

会展宣传与推广是会展企业为提升会展项目的品牌竞争力、不断扩大市场份额而采取的重要营销手段，其目的主要有三：促进招展、促进招商、树立会展品牌形象。以下分别进行阐述。

1. 促进招展

通俗地讲，招展是会展组织者对参展商的一种招揽行为。当前我国会展市场竞争十分激烈，同类题材的会展项目在一年里的不同时间和地点举办，共同瓜分有限的展览市场。表 8-1 列出了 2010 年 3 月～12 月期间国内举办的部分印刷类展览会的名称、举办时间和地点。

表 8-1　2010 年 3 月～12 月国内举办的部分印刷类展会

序号	展览名称	举办时间	举办地点
1	2010 年青岛（春季）国际包装印刷技术设备展览会	3 月 5 日～7 日	青岛
2	第 17 届华南国际印刷工业展	3 月 9 日～11 日	广州
3	第 11 届中国上海丝网印刷展览会	3 月 27 日～29 日	上海
4	2010 年东莞励华彩盒展	4 月 7 日～9 日	东莞
5	2010 中国（杭州）国际印刷包装工业博览会	4 月 21 日～23 日	杭州
6	第 5 届香港国际印刷及包装展	4 月 27 日～30 日	香港
7	第 8 届北京国际印刷技术展	5 月 12 日～16 日	北京
8	第 10 届中国（中山）包装、印刷工业展览会	5 月 28 日～30 日	中山
9	2010 北京国际包装博览会	6 月 2 日～4 日	北京
10	第 9 届南通国际印刷包装工业展览会	6 月 24 日～26 日	南通
11	第 17 届上海国际印刷包装纸业展	7 月 7 日～10 日	上海
12	第 4 届中国东部印刷包装展览会	9 月 10 日～12 日	临沂

续表

序号	展览名称	举办时间	举办地点
13	第12届龙港国际印刷工业博览会	10月15日～17日	温州
14	第8届苏州国际印刷包装工业展览会	11月3日～5日	苏州
15	2010中国国际网印及数字化印刷展	12月2日～4日	广州

（资料来源：中国会展网 www.expo-china.com）

以上只是2010年国内印刷领域举办的部分展会，类似的情况还有很多。如据不完全统计，我国国内每年有57个建筑装饰题材展、54个汽车展，在广州、深圳和珠海地区，每年3～4月间有6个家具展等。面对形形色色、令人眼花缭乱的各类展会，参展商有了更多的选择机会和更大的选择余地。图8-1是参展商的参展决策过程。在此过程中，参展商收集会展信息、比较选择会展项目阶段都是会展企业进行会展宣传与推广的大好时机，通过成功的商业包装和市场推广，可以使本展会突破目标参展商的选择壁垒，在众多同类项目中脱颖而出。

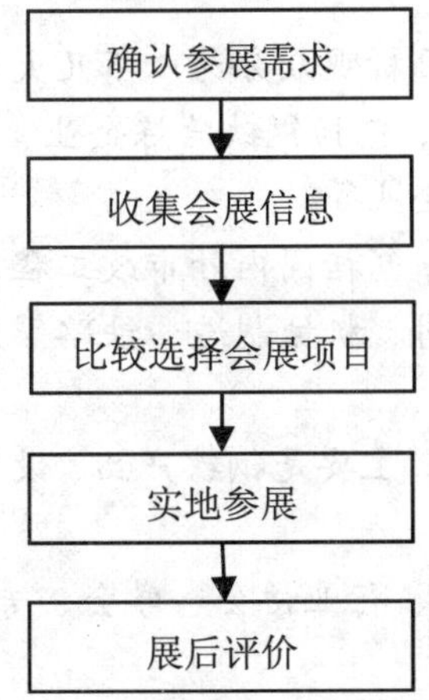

图8-1　参展商的参展决策过程

2．促进招商

如果说招展是会展组织者对参展商的一种招揽行为，招商则是对观众，特别是专业观众的招揽行为，即邀请观众到会参观。招展与招商关系密切，相辅相成。招展效果好，参展企业尤其是知名企业多、展品新、信息集中，专业观众就到会踊跃；而招商效果好，观众数量多且质量好，参展商的展出效果就好，企业参展积极性就高。以往会展营销中曾出现“重招展、轻招商”现象，即组展商把营销工作的重点放在销售展位上，而忽视对专业观众的组织与招揽。近年来随着会展营销观念的不断发展，已有越来越多的会展企业认识到：专业观众也是展会的生命线，组织高质量的专业观众是展会为参展商提供的最好的服务。

会展组织者要做好招商工作，会展宣传与推广是极为重要的。如参展商一样，专业观众（常被称为专业买家、采购商）也面临着在为数众多的同类题材展会中做出参观决策的问题，如何在最恰当的时间、地点参观最有效的会展项目，他们也需要进行信息收集、评估筛选展会等工作，会展组织者适时、有效地宣传推广就会加速专业观众的观展决策过程。仍以“2008 第五届中国国际冶金工业博览会”为例，我们看看该项目主办方是如何针对专业观众进行有效的宣传与推广工作的。

案例链接

针对专业观众的会展宣传与推广

一、目标观众锁定

主办方将本届冶金展的目标观众分为以下几大类：

1. 冶金领域的生产单位，包括钢铁冶炼企业、冶金设备制造企业、自动化及检测仪表企业、金属回收企业等。

2. 冶金领域的用户单位，包括国内外市政工程、建筑公司、汽车生产厂家、航空航天、电力水利工程公司、机械制造、铁路等用户单位的领导、采购部经理或相关人员。

3. 冶金领域的贸易单位，主要是钢铁产品、设备及相关产品的国内外营销商、贸易商。

4. 冶金领域的教育科研、行业协会、学会、专业机构和媒体。

二、观众组织方法

1. 为保证本届冶金展专业观众组织工作落实到位，主办方成立了展会推广与客户服务部，由专人负责展会的宣传推广、专业观众组织邀请、客户服务等相关工作。

2. 展会前期，先后两次向国内外专业人士、买家直接邮寄展前预览、展讯资料，挖掘潜在观众，收集最新专业观众信息，充实已有的观众信息库。

3. 根据观众来源分类情况，在直接用户中详细征询参观意向，并跟踪联系，确保本届展会观众中专业人员比例达到 70%以上。

4. 印制 30 万份门票及请柬，通过各合作协会/学会、各专业媒体、商业信函等渠道最大范围地派发，邀请专业观众到会参观。

5. 召开新闻发布会，在电台、报纸上进行专题报道，发布展会信息。

6. 精心设计展会电子请柬，及时将展会进展与动态制作成展会电子快讯，通过网络最大范围地传达给专业观众。

7. 与国内外相关行业专业媒体（包括各种专业杂志、报纸、网站等）结为宣传联盟，以展会全程推广、行业论坛、学术会议等形式重点推介本展会。

8. 选择部分国内极具影响力的大众媒体发布展会广告，选择性地推出一些展会户外灯箱广告，增强展会的社会影响力。

9. 通过与相关行业（主要针对用户群较多的几个重点行业）权威协会/学会合作，于展会同期举办行业年会、权威学术会议等活动，吸引该行业专业观众参与活动的同时参观展会。

10. 通过参加本次展会参展商的业务渠道，邀请专业买家到会参观；在宣传与服务上支持并鼓励参展商举办各种类型的技术交流会、新品发布会等相关活动。

11. 由展会推广部与客户服务部通过电话、传真、电子邮件邀请及重点客户登门拜访等形式反复邀请专业买家到会参观；并为专业买家提供各种便利，将专业观众邀请接待与展会招展工作同等对待，增加专业观众参观展会的积极性。

（以上案例摘选自“中国国际冶金工业博览会”官方网站）

3. 提升会展项目的知名度和美誉度

会展宣传与推广的目的之一是提升会展项目的知名度。以前人们常说“酒香不怕巷子深”，然而在会展市场竞争日益激烈的今天，我们得说“酒香也怕巷子深”。一个会展项目再好，如果不进行有效的宣传与推广，最终很可能无人知晓、无人问津。因此，会展组织者在提供优质的会展产品与服务的同时，还应主动出击，通过周密的宣传与推广策划，利用广告、新闻宣传、公关事件等一系列有效的宣传推广手段，将会展信息传递给目标客户，在较短时间内提高会展项目的知名度。

如果说知名度是品牌的社会知晓程度，是品牌形象的基础的话，美誉度则是品牌获得公众好评的程度，是品牌目标的核心指标。美誉度在参展商决策过程中具有强大的心理牵引力，为此，会展组织者实施宣传与推广不能仅停留在打造知名度上，还应在塑造美誉度上有所建树，在积极有效地实施会展宣传与推广活动的同时，塑造会展品牌形象，提升会展品牌的美誉度。知名度和美誉度好似一对孪生兄弟，会展组织者在经营品牌的过程中必须统筹兼顾，齐头并进，在打造会展品牌知名度的同时，不断提升会展品牌的内涵与形象，进而提升会展品牌的美誉度。

二、会展宣传与推广工作的程序

会展宣传与推广工作大体分为以下四个阶段，即前期调研阶段、计划制定阶段、计划执行阶段和效果评估阶段（如图 8-2 所示）。

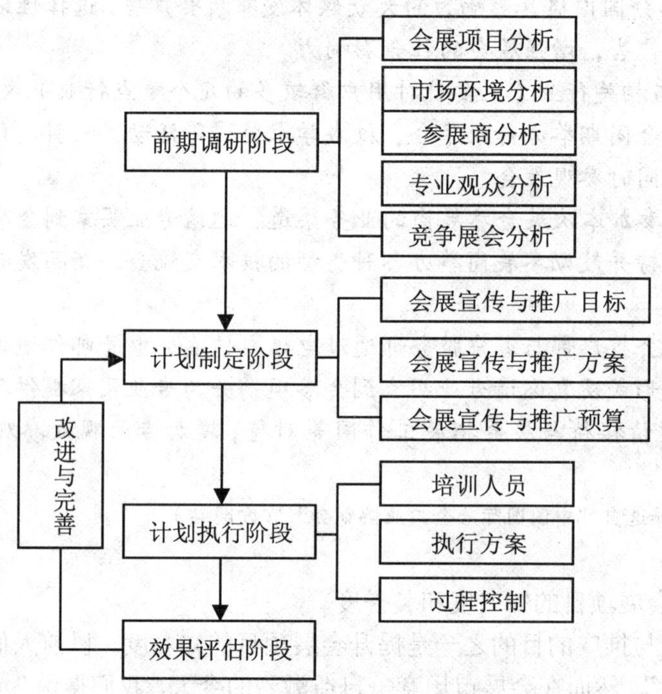

图 8-2 会展宣传与推广工作的程序

1．前期调研阶段

前期调研是会展宣传与推广工作的龙头环节。会展组织者通过案头调查、问卷调查、访问面谈、展会现场观察等调查方法与手段，收集与会展宣传与推广有关的各种市场情报并进行系统分析，具体包括对会展项目、市场环境、参展商、专业观众以及竞争展会的调研与分析，旨在为主办方制定科学的宣传推广工作计划提供重要的事实依据。

2．计划制定阶段

主办方在深入调研和系统分析的基础上，制定会展宣传与推广工作计划。包括确定具体的宣传与推广目标、制定切实可行的宣传与推广方案，并对方案进行科学的经费预算。在制定会展宣传与推广计划时，一方面注意时间安排的合理性，另一方面要密切配合会展筹备及招展、招商工作的展开，做到精心安排。此外，还要尽可能地预见到在计划执行过程中可能出现的风险，并做好应急预案。

3．计划执行阶段

计划执行阶段是将宣传与推广计划落到实处的阶段。再好的计划，如果没有有效的实施，也只能成为一纸空文。本阶段的工作内容包括：对相关人员进行培训、对前期制定的宣传与推广计划的具体实施、对实施过程中可能出现的问题，如进度安排、预算使用等进行监控。

4．效果评估阶段

前三阶段工作的结束，并不意味着会展宣传与推广活动的完结。会展主办方还要对本次宣传与推广活动的实施效果进行评价与反馈，总结经验，汲取教训，以便下届会展宣传与推广工作的改进与完善。效果评估分为销售效果评估和传播效果评估两大类，前者主要指会展宣传与推广的经济效果，包括宣传与推广促进招展、招商的情况，展位的销售增长率，会展项目的市场占有率等指标；后者指经由会展宣传与推广所带来的社会和心理效果，如公众对会展品牌的认知度、记忆度、知名度、美誉度等指标。在效果评估阶段，会展主办方还要对新闻媒体的报道进行收集与评估，包括媒体报道的情况（如刊播的次数与频率、报道版面大小、时间长短）以及媒体对会展项目的相关评价等。

三、会展宣传与推广的主要手段

主办方对会展项目进行宣传与推广的手段众多，归纳起来，主要分为以下五大类：

1．广告

广告是创名牌的必要条件。对这句话的注解是，产品做广告不一定能成为名牌，但不做广告一定不能成为名牌。还有这样一个公式：名牌=质量+广告，虽然该公式过于简单且不全面，但其强调的广告在创建品牌中的重要作用是非常准确的，以至于有人笑言："企业不做广告，就好像小伙子在黑暗中向情人暗送秋波，你知道自己在做什么，而她不知道。"

广告在会展宣传与推广中发挥着极为重要的作用。会展主办方通过媒体向目标客户传达会展信息，旨在塑造会展品牌形象，进而促进招展、招商，并培养目标客户对本展会的长期忠诚。

2．新闻宣传

由于会展活动具有"事件性"的特点，本身就易于吸引众多的新闻媒体对其进行采访和报道，这对于会展主办方而言无疑是做了免费的广告宣传。更为重要的是，与广告的“自卖自夸”、推销味较浓相比，会展新闻宣传的商业动机比较隐蔽。以新闻报道的形式，站在相对客观的角度宣传会展项目，信息的可信度较高，公众对信息的排斥度较低。此外，新闻宣传还具有成本低（甚至是免费的）、时效性强、宣传效果显著等特点。主办方善于利用新闻效应，适时进行新闻发布，对塑造会展品牌形象，提升会展品牌的知名度和美誉度是非常有益的。

鉴于广告和新闻宣传在会展宣传与推广工作中的重要作用，本章将另辟出第二节、第三节做专题阐述，此处略过。

3．机构推广

指会展组织者与相关机构合作，共同推广会展项目。常见的合作机构包括：

● 行业协会或商会。他们在本行业内有重要的影响和强大的号召力，且拥有大量的会员单位，可委托他们代为发放展会宣传资料、代为组织观众、代为在会员中宣传本展会等。

● 专业媒体。他们在行业内有一定的影响力，有一定的客户资源，不仅可充当展会宣传的喉舌，而且可直接招展。

● 政府主管部门。尤其是主管会展题材所在产业的政府部门，与他们合作不仅有利于招展，而且可获得很多其他便利。

● 国内外其他展会的主办者。他们与本会展项目不构成直接的竞争关系，可以相互合作，在各自的展会上推广对方的展会。

● 国际组织。如我国驻外使领馆，与他们合作有利于对境外客户的招展与招商。

会展组织者通过与上述机构合作，利用合作机构的资源进行招展和招商。其中，特别需要处理好与会展题材所在产业的政府主管部门和行业协会的关系，并最好与全国或海外在该产业有较大影响的机构合作建立招展组团代理关系，同时要与该行业各大专业媒体搞好关系。上述关系不仅有利于招展与招商，而且对提高展会的行业影响力，以及形成展会的品牌效应至关重要。

例如，由中国玩具协会主办的“2010 上海第九届中国国际玩具、模型及婴儿用品展”，在机构推广方面就充分利用了中国玩具协会在行业内的影响力进行招展；利用该协会庞大的数据库以及广泛的全国站点网络，吸引专业买家到场参观；利用该协会与国外专业机构建立的广泛深入的合作关系，向海外客户推广；在香港、纽伦堡、纽约、莫斯科、东京、迪拜等国际专业展会上设立展台，在展会现场向与会参展商和采购商推广本展会。

4．直复营销

会展组织者利用人员上门推销、直接邮寄、电话销售、网络销售等方式进行招展、招商。直复营销也是十分常见的会展宣传与推广手段之一，它的最大特点是具有高目标受众选择性。此外，由于是“零级营销渠道”，因此可以节省大量的中间流通费用，而且与终端客户的“零距离”沟通，可以使会展组织者更好地了解目标客户的需求与特点，并为其提供更具体、更为个性化的服务。

5．公共关系

公共关系指会展组织者为维护或改善与公众的关系，树立良好的企业形象或会展品牌形象，进而促进招展、招商所付出的努力以及为此进行的一系列活动。公共关系具有促销动机隐蔽、促销成本低、可信度高并能消除公众防卫心理等特点，因此是一种性价比很高的会展宣传与推广手段。

关于直复营销和公共关系的具体内容请详见本书第十章第二节的有关介绍。

四、会展宣传推广预算

俗话说：“兵马未动，粮草先行”。会展宣传与推广需要必要的经费支持，而对所需费用开支进行周密的预算，可以使主办方对用于会展项目宣传与推广的花费一目了然，同时在实施宣传推广活动时能有计划地支配和使用经费，减少浪费，提高会展宣传与推广效率。

1．会展宣传推广预算的内容

一般来讲，会展宣传推广的费用包括以下几项：

（1）广告宣传费。主办方为了宣传推介会展项目，需要设计、制作各种形式的会展广告，包括纯商业广告和软文，同时需租用各类广告媒体，为此发生的广告设计、制作费与媒体租用费。

（2）会展资料印刷费和邮寄费。主办方为有效地实施招展、招商活动，需要设计、制作一系列会展资料，如招展邀请函、参展手册、招商邀请函、会刊等，并将上述资料直邮至目标参展商和专业买家，为此发生的会展资料设计、印刷费与邮寄费。

（3）公关活动费。为吸引公众的注意、提升会展项目的知名度和美誉度，会展组织者通常会策划和实施一系列公关事件，如新闻发布会、开幕式等活动，由此而产生的费用如邀请嘉宾的出场费、会议场地租用费、设备租赁费、同声传译费、嘉宾礼品费等。

（4）行政办公费。为宣传与推广会展项目而支出的行政办公费，包括相关人员的工资、差旅费、办公费等，尽管这部分开支在总体的宣传推广费用中所占比例不太，但也不能忽略不计。

2．制定会展宣传推广预算的常见方法

（1）收入百分比法

即以上届展会收入的一定比例来确定本次展会的宣传与推广经费。这个比例一般为10%～20%。

例如，某会展项目上一届的总收入为200万元，本届拟拿出总收入的15%进行宣传与推广，则本届的宣传推广预算为：

200万元×15%=30万元

收入百分比法的最大优点是操作简单方便，用上届展会总收入乘以一定比例就可以预算出本届展会的宣传与推广经费。但该方法也存在较大的缺陷，即以不变应万变，不能灵活地适应市场变化。比如，上届展会获得了较大成功，积累了社会知名度和目标客户群，本届展会招展招商情况良好，按理应适当减少在宣传推广方面的投入，而按此法预算不减反增。

（2）任意支出法和支出可能法

这是目前国内会展项目进行宣传推广预算时普遍采用的方法。任意支出法是依据主办方相关决策人自身的知识、经验，并根据对市场的判断而主观制定出会展宣传推广预算；支出可能法是根据主办方的财务承受能力制定会展宣传推广预算，这是一种量入为出的预算方法，即企业能出得起多少钱，而不是看需要多少。

上述两种预算方法共同的优点是简单实用，能灵活适应市场变化，量入为出。缺点是均缺乏科学性，凭主观经验或直觉，易导致宣传与推广预算不足或者浪费。

（3）目标达成法

该方法首先确定展会的宣传推广目标，然后确定为达成上述目标而需要采取的宣传与推广组合计划，最后进行充分的费用预算。具体步骤见图8-3。

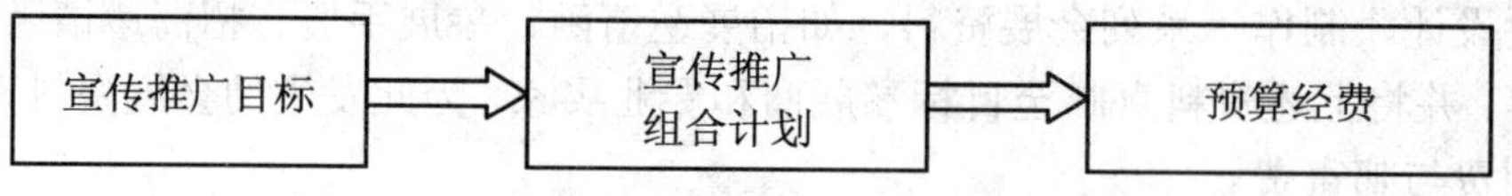

图8-3 目标达成法的实施步骤

目标达成法与前几种预算方法的不同之处在于：它建立在周密的宣传与推广组合计划的基础上，是先制定计划而后预算经费，因此该方法较为科学，能根据市场变化而灵活地制定会展宣传推广预算。但该方法在实践操作中难度较大，因为该方法是以宣传推广目标为前提，而众所周知的事实是目标很难以量化，即很难准确地推算出与具体目标对应的宣传与推广活动规模。另外，以此法制定预算时经常忽略了企业的财务承受能力，没有做到量入为出。因此，在应用这种方法时仍应参考收入百分比法，使预算切实可行。

以上是会展主办方在制定宣传推广预算时较常用的方法。需要强调的是，上述方法都有各自的优点与局限，因此在编制会展宣传推广预算时，最好将几种方法结合起来，以达到最为科学合理的效果。

3．会展宣传推广预算书

会展主办方在确定了经费总额后，一般还需编制详细的会展宣传推广预算书。该预算书多采用图表形式，将会展宣传推广组合计划的主要内容、开支范围、经费分配等详尽地表示出来。一般横栏为项目、开支内容、费用和执行时间，竖栏为项目的明细分类，如广告宣传费、新闻宣传费、会展资料印刷费和邮寄费、公关费、行政办公费等。在预算书后一般还附加一段说明文字，对预算书的内容进行解释。

会展宣传推广预算书的格式和内容无需千篇一律，可视具体的业务项目而定。但有一点是必须强调的，即预算书制作得越细，宣传与推广计划的可执行性就越强。主办方对用于会展宣传与推广活动的每笔开销一目了然，在实施计划时才能科学地支配和使用经费，提高会展宣传与推广效率。

第二节　会展广告

美国市场营销协会（AMA）对广告所下的定义为："广告是由明确的广告主在付费的基础上，采用非人际传播的形式，对观念、商品或劳务进行介绍、宣传的活动。"[①] 这一定义揭示出广告活动具有如下特点：（1）大众传播；（2）非人际传播；（3）以促销盈利为目的；（4）借助于媒体进行传播；（5）必须付费。

广告是会展宣传与推广的重要手段之一。会展广告指主办方通过大众媒体或专业媒体宣传会展项目，旨在招展、招商以及促进会展品牌形象传播的付费的商业行为。本节将详细介绍会展广告的相关知识，使读者对会展广告的主要形式、主要媒体、创作原则以及文案写作等重要内容有所理解和掌握。

一、会展广告的主要形式

会展广告的主要形式包括纯商业广告和软文两种。

纯商业广告与我们通常所见的消费品广告无异，广告中着重强调会展项目

①倪宁．广告学教程（第二版）．中国人民大学出版社, 2004: 3

的特征和优势，突出会展品牌形象，力求使受众对会展项目产生好感并留下深刻印象，引导受众做出参展或参观决策。纯商业广告“推销味”很浓，人们总会认为是主办方在“王婆卖瓜，自卖自夸”或者“自吹自擂”，受众对这类广告的信任度普遍偏低。故此，会展主办方更青睐另一种广告形式——软文。

软文指在大众媒体、专业报刊杂志、网站等刊登的各种对会展项目的评论、报道、特写和消息以及相关图片。作为一种隐性的广告，软文较纯商业广告可信度更高，也更易被受众所接受。

案例链接

第十二届中国国际焙烤展览会开幕

由中国焙烤食品糖制品工业协会主办的第 12 届中国国际焙烤展览会 5 月 12 日在上海新国际展览中心开幕，展会为期 3 天。在历经了 10 余年发展后，该展会以其规模大、专业性强、国际化程度高而享誉世界焙烤行业，并已成为一年一度的行业盛会。

中国国际焙烤展是焙烤原辅料生产厂家、机械设备、器具、月饼包装、月饼馅料、月饼生产加工设备等厂商企业展示风采的大舞台，大批行业知名企业的踊跃参展更加突显了展会的高品位和高档次。该展会的展位一直供不应求，表明中国国际焙烤展的影响力在不断提升，也向国外同行展示了中国焙烤行业的发展水平。据主办方介绍，此次展会的海外招展工作一如既往地得到了德国中央焙烤协会的大力支持。

作为亚洲第一、最为专业和国际化的焙烤展，本届展会的展出面积近 7 万平方米，吸引了来自世界各地的数万人次的专业观众到会参观。中国焙烤食品糖制品工业协会负责人指出，焙烤行业的进步，离不开新原料、新设备、新技术的支持，中国国际焙烤展提供了这样一个展示平台，焙烤展将继续担当中国焙烤业的领袖角色，专注于把一个从原辅料、生产加工设备、器具、包装材料到成品制造的完整的系统化展会奉献给业界。

（以上案例摘自中国商务网，本文略有删减）

以上案例即为典型的软文，其特点是新闻气息比较浓郁，而推销动机比较隐蔽。通过在媒体刊登对会展活动的报道，同时配以图片和评论，增强会展宣传与推广的可信度，与单纯的“硬”广告相比，受众对其的抵触和反感度相对要低。

二、会展广告的常见媒体及其特点分析

媒体是负载广告信息的物质载体，是向广告受众传播广告信息的中介物。对会展广告而言，最大的开销就是付给媒体的购买或租用费，如果媒体策略失误，就意味着主办方的大部分广告宣传费付诸东流，正所谓“成也媒体，败也媒体”。

1. 会展广告媒体形式

会展广告的常用媒体可分为两大类，即专业媒体和大众媒体。

（1）专业媒体

指会展题材所在行业的专业报纸、杂志、展览专业杂志、展会目录、展会会刊、行业网站等，这些媒体直接面对展会的目标参展商和专业观众，因此是会展宣传与推广的首选媒体。表 8-2 给出了专业媒体的特点分析，仅供参考。

表 8-2　专业媒体的特点分析

	优　点	缺　点
专业媒体	● 直接接触目标参展商和专业观众； ● 媒体费用相对便宜； ● 信息容量大，便于对展会进行深度报导和深度宣传； ● 媒体寿命较长，重读率高。	● 专业杂志的时效性较差； ● 主要针对专业观众招商，对普通观众吸引力差。

（2）大众媒体

指各种报纸、杂志、广播、电视、网络、户外、交通、售点等，这些媒体覆盖面广，普及性强，既面对目标参展商和专业观众，也面对普通观众，对提升会展项目的知名度，传播会展品牌形象，吸引普通观众有重要作用，但对招展以及吸引专业观众方面不如专业媒体，因此大众媒体只是会展宣传与推广的一种补充形式，此类广告多在每届展会即将开幕时发布。

2. 主要广告媒体及特点分析

会展主办方发布广告可选用的媒体形式非常多，一般包括报纸、杂志、广播、电视、户外、网络等。以下对会展广告的主要媒体及其传播特点进行分析。

（1）报纸

报纸被称为现代广告“四大媒体”之一（另三大媒体分别为杂志、广播和电视，近年来随着互联网的普及，网络被追加为“第五大媒体”）。长期以来，报纸一直占据着广告媒体的首席地位。近 20 年来，电视媒体日趋成熟，网络媒体异军突起，对报纸的地位构成了强有力的挑战，但报纸仍以其特有的传播优

势发挥作用。报纸一般可分为党报（机关报）类、专业类、晚报类、娱乐资讯类等几大类。不管哪一大类，其传播特点都具有一些共性特征，详见表 8-3。

表 8-3　报纸媒体的传播特点

	传播优势	传播局限
报纸媒体	● 传播范围较广； ● 传播速度快，时效性较强； ● 信息的可信度较高； ● 既适合发布情感诉求型广告，又适合发布说明型广告； ● 广告信息便于存查。	● 广告的有效时间较杂志、户外等媒体短； ● 报纸广告的注目率不高； ● 复制质量差。

会展广告选择的报纸媒体分为两类：一类是会展题材所在行业的专业性报纸，作为招展和吸引专业观众的主导媒体。这类报纸在专业领域具有较强的影响力，对在行业内树立会展品牌形象也大有帮助。另一类则具有广泛的传播力和影响力，如《人民日报》、《光明日报》、《经济日报》、《中国商报》等，这类报纸媒体既对专业客户（展会的参展商和采购商）发挥作用，同时又面向大众。更为重要的是，在此类报纸上进行广告宣传可以彰显会展项目的实力，提升会展品牌的知名度，进而打造品牌会展。

（2）杂志

不可否认的是，杂志媒体的竞争力在“四大媒体”中是最弱的，特别随着网络广告市场的高速增长，以及其他新兴媒体的出现，杂志媒体面临更严峻的竞争挑战。杂志媒体具有针对性极强、广告的有效时间长、印制精美等传播优势，同时又具有时效性较差、影响范围有限、读者层面较狭窄等传播局限。

尽管杂志在通常的广告传播中总是扮演配角，并作为辅助媒体存在，但鉴于会展客户群具有专业性强的特征，杂志在会展广告中常能扮演主角。会展广告选择的杂志媒体包括两类：一类是会展题材所在行业的专业杂志；一类是如《中国会展》、《中外会展》等会展类专业杂志。

（3）广播

近几年，广播媒体以其传播速度快、覆盖面广、成本低、移动性强等优势，始终保持着稳步发展态势。广播媒体的传播优势主要表现为，一是传播速度快，时效性强；二是传播范围广，且受众接收信息无时空限制；三是制作简单，播出费用低廉。

当然广播媒体也有传播局限。其最大的问题是作为听觉媒体，广告信息的形象冲击力差，对于要突出表现产品外观、色泽、使用情境等内容的广告，其效果会大打折扣。但这种情况在会展广告中并不存在，因为会展产品本身就具有无形与抽象的特点，较少需要通过广告媒体形成视觉冲击力，因此广播是发布会展广告不错的媒体选择，特别是展会开幕前期，利用比较密集的广播广告为展会宣传造势，效果很好。

还需特别注意的是，广播是典型的背景媒体，即人们在收听广播时还经常做着别的事情，这就使得受众接收广告信息时注意力往往不集中。为此，发布会展广告时应注意加强播出频率，“强迫”受众记住广告内容，同时发布内容简单明了的广告信息，便于受众的理解和记忆。

（4）电视

电视作为现代广告“四大媒体”中当之无愧的“第一媒体”，以其覆盖面广、渗透力强、形象生动等核心优势，在营销传播平台的领先地位尚无法被撼动。

电视媒体的传播优势是：形象生动，视听兼备；覆盖范围广，受众总量大；情感冲击型媒体，具有很强的感染力；时效性强，传播速度快。但电视媒体也并非十全十美，其最大的问题是广告制作费和媒体租用费均很昂贵，不适宜中小企业采用。

对于会展广告而言，电视媒体对传播会展品牌形象有一定的帮助，但在招展以及吸引专业观众方面并不如专业的杂志或报纸媒体。因此，在很多广告活动中充当主角的电视媒体，在会展广告中只是宣传与推广的一种补充形式，电视广告多在每届展会即将开幕时发布。

（5）网络

互联网作为广告媒体的后起之秀，具有传统媒体所不能比拟的传播优势，已成为21世纪最具价值的传播媒体之一。据中国互联网络信息中心（CNNIC）正式发布的《第24次中国互联网络发展状况统计报告》，截至2009年6月底，中国大陆网民规模达到3.38亿人，上网普及率达到25.5%。随着我国网民数量的继续增长以及网络环境的日渐成熟，网络超越报纸、广播、杂志等传统媒体已是指日可待。

网络具有传播范围广、信息容量大、与受众的交互性强、广告投放效率高、媒体费低廉等传播优势。但同时也不可避免地存在传播上的不足与局限，主要表现为：一是在媒体的普及率和大众化方面较之电视、广播等传统媒体还有距离；二是与传统媒体几乎没有接收障碍相比，网络要受到一些技术条件的限制，如技术和传输速率对网络广告表现形式的限制，再有，网络技术本身存在的一些缺陷如经常掉线、连不上网、带宽太窄、传输信号慢等也影响广告信息的传播；三是现行法律对网络广告的监管比较薄弱，虚假甚至欺诈性的网络广告泛滥，受众对网络广告的信任度低。

网络是会展主办方发布会展广告的主选媒体。当前会展网络广告主要有两种形式，一是在专业网站上或知名门户网站上发布纯商业广告；二是主办方自建网站宣传推广展会。大多数国内优秀的展会都有自己的官方网站，展会可在自己的网站做广告，还可将网站开发成交互式的电子商务平台，参展商可以直接在网站上办理各种业务。

（6）户外

户外也是会展广告经常选择的媒体形式。它的突出特点是主旨鲜明、形象突出、引人注意；广告持续时间较电视、广播、日报等快速媒体要长，适合于对品牌形象的长期传播；媒体成本相对较低。会展户外广告能够营造一种比较热烈的氛围，结合其他广告形式共同对展会宣传造势，常能取得不错的传播效果。

会展户外广告的形式多样，比较常见的如宣传海报、广告牌、广告条幅等。因受空间和地点的限制，户外广告所传递的信息无法传送到更远的地方，因此设计会展户外广告时必须做到主题突出、文字简洁、画面新颖明快。

以上对会展广告最为常见的六类媒体进行了系统分析。事实上，十全十美的广告媒体是不存在的，每一媒体既有其传播上的优势，也有其传播局限。为此，会展主办方在实施媒体策略时，须利用媒体组合的整体优势，把各具特色的广告媒体组合起来，扬长避短，优势互补，使会展广告的整体宣传效果达到最佳。

三、会展广告创作

目前我国会展广告在创作方面比较千篇一律，广告信息无非是介绍会展的举办时间、地点、主承办单位、活动议程等，广告内容比较单一和程式化。这种情况或许与会展业的产业特色有关，一方面会展活动专业性较强，无论是参展商还是采购商都是专业人士；另一方面会展广告的目标受众均属于机构客户，他们的购买决策过程是极度理性的。以上特点决定了会展广告的性质，即全面告知型和理性诉求型。换言之，会展广告必须全面、客观地传达会展信息，广告内容必须真实准确，广告表现手法不能花哨、新奇。

但是也应看到，近年来媒体广告发展呈现井喷态势，受众每天接触海量的广告信息，广告主面临的最大挑战就是如何让自己的广告从浩瀚的广告海洋里突破重围，脱颖而出。会展广告亦不例外。对于会展广告而言，如果创作上毫无章法、内容上空洞乏味、表现形式上过于单调，是不可能吸引目标客户的注意、打动他并促使其采取实际行动的，这对支付了大笔媒体费的主办方而言，无疑是最大的浪费。会展广告的创作也是有章可循的，以下结合会展活动的特点，提出会展广告创作的基本原则。

1．突出重点

会展广告必须有明确的主题，切忌头绪太多、杂乱无章。如果不分主次，把会展信息全部拼摆上去，不仅难以突出主题，反而由于头绪繁杂而使目标受众抓不住重点，进而影响到广告效果。当然，如果确有必要从多个角度介绍会展项目，可以采取分列体结构，用并列小标题的形式分段叙述，将广告内容化繁为简，条理清晰，脉络清楚。

2．突出特色

美国广告界泰斗大卫·奥格威曾说："相互竞争的不同品牌越来越相似了。面对同类产品不同品牌之间质量差距极其微小的事实，许多创意人的结论是，向受众讲众多品牌的共有之处是毫无意义的，于是他们专注于挖掘那些微不足道的与众不同之处。"

当前我国会展市场同质化现象比较严重，同类题材的展会差异性很小，如果会展广告再千篇一律、千人一面，则目标客户很容易迷失在众多展会中。因此，主办方在会展广告中必须着力诉求自己的项目有异于同类竞争者的差异性和优越性，进而形成独特、鲜明的会展品牌形象。差异性和优越性可以体现在很多方面，如会展主题、相关活动、主办方、会展品牌、会展服务等，如果会展项目在某一方面具有了特色，就应在广告宣传中重点诉求，为目标客户选择本项目提供独特而有说服力的理由，进而引导他进行指向性购买。

3．简明易懂

在信息爆炸的当代社会，受众被淹没在信息的海洋中，只有那些简单明了、切中主题的广告才能令人过目不忘，印象深刻。因此，会展广告应做到主题突出，信息凝练，诉求重点集中，表现手法单纯。会展广告在创作方面要简明扼要，不说废话。尽管广告文稿的长短视具体情况可长可短，但可有可无的文字一概应该避免。对写作的要求，原则上以足以传达广告的主要信息为限，长而不拖沓，短而不晦涩。在广告语言上应力求口语化，简洁易懂，与目标受众进行轻松沟通。

4．有号召力

会展广告的目的，就是通过对目标客户进行全面告知和理性诉求，刺激其产生参展或参观的需求，引导其产生参展或参观的欲望，进而付诸实际行动。为达成上述目的，会展广告在创作方面必须做到有号召力和令人信服。应特别注意以下三点：

一是要明确无误地向目标客户展示会展项目的特色和利益点，为其提供购买理由；

二是应较多地运用论证方式，从第三方的角度客观地证明该项目的品质和优势；

三是在广告中切忌自我吹嘘和空洞无物，与其堆积漂亮华丽的辞藻，不如加入专家评价、会展客户的意见反馈、权威机构证言、政府统计数据或调查结果等实证内容，使广告内容的可信度更高。

需要特别指出的是，为达成号召力而进行的所有宣传必须是实事求是的，凡广告中涉及的数据、引用语、获奖情况、调查结果等必须是有据可查的。会展广告应遵循真实性原则，我国《广告法》对广告内容的真实性也有十分明确的规定。会展主办方作为广告行为的主体，必须负有最大限度的诚信义务，并对广告内容的真实性与合法性承担相应的法律责任。

四、会展广告文案

广告文案指广告作品中的语言、文字部分。在平面广告中，文案指广告作品的文字部分；在广播电视广告中，文案指人物的有声语言、旁白和字幕。文案是广告作品的重要构成要素之一，美国著名广告人 H•史戴平斯甚至直截了当地指出："文稿是广告的核心。"具体到会展广告，其在文案撰写方面有以下需要特别注意的内容。

1．会展广告文案的结构

会展广告文案一般由广告标题、广告正文、广告口号、广告附文构成。

广告标题是广告的题目，概括了广告的中心思想，即使不读广告正文的人，也可以通过阅读标题获悉广告的基本信息。如"2010 年第二届大连国际动漫展盛装开幕"，标题凝练了展会举办的时间、地点、主题等关键信息。俗话说："看书看皮，读报读题"，在全篇广告中，标题字体最大，位置最醒目，是一则广告最为重要的部分。有相关研究显示，广告文案效果的 80%取决于标题的力量。

广告正文是文案的中心部分，承担着向目标参展商和观众推介会展项目以及答疑解惑的功能。鉴于会展活动具有较强的专业性背景，会展广告文案多以理性诉求为主，在正文中客观、事实求是地介绍会展项目的特色与优势，洞悉受众的心理需求，了解市场态势，以简明扼要、重点突出的方式宣传推介会展项目。由于所选择媒体类型不同，会展广告文案的长短有所差异，如在专业报纸、杂志、网站上刊发的会展广告一般为长文案；而在电台、电视台、户外广告牌等刊发的会展广告，由于受时间和空间限制，广告文案多短小精悍，但无论广告文案长短，总体要求是"短而不陋，絮而不芜"。

广告口号也称作广告标语，是会展主办方创作的旨在推广本会展项目，强化公众对会展品牌的深刻印象，而在较长时期内反复使用的特定的宣传语。例如2010年上海世博会的广告口号为“城市，让生活更美好”（Better City Better Life）。广告口号创作的总体要求是简短、明确、富有独创性和易于记忆。在会展广告文案中，广告口号不是必须的部分。换言之，有则锦上添花，没有也并不影响广告的整体性。

广告附文是广告文案的附属部分，一般是为了便利客户付诸购买行动而做的服务方面的种种说明，如参展方式、报价、主办方的联系网址与电话等。附文一般出现在正文之后，或者与正文分开编排。附文虽然不是广告文案的主体，但若内容有误或不周全，会直接影响广告的宣传效果，因此也应认真对待，条理清楚。

知识链接

文案吸引阅读的方法

- 在大标题与正文之间，加上副标题，可以引起读者“一山望过又一山”的好奇心；
- 文案的段落越短越好，段落太长，会使读者容易疲劳而无意继续阅读下文；
- 多用小标题，小标题可诱导读者向前走；
- 明体较黑体容易阅读；
- 关键句最好用特殊字体；
- 使用导引符号可促使读者继续阅读，例如箭标、星标等；
- 从生理角度讲，黑底白字不适阅读，应尽量避免；
- 标题字体应大小一致；
- 高级趣味的文案，是吸引读者的魅力所在；
- 活用赠券，广告里的赠券应放在整个篇幅最上端的中央，这样做在编排上虽不美观，但效果比放在下端要高出80%。

（以上要点摘自樊志育. 广告制作. 上海人民出版社，1987）

2. 会展广告正文的写作形式

鉴于会展广告多为理性诉求型广告，广告正文的写作形式主要分为直诉型、新闻型和分列体三种，以下分别介绍。

（1）直诉型

客观地分析市场状况，洞悉目标客户的需求特点，直截了当地介绍会展项目的特色与优势，吸引参展商或观众参与本项目。这种文案形式的特点是客观、冷静、有条不紊。

（2）新闻型

这是会展广告文案中十分常见的写作形式。以新闻报道的形式撰写广告文案，使会展广告具有了“软文”特点。借助新闻报道的形式增强广告的权威性和可信性，较易取得目标客户对广告内容的信任。

新闻型广告的写作有两个基点：其一，必须以广告信息本身所具有的时效性和新闻价值为基础。其二，写作的表现方式、文体结构、用词，都必须是新闻式的，才能达到新闻效果。

（3）分列体

如前文所述，刊载于平面媒体的会展广告多为长文案，如不采用区隔或分列等形式而将所有文字铺陈在一起，就会显得形式单调，易使阅读者产生厌烦，进而丧失阅读兴趣。为此采用分列体形式，把广告内容分为若干部分并予以分门别类的叙述，其特点是条理清晰，使阅读者一目了然。分列体正文一般有以下形式：一些并列的句子；格式形式的分列表现；由并列的小标题统领的多个小正文。

会展广告正文采用分列体结构的优点在于：

● 并列的小标题便于阅读者从一个问题自然地转向另一个问题；

● 分列体结构将广告正文化繁为简，重点突出，使长文案体现出短文案的阅读效果；

● 分列体结构以特殊的段落承接方法，如内容上的顺应转折、字体的变化、运用鲜明而特别的行文标记等，提醒或刺激读者阅读。

第三节　会展新闻宣传

与广告不同，新闻宣传一般都是免费的，同时由于其商业动机隐蔽，具有一定的新闻价值，信息的可信度高且时效性强，因此是一种成本低而效益高的会展宣传与推广手段。

一、会展新闻宣传的主要形式

会展活动是为交流信息和达成贸易服务的，自身具有很强的社会功能性，再加之它的集中性以及参与人员的广泛性，很容易附加产生“事件性”，因此也就能吸引众多的新闻媒体对其进行报道。善于利用新闻效应，适时进行新闻发布，对于会展活动而言，无疑是免费地做了效果极佳的广告，对提升会展品牌的美誉度，塑造品牌会展是非常有益的。

会展新闻宣传主要包括召开新闻发布会、编发系列新闻稿、邀请媒体记者进行现场采访报道三种形式。

1．召开新闻发布会

新闻发布会是会展新闻宣传最为常见的形式之一。会展组织者通过召开新闻发布会，利用新闻媒体将会展活动的动态信息及时传达出去，把会展项目的亮点与看点发布出去，进而引起社会公众的广泛关注，对宣传和推广会展项目起到积极的促进作用。

2．编发系列新闻稿

新闻有广义和狭义之分。广义的新闻包括消息、通讯、报告文学、特写、评论等不同体裁；狭义的新闻特指消息。消息是用概括的叙述方式、比较简明扼要的文字，迅速及时地报道国内外新近发生的、有价值的、公众关注的事件。会展新闻属于狭义的新闻，即消息，编发会展新闻稿就是撰写消息。

会展新闻稿包括综合新闻稿、专题新闻稿、新产品新闻稿、新展出者新闻稿、活动新闻稿等。不管是哪类新闻稿，均是从媒体的视角，站在比较客观的角度对会展活动进行宣传报导。与推销动机明显的会展广告相比，公众对其信任度较高，反感度较低。

3．邀请媒体记者进行现场采访报道

现场采访指主持人或记者通过话筒或镜头在展会现场进行的同期声播出的口头采访，通过交谈的方式，反映客观事实，同时表明媒体自身的感想和见解。主持人或记者需要在短时间内采访到实质内容，挖掘出货真价实的新闻。现场采访报道以其信息传播速度快、现场感强的优势，更易令公众信服，宣传效果显著，因此成为会展新闻宣传的常用方式之一。

二、会展新闻发布会的实施要点

新闻发布会是一个社会组织直接向新闻界发布信息，解释组织的重大事件而举办的活动。[①] 会展主办方通过召开新闻发布会，使会展项目得到媒体的广泛关注，再利用媒体的传播把该项目的特色与亮点传达给公众。会展新闻发布会具有如下特点：

一是正规隆重。新闻发布会形式正规，档次较高，地点精心安排，场地精心布置；

①摘自百度词条 www.baidu.com

二是沟通活跃，由新闻发布和回答媒体提问两部分组成，发布者与媒体双向互动；

三是集中发布（包括时间集中、人员集中、媒体集中），新闻传播面广，扩散速度快。

会展新闻发布会需事先制定组织工作方案。该方案一般包括举办时间、地点、邀请出席人员、发布新闻内容、会议议程、经费预算等事项。

1. 举办时间

一个会展项目从筹备到开幕，再到闭幕，可视需要组织多次新闻发布会。如展会筹备之初、招展结束之时、展会开幕前、展会闭幕时，都是召开新闻发布会的绝好时机。

在具体举办时间上，有两点细节需要注意：

其一，由于多数平面媒体刊出新闻的时间是在获取信息的第二天，因此新闻发布会的时间应尽量安排在周一至周三，这样可以相对保证新闻发布会的现场效果和会后见报效果。

其二，在时间选择上应避开重要的政治事件和社会事件，因为媒体对这类事件的大篇幅报道任务，会冲淡新闻发布会的宣传效果。

2. 举办地点

新闻发布会的举办地点可以安排在办展机构的办公所在地，也可安排在酒店的会议室或专门的会议中心。选择酒店时需注意，酒店有不同的风格与定位，选择酒店的风格要注意与发布会的内容相统一。同时还要考虑地点的交通便利性与易于寻找，以及离主要媒体、重要人物的远近，泊车是否方便等细节问题。

3. 邀请出席人员

首先是邀请媒体记者出席。利用媒体对会展活动进行新闻推广，具有效果明显、成本经济的特点。因此，会展主办方普遍非常重视利用媒体进行会展宣传与推广。在新闻媒体选择方面，应特别注意以下原则：

一是媒体的主要受众群体应与会展的目标客户群相重合。

二是媒体的辐射范围应与会展项目的地域范围相重合。

三是媒体应对展会的目标参展商和观众有较强的号召力和影响力。

除新闻媒体外，新闻发布会还应邀请政府主管机构、行业协会、外国驻华机构、参展商等单位的代表出席。

4. 发布新闻内容

在不同时期举办的新闻发布会，所发布的新闻内容有所不同。

● 展会筹备之初的发布会：主要向新闻界介绍展会的举办时间、地点、办展目的、展会主题、展品范围、展会的发展前景等，旨在通过新闻界告知参展商和行业人士，起消息发布和事件提示的作用。

● 招展结束时的发布会：主要向新闻界介绍展会的筹备进展情况、招展的情况、参展商的构成等，旨在吸引目标观众届时到会参观，同时对尚未决定参展的目标参展商提供进一步参展激励。

● 展会开幕前的发布会：旨在为展会广泛造势，达到吸引公众关注、引导舆论的目的。这是一次十分重要的发布会，必须精心策划组织，广泛邀请记者与会。

● 展会闭幕时的发布会：向新闻界通报展会的展出效果、参展商的收获（签约、成交、意向成交）、参展商和观众的特点、贵宾参观情况、展望展会的未来发展等，旨在对展会做出总结，为下届展会的筹备打下基础。

5．会议议程

新闻发布会在10：00～11：00或14：00～15：00举办为宜，新闻发布会时间一般不超过一小时。具体议程如下：

（1）相关领导讲话；

（2）展会信息发布和展示；

（3）回答记者提问。

在新闻发布会之前，会展主办方应向媒体记者提供事先准备好的资料袋。该资料袋一般应包括：会议议程、发言人名单及发言稿、新闻通稿、会展项目的宣传材料、有关图片、纪念品（新闻发布会一般会为记者提供馈赠品）、新闻负责人名片（以备新闻发布后进一步采访、新闻发表后寄达联络）、空白信笺、笔（方便记者记录）等。

对于影响重大的新闻发布会，主办方还会为记者提供提问提纲（即答记者问的备忘录）。该提纲经事先讨论、取得一致意见，然后起草并分发给记者，以便确保发言人回答记者提问时统一口径和认识。

6．经费预算

成功举办新闻发布会，必须做好相关经费的预算。一般来讲，新闻发布会的经费预算包括以下几方面：

一是场地费用，包括场地租用费、设施租用费、会场布置费等。新闻发布会的举办地点通常安排在酒店的会议室或专门的会议中心，为此需支付场地租金。场地租金已经包含了某些常规设施，如音响系统、主席台、桌椅、投影设备等，而一些非常规的设施如临时性的装饰、展架、移动式同声翻译系统、摄录设备等则需另外支付设备租用费。此外，为烘托新闻发布会的现场氛围需要进行会场布置，如气球型拱门、背景板、签到台、条幅、花篮等，为此还需支付场地布置费。

二是人员费。如司仪、礼仪、服务人员、摄录人员的劳务费等。

三是物料费。包括举办新闻发布会所需要的各类物料如邀请函、资料袋、嘉宾胸花、指示牌、签到笔、水果、矿泉水等的费用支出。

四是公关费。主要是为与会者准备的礼品、误餐费、红包等。

三、会展新闻报道的实施要点

1．会展新闻报道的类型

会展新闻报道一般分为及时性新闻报道和评述性新闻报道两种。

及时性新闻报道是会展活动进展过程中的新闻报道，其特点可用“短”、“小”、“快”三个字概括。“短”指新闻报道的篇幅比较短，一般300～500字左右；“小”指新闻的报导角度比较小，如“某知名参展商携带新品参展”；“快”指信息发布必须及时、迅速。

评述性新闻报道是采用评论的手法进行的新闻报道。与及时性新闻报道相比，评述性新闻报道具有以下几个特点：一是篇幅较长，少则千余字，多则数千字；二是报道新闻的涵盖面较宽，往往反映会展活动多方面的情况；三是在新闻叙述中夹杂评论；四是发布时间有一定讲究，如在展会开幕前或展会结束后。

在写作要求上，及时性新闻报道比较容易掌握，而评述性新闻报道有一定难度。这是因为，评述性新闻需要写作者对报道对象有比较全面的了解，要大量掌握新闻素材，同时，写作者要有独特的见解和有个性的文字表达能力，因此一般由媒体的资深记者或编辑承担。

2．会展新闻稿的撰写

新闻稿是用简洁明快的文字迅速及时地反映新近发生的会展事件的一种新闻文体。会展新闻稿的编写分两种情况：一种是由主办方自行撰写的新闻稿，在召开新闻发布会或邀请媒体记者现场报道时，以新闻通稿的形式提供给媒体记者，旨在帮助媒体记者对会展活动有全面深入的了解，以利他们写稿。另一种情况是媒体记者亲自撰写新闻稿。在会展活动举办期间，主办方会邀请媒体记者进行现场采访报道，记者从挖掘热点题材的角度，对展会进展过程中的新闻事件进行报道或评论。

不管是由谁撰写新闻稿，在新闻稿的结构、格式及写作技巧方面，还是有一些共性的原则需要遵循的，以下分别阐述。

（1）会展新闻稿的结构

会展新闻稿在结构上一般包括标题、导语、主体、背景和结语五部分。其中，标题、导语、主体是主要部分，在新闻稿中是必不可少的；背景和结语是辅助部分，可视具体情况决定其取舍。

标题由主题、引题和副题组成。主题是对新闻中最主要内容的高度概括；引题和副题则是用来说明主题或加强主题的，以协助主题共同完成标题任务。如果主题能够独立承担标题任务，则引题和副题也可以省去。

导语即新闻稿的首段，它是由消息中最重要、最新鲜的事实或精辟的评论组成，也可以说是新闻事件的浓缩版，旨在使读者迅速了解新闻要点，并吸引他们阅读全文。

主体紧接导语之后，将导语中提及的内容按照“时间顺序”或“逻辑顺序”做进一步的叙述和展开，有时也补充一些导语中未提及的资料，如事件的背景说明等。

背景说明新闻事件发生的具体条件、原因、性质或意义，是为充实内容、烘托和突出主题而服务的。背景既可在主体部分出现，也可在导语或结语部分出现，位置不固定。

结语是新闻稿的最后一段或最后一句话，旨在使读者对新闻的理解与感受加深，从中获得更多的启示。结语的方式有小结式、评论式、希望式等。

（2）会展新闻稿的写作格式

会展新闻稿的写作格式有很多，以下介绍最为常见的三种。

①倒金字塔式

也称“倒三角”结构，是目前媒体写作最常见的一种结构方式。它是以事实的重要性程度或受众关心程度依次递减的次序，先主后次地安排文章中各项事实内容，犹如倒置的金字塔或倒置的三角形，因而得名。这种结构的基本格式（除了标题）是：首先，在导语中介绍一个事件中最有新闻价值的部分，即整个事件中最突出、最重要、最能吸引受众的部分；其次，在主体中按照事件各个要素的重要程度，依次递减地写下来；最后，交代事件中最不重要的部分。需要注意的是，这种格式不符合事件发展的基本时间顺序，因此在写作时应尽量从受众的角度进行构思，按照受众对事件重要程度的认识来安排事件要素。

②新华体式

这是一种中外结合的写作格式。长期以来，我国的新闻报道一般是遵循时间顺序，以“讲故事”的形式对事件进行报道，然而，这种“讲故事”的写法已经不适合受众的阅读习惯，因为没有多少人有时间看一篇长篇大论。“新华体”式结构吸收了中外新闻报道之长，既将事件中最重要的部分在导语中做简明陈述，又在其后的报道中遵循了事件发展的时间顺序。该结构的基本格式（除了标题）是：首先，把事件中最重要的部分在导语中简明地概括出来；然后，在第二段进一步具体阐述导语中的这个重要部分，形成支持（第二段实际上是一个过渡性段落）；再后，按照事件发展的时间顺序把"故事"讲下来。

③华尔街日报体

这是美国《华尔街日报》惯用的一种新闻写作格式，后被广泛采用。其突出特点是从一个"镜头"（如某个人的言行）写起，进而引出整个新闻报道。这种写作格式感性、生动，符合读者认识事物由具体到抽象的规律，因此颇受读者青睐，主要适用于非事件类题材的报道。该结构的基本格式（除了标题）是：首先，以人性化的片段开头；然后，从人物与新闻主题的交叉点切入，将真正的新闻内容推到读者眼前，集中而有层次地阐述新闻主题；最后，回归人物，深化主题。

以下是"第四届中国国际管材展览会"的新闻稿，请结合该案例，理解会展新闻稿的结构与写作格式。

案例链接

第四届中国国际管材展览会将举行

本报讯（崔玲）第四届中国国际管材展览会（Tube China 2010）将于2010年9月21～24日在上海新国际博览中心举行。这是由中国贸促会冶金行业分会和杜塞尔多夫展览（中国）有限公司共同主办的全球第二大国际管件、管材展，每两年在上海举办一次。

中国国际管材展览会创办于2004年，至今已成功举办了三届。作为全球管材行业最具影响力的展会之一，Tube China 2010招展以来已体现了行业的强大号召力，吸引了众多国内外企业积极报名参加。展会原定的三个展馆目前已全部预定完毕。截至7月中旬，已有448家中外企业报名参展，展出毛面积达到34500平方米，比上届增长了45.79%。国内参展企业有宝钢、天津钢管、珠江钢管等企业；国外参展企业有Buhlmann SMS Meer、Iljin、Sandvik等。德国、奥地利、英国和美国组织了国家展团参展。

中国作为世界最大的管材生产国和消费国，在管材领域具有举足轻重的影响力。中国国际管材展览会自2004年第一次举办以来，一直起着最佳交流平台的作用。目前中国国际管材展览会已经成为世界上知名度最高，中外展商和观众最为认可的国际管材展览会之一。通过主办单位的不懈努力，展会的国际影响力将越来越大。Tube China 2010将秉承前三届的辉煌成绩，顺应后经济危机时代对管材需求的旺盛期，引领管材行业的最新潮流，成为行业人士开拓中国乃至亚洲贸易和交流的最佳平台。

（资料来源：科技日报. 2010-8-4，作者：崔玲）

(3) 会展新闻稿的写作原则

● 锤炼新闻标题，吸引读者关注

正所谓“看书看皮、读报读题”，标题对于新闻稿的作用是至关重要的。标题写作的总体原则是简要、突出、吸引人。具体体现为：

其一，标题必须要提炼新闻事件的“精华”，把最吸引人的地方体现出来；

其二，标题必须简洁，字数不宜过多。可采用并排两句式标题，如“北京车展多亮点　观众接近八十万”。

其三，会展项目的名称必须嵌入标题中，否则便不具有推广意义。会展项目的名称可用简称，以尽量少占标题字数。

其四，如果新闻稿的内容较多、篇幅较长，则应在文中按照事件叙述明晰的需要，适当加一些小标题，以概括一个部分的内容，便于读者阅读。

● 发现新闻素材，提炼报道观点

会展新闻素材一般有两大来源：一是来自于会外的信息，如宏观经济对会展活动的影响、会展题材所在行业的发展情况、政府扶持产业的政策措施等；二是来自于会内的信息，如会展项目的题材调整、客户服务措施改进、展位销售进展、客商参展动态、配套活动安排等。

撰写者要善于从这两大信息来源中发现有报道价值的新闻素材。同时，在发现新闻素材的基础上，还要善于从中提炼报道要点。例如，一篇题为“留学展会如火如荼 网络留学教育展亮相冰城”的新闻报道，介绍了 2010 年 10 月 18 日在黑龙江省哈尔滨市举办的“2010 年国际招生网络教育展”。该新闻中写道，每年 10 月是我国学生提交留学申请的高峰期，各国学校也趁机不断推出留学项目，“2010 年国际招生网络教育展”以“笑对前程　无忧留学”为主题，改变传统的展会模式，以网络形式举办教育展。该报道以教育类展会的发展现状为背景，在突出了此类展会市场竞争愈演愈烈的同时，引出该网络教育展的新颖展览形式，增强了报道深度。

● 构思新闻导语，激发阅读兴趣

导语在新闻报道中发挥着至关重要的作用，其以简要的文句，突出最重要、最新鲜或最富有个性特点的事实，提示新闻要旨，吸引读者阅读全文。导语一方面帮助读者领会报道主旨，另一方面起到导读作用，唤起读者对新闻事件的注意，最大限度地激发读者的阅读兴趣。看下面这段导语：

“8 月 6 日，中国（哈尔滨）投资创业项目博览洽谈会在哈尔滨国际会展体育中心召开，80 多家高科技企业参会。会上近百种高科技产品尽管很吸引眼球，但‘风头’几乎全被‘5 头小胖猪’夺去。”

在这段导语中，“5 头小胖猪”夺去的不仅是会场上的风头，而且是读者对新闻事件的关注，生动诙谐的写作风格极大地激发起读者的阅读兴趣。

● 运用恰当图片，吸引读者眼球

达·芬奇曾说过："画面所展示的，比钻石更可贵"。在会展新闻报道中，正所谓"一图胜千言"，恰当的展会现场图片可以对读者形成较强的视觉冲击和感染力，增加新闻报道的力度。在会展新闻稿中，恰当地配发图片，将图片由"配菜"推到"主菜"地位，注重图片新闻的编排，增强版面的视觉冲击力，吸引读者阅读的同时也给人以视觉美的享受。值得一提的是，在会展新闻稿的编辑过程中不要为了刻意说明展会规模而选择画面上"人山人海"的照片，图片与文字的配合尽量做到相辅相成，避免生硬。

案例链接

从第二届"非遗节"看会展报道创新

伴随会展经济的快速发展，会展新闻报道逐渐成为媒体聚焦的重要领域。如何避免新闻宣传的同质化趋势，形成独具特色的宣传策划与版面亮点。《四川日报》在第二届"中国成都国际非物质文化遗产节"（以下简称"非遗节"）的宣传报道中进行了创新尝试。

一、跳出会展，挖掘背景，凸现重大意义

会展宣传本身具有大量新闻资源，挖新闻、报动态已经成为宣传"套路"与常态。如何跳出框框谋求新立意，成为媒体不断探索的新课题。在第二届"非遗节"宣传报道中，《四川日报》就从宣传主题、表现形式等多方面进行了探索。

第二届"非遗节"在成都举办寓意深刻。首先，这届"非遗节"在"5.12"汶川特大地震发生一年后举办，灾后恢复重建正在加快推进，一个充满生机与活力，依然美丽的四川将通过这个平台向全球展示。其次，首届"非遗节"由文化部和四川省人民政府共同主办，而这届"非遗节"主办方有了新"面孔"——联合国教科文组织，这是该组织参与主办的我国第一个国际文化节，也是该组织第一次与一个国家的地方政府联办国际性活动。

基于这样的背景，作为省级党报的《四川日报》，用全新理念宣传报道本届"非遗节"，除全面展示会展活动本身以外，还深入解读活动背景、内涵及延伸信息等更丰富的层面，既要浓墨重彩报道盛会，更要借盛会的平台，宣传四川的深厚底蕴与现代气息，宣传灾后四川的崛起，宣传四川人民自强不息的风貌与文化传承的生机。

此次报道中，前期策划组确立"坐标式"的宣传方式，即宏观背景与时代意义是报道的"横坐标"，"非遗节"本身的动态活动是报道的"纵坐标"，有时效、够分量的事件或现象是“原点”。

二、多维观察，立体报道，喊响独特观点

《四川日报》以“新闻＋特刊”的方式，对本届“非遗节”报道进行组合包装。

“非遗节”开幕前，宣传报道着力从文化推力的角度透视新闻背后的故事。《成都非遗节进入“国际视线”》是一篇会前报道，报道跳出以往单一报道参展人数、参展规模的形式，从会展背景、参展嘉宾背后挖掘深层次意义，通过联合国教科文组织参与主办、国际论坛吸引众多嘉宾参与、国外展演队积极来蓉等三个角度切入，突出文化张力引来的巨大社会效应。

在特刊专题报道中，《非遗传承：政府推动与产业带动》等多篇稿件都以“非遗节”的新闻为由头，把笔触深入到推动“非遗节”落户成都、促进四川文化产业发展的角度，分析问题、提炼观点。同时，通过精心策划、筛选题材，在《四川日报》每周推出的《天府周末》封面版及其他版上，陆续刊发展示羌笛、糖画、峨嵋武术等非遗项目的6组特写式调查报告，既是与“非遗节”的呼应和对接，又是从文化建设的角度剖析非遗项目的生存环境与发展之路。

三、“三线”联动，提前介入，实现机制创新

2009年6月1日至6月13日，第二届“非遗节”在成都举行，而真正的新闻大战早在5月初就已打响。此前在成都举行的“全国城市社区文化建设现场经验交流会”上，与会嘉宾原班人马将出席“非遗节”，“一节一会”涉及国内外嘉宾、国家领导人，规格高、阵容大。对此，《四川日报》成立了30人的策划报道小组，投入到历时近20天的宣传报道中。

提前介入，深入策划，尽早启动。6月1日开幕的“非遗节”，宣传策划早在5月初就开始推进：策划组提早介入“非遗节”执委会，与6大类370多项节会活动及工作人员实现无缝对接，盯人盯项目，拿回第一手资料；根据“非遗节”的举办背景与意义，确定宣传主旨；根据活动内容设置，形成报道方案，此后又几易其稿，形成有高度、有深度，有观点、有新闻的报道方案；报道计划提前一周出炉，保证“非遗节”初期每天两个版，天天有动态，天天有观点。比如，开幕当天特刊即推出《13天狂欢，一场世界非遗盛宴》、《非遗节上巴蜀元素抢鲜看，麻辣“川味”耀眼夺目》两个主题策划稿件。此外，还策划了《展现绚烂文化，展示不屈脊梁》、《灾后重建为非遗保护带来大机遇》等多个主题稿件。

（资料来源：新华网. 2010-5-14，内容略有删改）

思考：

1.《四川日报》在第二届“非遗节”的宣传报道中是如何发现新闻素材，提炼报道观点的？

2. 什么是立体报道？请结合该案例加以分析。

3. 如何理解提前介入对会展新闻宣传的影响与作用？新闻媒体应怎样提前介入？

第四节　会展宣传推广方案的撰写

会展宣传与推广活动最终应落实为文字，以文案的形式给出，这既便于会展主办方营销决策部门对该项目的宣传与推广活动心中有数，也便于指示相关人员执行与运作。撰写会展宣传推广方案，应务求做到科学、合理、清晰、可操作。

一、会展宣传推广方案的基本框架

会展宣传推广方案的格式与内容可视具体情况具体拟定，无须千篇一律。但该类文案的基本结构和写作思路，还是应该有一个大体标准的。美国营销学大师菲利浦·科特勒归纳了营销策划书的基本框架，包括：计划概要、现状分析、机会与威胁分析、目标、营销策略组合、行动方案、费用预算、控制八个部分。借鉴营销策划书的框架，一份完整的会展宣传推广方案也应包括这些内容。会展宣传推广方案的基本框架如表 8-4 所示。

表 8-4　会展宣传推广方案的基本框架

序号	部分	主要内容
1	方案概要	对该会展宣传推广方案的扼要介绍，以便营销决策部门的快速浏览。
2	背景分析	对本次会展宣传推广可能产生影响的各种宏观环境以及微观环境的背景资料。
3	机会与问题分析	以背景分析为基础，指出本次会展宣传推广活动所面临的市场机会与威胁、组织内部的优势与劣势。
4	宣传与推广目标	制定会展宣传与推广的具体目标。
5	宣传与推广组合策略	专业媒体广告、大众媒体广告、新闻发布会、公关推广、直邮、同类展会推广、合作机构推广等。
6	行动方案	制定具体的活动实施计划。

续表

序号	部分	主要内容
7	费用预算	以费用预算表的形式给出计划期内会展宣传推广活动的开支总额及分配范围。
8	控制与反馈	包括对方案执行过程如何控制，对可能出现的问题如何应对，对方案执行效果如何反馈，以及如何根据反馈结果调整方案等。

二、会展宣传推广方案的主要内容

会展宣传与推广方案应把会展宣传与推广活动中将要采取的一切部署都列出来，指示相关人员在特定时间予以执行，它是会展宣传与推广工作的正式行动文件。如表 8-4 所示，一份完整的会展宣传推广方案一般应包括 8 个方面的内容。

1．方案概要

用简明扼要的文字对该方案做简要提示。在这一部分，应简要说明制定会展宣传推广方案的背景及意义，会展营销现状及面临的主要问题，希望通过本次宣传推广活动拟达到何种目的，主要的宣传与推广手段、方案的主要构成内容等。作为整个宣传推广方案的纲要，这一部分应将全文的要点提示出来，以便会展营销决策部门快速浏览，及时做出指导与决策。

2．背景分析

提供与会展营销活动，特别是实施会展宣传与推广工作密切相关的各种宏观环境以及微观环境的背景资料，包括市场环境、目标客户的需求、竞争展会的宣传与推广策略等的调研结果，为制定会展宣传与推广策略提供重要依据。

3．机会与问题分析

以背景分析为基础，指出本次会展宣传与推广活动所面临的市场机会与威胁、组织内部的优势与劣势。

4．宣传与推广目标

确定本次会展宣传与推广活动所要达成的目标，包括销售目标，如招展目标、招商目标、展位销售额、销售增长率等；传播目标，如会展品牌的认知度、好感度、指名参展（或观展）率等。宣传与推广目标切忌过多，一般以 2～3 个为宜。所有目标应以定量的形式表达，这既有利于会展宣传与推广计划的制定和实施，也有利于最后对宣传与推广的实施效果进行测定与评估。

5．宣传与推广组合策略

每一目标都可通过多种途径去实现，方案制定者必须从多种可供选择的策略中做出选择，并在方案中加以陈述。会展宣传与推广策略包括专业媒体广告、大众媒体广告、新闻发布会、公关推广、直邮、同类展会推广、合作机构推广等。

6．行动方案

宣传与推广组合策略只是提供了开展活动的思路和指导思想，可操作性不强，换言之，相关人员拿到该策略后如何操作？怎样实施？为此还需要把策略转化为具体的实施计划和行动方案，以便指示相关人员执行与运作。

以发布专业媒体广告为例，在行动方案部分要详细说明实施该策略的具体细节，包括发布广告的具体内容、版式，选择哪些专业媒体，刊登广告的具体时间、次数，每次刊登的版面大小等；如选择海报、招贴、邮寄广告等其他媒体形式，应详细说明印制的数量和分发方式、分发日期。在选用多种媒体时，对媒体广告的刊播如何交插配合，亦需加以说明。

7．费用预算

通俗地讲，就是“花钱计划”。会展宣传与推广活动需要必要的经费支持，这是会展营销成本之一。主办方要拿出一定的资金用于宣传推广，必然十分关心经费的使用情况与流向。会展宣传与推广预算一般采用表格形式，给出计划期内会展宣传推广活动的开支总额及分配范围，以便于会展营销决策部门对会展宣传与推广经费开支一目了然，同时也对此方案是否可行做出判断。

8．控制与反馈

规定如何对方案实施过程进行控制，有些控制部分还包括发生意外时的应急计划。同时，规定方案执行效果如何反馈，以及根据反馈结果对方案进行的适度调整。

本章小结

会展宣传与推广是会展企业为提升会展项目的品牌竞争力、不断扩大市场份额而采取的重要营销手段，其主要目的包括促进招展、促进招商以及打造会展品牌形象。广告、新闻宣传、机构推广、直复营销和公共关系是最为常见的会展宣传与推广手段。

会展宣传与推广需要经费支持，且须在事前进行周密的预算。主要的预算方法包括收入百分比法、目标达成法、任意支出法和支出可能法，由于每种方法各有其优点与局限，因此在编制预算时最好将几种方法结合起来，以达到最为科学合理的效果。

会展广告的主要形式包括纯商业广告和软文两种。软文作为一种隐性广告，其可信度更高，也更易被公众接受。会展广告的常用媒体包括专业媒体和大众媒体两大类。其中，专业媒体直接面对展会的目标参展商和专业观众，是会展宣传与推广的首选媒体；大众媒体对传播会展品牌形象，吸引普通观众有一定作用，但对招展以及吸引专业观众方面不如专业媒体，因此是会展宣传与推广的一种补充形式。

会展新闻宣传的商业动机隐蔽，信息的可信度高，且因为新闻宣传一般都是免费的，因此是一种成本低而效益高的会展宣传与推广手段。会展新闻宣传主要包括召开新闻发布会、编发系列新闻稿、邀请媒体记者进行现场采访报道三种形式。

会展宣传推广方案作为正式的行动文件，应把会展宣传与推广活动中将要采取的一切部署列出来，指示相关人员执行与运作。一份完整的会展宣传推广方案包括方案概要、背景分析、机会与问题分析、宣传与推广目标、宣传与推广组合策略、行动方案、费用预算、控制与反馈等部分，其中每一部分又包含许多具体内容。

习题

一、名词解释

会展广告　会展新闻宣传　机构推广　软文

收入百分比法　目标达成法　大众媒体　专业媒体

及时性新闻报道　评述性新闻报道　新闻发布会

二、简述题

1. 会展宣传与推广的主要目的是什么？
2. 会展广告的主要媒体及其特点分析。
3. 会展广告创作应遵循哪些基本原则？
4. 简述新闻发布会的实施要点。
5. 撰写会展新闻稿应遵循哪些基本原则？
6. 简述会展宣传推广方案的基本框架。

三、实训题

以小组为单位，自选某一特定的会展项目，撰写该会展项目的宣传推广方案。要求文稿结构完整、层次清晰，方案可行性强，最好具有一定创新性。

四、案例分析题

上海世博会的宣传推广

世界博览会是由一个国家政府主办、众多国家和国际组织参加，以展现人类在社会、经济、文化、科技领域取得的成就，展望人类社会发展前景，寻求面临问题解决方案等为主要内容的国际展示盛会。其特点是展出时间长、展出规模大、参展国家和国际组织多，影响巨大。

2010 年上海世博会将实现世博会历史上前所未有的宏伟目标：吸引 200 多个国家和国际组织参展、吸引海内外 7000 万人次参观、吸引 25 家左右的全球合作伙伴和赞助商。而在以往世博会历史上，参展国家和国际组织最多的一届是 2000 年德国汉诺威世博会，为 172 个国家和国际组织；参观者最多的一届是 1970 年的日本大阪世博会，为 6400 万人次。要实现上述具有挑战性的宏伟目标，上海世博会除了展示、活动内容丰富精彩、组织周密、运营顺畅外，成功的宣传推广是至关重要的。

2010 年上海世博会的主题“城市，让生活更美好”，是本届世博会宣传工作需要传递的重要信息。这一主题又延伸出五个副主题，分别是：“城市多元化文化的融合”、“城市新经济的繁荣”、“城市科技的创新”、“城市社区的重塑”和“城市与乡村的互动”。为宣传上述主题，组委会采用了丰富多彩、颇具匠心的宣传手段和策略，展开了多角度、全方位的宣传攻势。如 2003 年的征集会徽活动、2004 年的征集会歌活动、2005 年的征集“世博”展示策划方案以及吉祥物活动、2006 年的“迎世博，学礼仪——百万家庭学礼仪”活动、2007 年的“世博校园行”活动、2008 年的志愿者标志与口号征集活动等。以下分别就上海世博会的国内宣传推广和海外宣传推广进行介绍与分析。

一、国内宣传推广

1. 文化活动推广

早在世博会筹办阶段，组委会就精心设计了一批具有国际影响力的知名品牌文化活动。世博会主题与知名品牌文化活动的有机结合，中国文化资源与上海世博会资源的有机整合，共同传递了上海世博会理念，展现了中国文化精粹。同时利用重大活动，特别是体育赛事、旅游节、电影节等机遇，营造出上海世博会文化生活的新亮点。

上海世博会相继在上海、江苏、北京、浙江等15个省区市和港澳台地区举办世博会全国宣传月（周）活动，累计吸引了100多万人次参观展览，在此期间举办各类文化艺术及学术交流活动，编辑出版图文并茂的、多语种的文化宣传精品。此外创办了一年一度的“上海世博会文化节”，集展览、演出和各类文化活动为一体，通过新颖活泼的文化内容和丰富的艺术形式，扩大社会影响，传播世博理念。

以对大学生群体的宣传推广为例。上海世博会非常关注学生群体，特别是大学生群体。中国有4亿多学生，这是世博会庞大的目标参观者群体。从2008年到2010年，上海世博局与上海国际电影节联手推出“城市，让生活更美好”世界大学生短片大赛，重奖未来电影发展的新生力量。第11届上海国际电影节“国际大学生短片大奖赛”的竞赛主题“Better City, Better Life”与2010年世博会主题相呼应。再如，“世博校园行”系列活动采用流动展览、演讲会、网络和电视知识竞赛、DV大赛、知识读本等形式，在全国高校进行世博知识普及宣传，并组织高校大学生投入志愿者选拔活动。该活动自2007年9月27日在北京大学启动以来，已先后走进澳门大学、南昌大学、广西大学等百余所高校。此外，上海世博会还设立大学生环保创意大赛，鼓励大学生通过自己创新性的制作与实践，身体力行地推广节能环保、绿色生活，并与第十一届“挑战杯”全国大学生课外学术科技作品竞赛联手，设立世博会专项比赛，通过科技发明、撰写论文等为上海世博会献计献策。

2. 互联网推广

互联网已成为上海世博会向全球观众进行宣传推介的重要工具。通过与本地及海外的主流媒体、新闻网站、商业网站及其他国际网站的合作，上海世博会官方网站（http://www.expo2010.cn/）已成为向全球观众发布世博会独家新闻、信息、最新动态的信息源。

上海世博会还开创性地推出网上世博会项目，作为实体世博会的补充和延伸。世界各地的网友进入网上世博会，通过点击鼠标可以在虚拟园区内实现不同角度的漫游和浏览。上海世博会官方网站手机网络推出了上海世博会无线官方网站和名为“Shanghai Daily”的英文手机日报。主办方还把上海世博会官方网站与各大门户网站进行链接，与著名网络媒体共同开设世博会平台，腾讯、东方等各大网站都推出世博频道。借助这些网络载体，志愿者标志、口号、海宝游世界海报设计等比赛活动的网络投票均得到广泛关注，如2007年12月至2008年4月举行的上海世博会志愿者标志、口号征集活动，就收到了15717件应征作品。

3. 媒体宣传推广

随着上海世博会各项筹备工作的顺利进行，国内包括中央电视台、中央人民广播电台、《人民日报》、新华网、人民网、《三联生活周刊》等各大主流媒体都对世博会进行了广泛且多角度的新闻报道。各种形象宣传片及专题片也在广播、电视、楼宇电视、移动媒体等媒体上持续播出，其中包括《城市畅想》、《2010年，上海欢迎您》、《共襄盛举，心系世博》、《中国的机遇，全球的盛会》等，以及与北京奥运会紧密结合的《成功奥运，精彩世博》。主办方还拍摄了反映上海世博会筹备进展情况以及民众热情参与世博的专题节目，并在东方卫视等频道开设上海世博会频道专栏。

上海世博会唯一指定的官方杂志《上海世博》自面世以来已发行多期。为扩大海外影响，2007 年上海世博会官方网站、世博网和官方杂志《上海世博》还推出了日文版，至此世博网已有中文简体版、中文繁体版、英文版、法文版和日文版。

二、海外宣传推广

2010 年上海世博会的 7000 万参观者中，海外参观者约占 5%，预计为 350 万左右。上海世博会海外宣传的主要对象是有可能到上海实地参观的各国民众，同时，吸引尽可能多的国际商业参展者与合作伙伴，以不同方式参与上海世博会。

为此，上海世博会主办方展开了一系列海外宣传推介以及招商招展活动。例如，2005 年爱知世博会期间，在现场设立“上海世博会咨询台”，为对上海世博会感兴趣的爱知世博会参展、参观者提供各类咨询，宣传推介上海世博会。2006 年初至 2006 年底，通过包括中国驻各国使领馆在内的各种途径，广泛发出参展邀请，对尚未与中国建交的国家，由中国驻联合国使团发送邀请。2006 年底至 2007 年底，就各方对中国普发邀请函的反馈，通过驻外使领馆并适时以中央政府游说团、政府特使团等方式，有针对性地做有关国家和国际组织的邀请工作。

上海世博会的海外推广活动已先后走进日本、韩国、法国、俄罗斯等多个国家，还走进了纽约联合国大厦。这些活动利用每年举行的世博论坛，以展览、演出、主题演讲、研讨会、经贸合作等形式，对外推介上海世博会。同时，通过上海友好城市在海外举办“上海周”、“中国日”、“上海日”等综合性活动，对外推介中国和上海形象。

主办方还结合票务进展，在海外举行大型活动，进行推广路演，同时积极参与国际旅游活动推广，如中国国际旅游展、香港国际旅游展、法国国际旅游博览会、德国柏林国际旅游交易会、俄罗斯国际旅游展等。此外还与 F1 中国大奖赛、ATP 网球大师杯赛等携手，充分借助国际顶级赛事的影响力推广宣传上海世博会。

从 2008 年到上海世博会闭幕前，上海世博会主办方已在国际各主要机场、航空公司及航班、旅游服务分支机构等地点投放宣传广告；选择海外主流媒体，如 CNN、Financial Times、New York Times 等投放广告；选择主要旅游网站投放不同形式的网络广告；联合主要门户网站和热门网站，与世博官网进行链接，提供预定门票快捷链接、提供世博相关资讯、免费世博相关小游戏等。

主办方还在世博会筹备的不同阶段，邀请国际主流媒体来上海采访报道上海世博会筹办情况。在通过新华社、中新社统一向海外媒体供稿的同时，建立了向 CNN、NHK、路透社等海外媒体和通讯社的供片供稿机制。

思考：

1. 会展宣传与推广的主要手段和形式有哪些？

2. 上海世博会对大学生群体的宣传推广有哪些值得学习和借鉴之处？如你是主办方人员，能否设计出其他具有创新性的宣传推广活动？

3. 查阅关于上海世博会的新闻报道，分析世博会举办期间的宣传与推广活动，撰写相关研究论文。

第九章

会展营销管理

学习目标

- 理解会展营销管理的内涵
- 了解会展营销组织结构的特点
- 了解会展营销人员管理的内容
- 掌握会展营销控制的方法
- 能够编制会展营销计划

引　言

会展营销的整体战略计划制定了办展机构的营销目标和增长战略，为了保证这些营销战略能够被严格执行，确保达成办展机构的战略意图和经营目标，还需对会展营销活动进行管理，确保展前计划周密、展中实施得力、展后反馈及时，对会展营销的全过程进行严格的监控。

本章将从会展营销管理的角度，讨论与会展营销管理相关的计划、组织与控制，介绍办展机构营销管理设计的主要内容。希望通过本章的学习，使读者了解会展营销管理的内涵，并在此基础上学会如何制定会展营销计划、如何构建会展营销组织、如何培训和激励会展营销人员，以及如何对会展营销活动进行监控和审计。

第一节　会展营销管理概述

由市场营销学的相关理论可知，营销管理是为了实现企业目标，创造、建立和保持与目标客户之间的互利关系，而对营销活动进行分析、计划、执行和控制的过程。会展营销管理就是利用营销管理的方法与手段，对会展营销活动进行的计划、组织和控制。

一、会展营销管理的内涵与特点

会展营销管理是指对办展机构的经营项目和营销活动进行计划、组织、执行和控制，以便能创造、建立和维持与目标客户的良好关系，实现办展机构经营目标的活动。

会展营销管理的主体不是每个营销人员，而是整个办展机构，所以会展营销管理不是某个人或某个部门的事情，而应该是整个办展机构自上而下的管理工作。此外，会展营销管理关注的内容不是指具体的会展策划或营销策略，而是针对办展机构开展营销工作的计划、组织、实施及控制。因此，一个好的会展营销管理者，他可以不是一个优秀的销售人员，也可能不是一个具有创意的策划者，但他一定要是一个优秀的会展项目经理，能够协调各方面的关系，计划和安排展会的所有营销活动，并对其加以控制和约束。

会展营销管理不同于其他内部管理活动，如项目管理、财务管理、人事管理等，具体表现为会展营销管理所牵涉的对象不是处于办展机构内的，而是处于办展机构外的不特定对象；会展营销管理的中心不是某个人群，而是整个展会交易的过程；由于营销管理与外在环境的密切性，任何调整不仅仅涉及办展机构内部的行动，并且还要求外在环境的配合。

会展营销管理具有以下特点：

- 会展营销管理的目的是使营销工作按计划得以顺利实施和执行。
- 会展营销管理是一种包括分析、计划、执行和控制的综合性活动。
- 会展营销管理的实施可增加办展机构和客户双方的利益。
- 会展营销管理注重会展产品、价格、促销、渠道、人、有形展示和过程的相互协调和适应，以实现有效的营销。

知识链接

我国会展营销管理亟待加强

会展业作为第三产业中服务贸易的一个重要组成部分，由于能够带动交通、餐饮住宿、信息通讯、旅游观光、物流货运等相关产业的发展，在我国正以每年 20%的速度增长。从近几年我国会展业的发展看，虽然办展企业的经营理念日渐更新，会展营销观念正从“会展营销只是办展企业的事情”向全产业链营销观念转变，但办展企业在市场推广方面投入不少、宣传效果不佳等问题一直都存在。

目前会展企业对会展营销策划存在着两种截然不同的观点和做法。有的企业，包括国内一些知名的大型会展公司，仍无法脱离粗放式的营销管理模式，经常是仓促应战，会展项目的组织策划尚停留在模仿阶段，展会卖点不明确，缺乏原创性和独特风格，会展营销工作缺乏针对性。而另一类企业则在展前比较早的时间内就制定了严密、甚至苛刻的会展营销计划以指导营销工作的开展。但在大多数情况下，由于原计划与展会的实际情况、目标客户的需求、市场环境的变化等不一致，往往导致会展营销的效果和效率不尽如人意。总体来说，我国会展企业的营销管理水平整体仍处于初级阶段，会展营销过程中存在诸多问题。

首先，对参展商的服务营销不到位。办展机构举办一个展会，从立项、招展、筹展到布展，再到开展和闭展，每个环节都是营销的“节点”，其品牌形象和营销水平就体现在每个细节中。俗语说，细节决定成败，这在会展营销中体现得尤为突出。然而，目前办展机构大多不同程度地进行粗放经营，几乎没有系统的客户管理体系，也没有系统的服务流程，参展商或专业观众在参加展会过程中遇到的问题难以解决。同时，在硬件设施建设上仍有欠缺，如展台、陈列、交通、餐饮问题等都阻碍了展会的良性发展。

其次，缺乏有效的传播和沟通。会展营销的参与方包括办展机构、政府、参展商、专业观众以及媒体等，在组织策划展会的过程中，办展机构内部决策管理层与执行层之间、办展机构与外协单位之间缺乏良好的沟通，造成各自对展会策划组织方式、目的存在理解上的偏差。例如办展机构推出的会展产品和服务与展台搭建的风格、活动组织的形式脱节，问题就可能出在展会的创意策划部门与展会的组织部门缺乏沟通。

最后，在制定展会项目预算的同时，高估了展会效果的回报，造成投入与产出比例的不协调。近年来，国内展会出现了一种倾向：展台搭建、活动组织一味求大、求豪华，而忽略展会活动本身应有的功能，最终导致了展会项目费用超标，办展机构收支失衡的现象。

从理论上讲，办展机构选准定位，又能把握住营销环境的变化，策划出优秀的会展项目，就应该获得属于自己的成功。但在现实中，很多办展机构付出了营销努力，而营销效果却并不理想。营销管理水平成为制约办展机构的经营能力和长远发展的重要因素，因此，必须加强会展营销管理，提升办展机构的营销管理水平。

（资料来源：东方企业文化. 2009（11），作者：宋新华，本文有所删改）

二、会展营销管理的内容

会展营销管理的内容主要包括六个部分，即分析会展营销环境、制定会展营销战略、制定会展营销计划、组建会展营销队伍、执行会展营销方案和实施会展营销控制，其中以会展营销计划、组织和控制为会展营销管理的最核心任务（见图 9-1）。

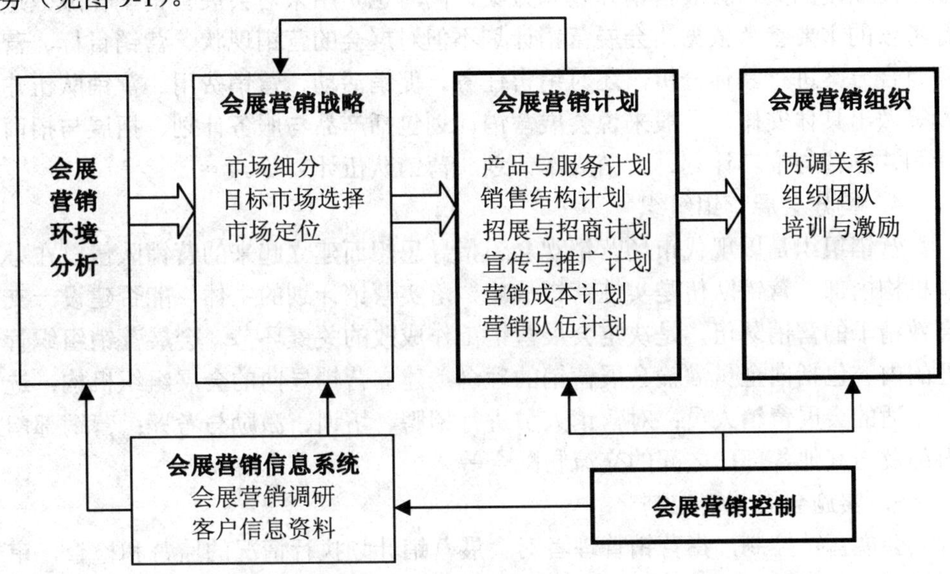

图 9-1　会展营销管理过程

1．分析会展营销环境

营销环境分析是开展会展营销活动的立足点和根本前提，只有深入细致地对会展市场环境进行调查研究和分析，才能准确、及时地把握参展商和观众的需求，认清会展项目所处市场环境中的优势与劣势，制定积极有效的营销战略和策略以适应营销环境的变化。会展营销环境包括宏观环境和微观环境两大类。其中，宏观环境包括经济、政策、法律、社会文化、自然生态等环境因素，尽管对会展活动的影响是间接的，但其影响作用却是不可忽视的，宏观环境的变化往往影响到办展机构营销战略方向，有时甚至影响到整个行业的发展走向。微观营销环境指由办展机构内部、目标客户、营销中介、会展服务商、竞争者、社会公众等构成的市场环境，它们与会展营销活动紧密相关，并直接影响会展营销的结果和效益。

2．制定会展营销战略

营销战略是关系到营销活动成败的关键环节，其制定必须关注客户需求的确定、市场机会的分析、自身优势的分析、自身劣势的反思以及市场竞争等综合因素。营销战略对于展会的长远发展起到了规划和指导作用，它对会展营销各项工作进行总体部署，是制定会展营销计划和策略的总体指导方针。

3．制定会展营销计划

会展营销计划是对展会的总体营销工作所做的事前规划，是依据总体营销战略而制定的具体会展营销计划和方案，同时也是用来对会展营销工作成效进行考核的主要参考依据。会展营销计划不但对展会的营销现状、营销目标、营销组合方案进行具体分析，还对销售任务、促销活动、营销费用、营销队伍建设等做出具体安排。一般来说会展营销计划包括产品与服务计划、招展与招商计划、宣传与推广计划、营销成本计划、营销队伍计划等。

4．构建会展营销组织

营销组织是以现代市场营销观念为指导思想而建立起来的营销队伍。在办展机构内部，营销队伍是实施营销战略、落实营销计划的主体，能否建设一支高效精干的营销队伍，是决定会展营销工作成败的关键环节。会展营销组织管理的内容包括向全员灌输会展营销的理念；建立营销导向的会展组织机构；选择合适的会展营销人员；对营销人员进行招聘、培训、激励与考评；营销部门内部及与其他各部门之间的交流与配合等。

5．实施会展营销控制

会展营销控制，指营销管理者对会展营销计划执行情况的监督和检查，审核计划与实际是否一致，如果发现实际的执行情况偏离了预先的计划，就要找出原因所在，并采取适当措施和行动予以纠正，以确保会展营销计划的完成。会展营销控制工作的内容主要包括会展营销数据的分析、归纳和总结；用既定的绩效标准来衡量和评价会展营销活动的实际结果；分析各种促销活动的有效性；评估营销人员的工作成绩；采取必要的纠正措施等。会展营销控制主要有项目控制、效率控制、盈利能力控制、战略控制与营销审计四种类型。

第二节　会展营销计划

一、会展营销计划的内涵与分类

1．会展营销计划的定义

会展营销计划，指办展机构在对会展市场营销环境进行调研分析的基础上，针对具体会展项目制定的营销目标，以及实现这一目标所应采取的措施、步骤的明确规定和详细说明。如果说营销战略是“做正确的事”，那么营销计划则是如何“正确地做事”。

会展营销计划的制定，因市场环境的变化、办展机构的资源与实力、目标客户的需求、竞争状况等的不同而有所不同。一般而言，会展营销计划包含会展产品与服务计划、销售结构计划、招展招商计划、宣传与推广计划、营销成本计划、营销队伍计划、营销预算编制等较为重要的内容。

2．会展营销计划的类型

办展机构制定会展营销计划，可以从不同的角度考虑。会展营销计划的主要类型包括：

（1）按计划时期的长短，分为长期计划、中期计划和短期计划。

长期计划的期限一般为5年以上，主要是确定办展机构的长期营销工作发展方向和奋斗目标的纲领性计划。

中期计划的期限为1年～5年，主要是针对市场潜力大且利润率高的会展项目，制定其未来5年内应该采取的营销措施和所要达到的营销目标。

短期计划的期限通常为1年，如年度计划。主要是针对近期将要举办的会展项目而制定的具体营销目标、营销手段、营销费用、营销人员安排等。

（2）按计划涉及的范围，可分为总体营销计划和项目营销计划。

总体营销计划是对整体营销活动的全面、综合性计划；项目营销计划是针对某一展会项目而制定的计划，如展会营销计划、品牌营销计划、招展和招商计划、宣传与推广计划等。

（3）按计划的程度，可分为战略计划、策略计划和作业计划。

战略计划应用于组织整体，是为办展机构在未来较长时期（通常为5年以上）而设立的总体营销目标；策略计划是对会展营销活动某一方面所做的策划；作业计划是具体会展项目的执行性计划，如招展计划。

二、会展营销计划的编制

办展机构的营销部门根据营销战略规划编制各种营销计划。在会展营销计划中，直接与现金流相关的是销售计划和费用计划，也是办展机构最为重视的营销计划。

1．展会销售计划的编制

销售计划是营销计划中最为核心的部分，它提出了营销工作应该完成的销售额。办展机构根据历史销售记录和已有的销售合同，综合考虑当前的市场情况，制定展会的销售计划。在为一个展会项目制定销售计划时，首先要计算出该展会的损益平衡点，然后再编制销售计划。

（1）展会的盈亏平衡点

展会的盈亏平衡点，指某展会项目达到盈亏平衡时，所需要达到的最低招展数量或销售额。只有销售达到或超过这个数量，展会项目才能保本并且盈利。因此，招展数量是否达到了盈亏平衡点，是办展机构决定是否举办展会的重要考虑性因素。盈亏平衡点的计算公式如下：

$$\text{展会的盈亏平衡点}=\frac{\text{单位固定成本}}{\text{展位单价}-\text{单位变动成本}}$$

当盈亏平衡点=1 时，展会处于保本状态；当盈亏平衡点＜1 时，展会处于盈利状态；当盈亏平衡点＞1 时，展会处于亏损状态。计算公式中的固定成本通常包括场地租金、广告费用、推广费用、公关活动费用、人员费用、大型活动费用、管理费用摊销、财务费用等；变动成本包括标准展位搭建费用、现场管理费用、销售佣金、资料印刷费、应付税金。

（2）编制销售计划

①总销售计划

参照上届展会的销售实绩，在上届展会销售额的基础上，制定一个销售增长率。一般情况下，处于成长期的展会（5 届之内）的销售增长率可制定在 20%左右，而进入成熟期的展会（5 届以上）的销售增长率制定得相对低一些，大约 10%左右即可。

②季度销售计划

对有固定周期且有较长办展历史的展会项目，办展机构可进一步为其制定季度销售计划，具体的操作方法为：收集近三年的该展会项目从筹备到开幕期间四个季度的销售额，计算出近三年各季度的平均销售额占三年总平均销售额的比重，也就是计算各季度的季节指数，为的是发现各季度对全年销售量的影响规律；再根据本届展会第一季度的计划销售额，利用季节指数计算出各季度的销售量，即得出本届展会的季度销售计划。

例如，某会展公司 2007 年～2009 年 3 年的季节销售情况（如表 9-1 所示），将各年度的季节销售额合计，并算出过去三年中每个季度的平均销售额，一季度为 40 万元，全年各季度的平均销售额为 68.35 万元；然后计算各季度的季节指数，如一季度的平均销售额为 40 万元，占全年各季度平均销售额的 58.5%。如果该会展公司 2010 年第一季度的销售额为 62 万元，那么按照季节指数依次推算出其他季度的销售额，并累计得出 2010 年全年计划销售总额为 423.9 万元。

表 9-1　某会展公司季度销售情况　（单位：万元）

年份	一季度	二季度	三季度	四季度	全年合计
2007	30	70	60	50	210
2008	40	80	70	60	250
2009	50	120	100	90	360
合计	120	270	230	200	820
平均数	40	90	76.7	66.7	68.35
季节指数	58.5%	131.7%	112.2%	97.6%	400%
2010	62	139.6	118.9	103.4	423.9

③部门（地区）销售计划

办展机构除了需要从时间上编制销售计划，还可以按照不同的部门、参展商分布的区域来编制销售计划。首先要收集最近三届展会各部门（地区）的销售额，计算出三年的销售平均值；然后计算出各部门（地区）的平均销售额占该项目三年总平均销售额的比重；如已知该展会项目的总计划销售额，根据本届展会项目的总销售额乘以各部门（地区）的销售比重，即可得出本届展会各部门（地区）的销售计划。

例如，某会展公司 2007 年～2009 年各营销部门 3 年的销售情况如表 9-2 所示，将各部门的销售额合计并算出过去三年中各部门的平均销售额，营销一部为 350 万元，三年的总销售平均数为 1100 万元；然后，计算各部门的销售比重，营销一部为 31.8%；如果该展会项目 2010 年的销售额为 2000 万元，按照各部门的销售比重依次推算出各部门的销售计划。

表 9-2　某会展公司各部门销售情况　（单位：万元）

年份	营销 1 部	营销 2 部	营销 3 部	全年合计
2007	200	300	200	700
2008	350	400	350	1100
2009	500	550	450	1500
合计	1050	1250	1000	3300
平均数	350	417	333	1100
销售比重	31.8%	37.9%	30.3%	100%
2010	636	758	606	2000

2．会展营销费用计划的编制

会展营销的费用支出预算由营销部门制定，提交办展机构的高层领导审核批准后再做实施。营销预算通常包含支出项目、支付时间、预算方法等内容。表 9-3 是某展会的营销费用支出预算表，供读者参考。

表 9-3 某展会营销费用支出预算表

支出项目	预算金额（元）	支付时间	说明
营销人员费用	50,000	2010 年 5 月	付工资
广告招展费用	6,0000	2010 年 1 月	户外广告费
路演推广费用	5,000	2010 年 3 月	
公关活动费用	10,000	2010 年 5 月	媒体联络费
海报会刊费用	6,000	2010 年 1 月	印刷费
新闻发布会费用	8,000	2010 年 3 月	会场布置费
纪念品制作费用	10,000	2010 年 5 月	
合计	14,9000		

第三节 会展营销组织

一、会展营销组织

1．会展营销组织的设置

会展营销组织是设立在办展机构内部，专门从事会展营销管理工作的职能部门，其组织形式受宏观营销环境、营销管理理念，以及办展机构自身所处的发展阶段、经营范围、业务特点等因素的影响。一般来说，办展机构的规模、经营状况、所经营的会展产品和服务决定着会展营销部门的组织结构、岗位设置和营销人员配备。

● 企业规模。一般情况下，办展机构的规模越大，其营销组织的结构就越复杂；反之则其营销组织就相对简单。

● 市场状况。市场状况决定着会展营销人员的分工，其分工依据可以按展会的行业类型来分，也可按照展会举办地的地理位置来分。

● 产品与服务特点。会展营销部门内的岗位设置，往往与会展企业所经营的会展产品或服务的种类、特色等方面有关。

2．会展营销组织的职能

目前，我国大多数会展公司内部的组织结构比较简单，其营销部门往往与公司的其他业务部门相融合，形成了经营管理与营销管理一体化的扁平化组织结构。常见的会展营销组织结构有以下几种具体类型：

（1）职能型组织结构

职能型组织结构是最常见的会展营销组织形式，它强调的是会展营销工作中各职能的重要性，通常是按照会展公司所提供的产品或服务项目来进行组织设计。图 9-2 是某中型会展公司的组织机构图，该公司设立营销部、运营部、工程部、财务管理部和行政人事部。营销部门下辖营销策划部、外联部和招展招商部，而营销策划部又分为会展策划、市场调研、市场推广、公关等职能岗位。

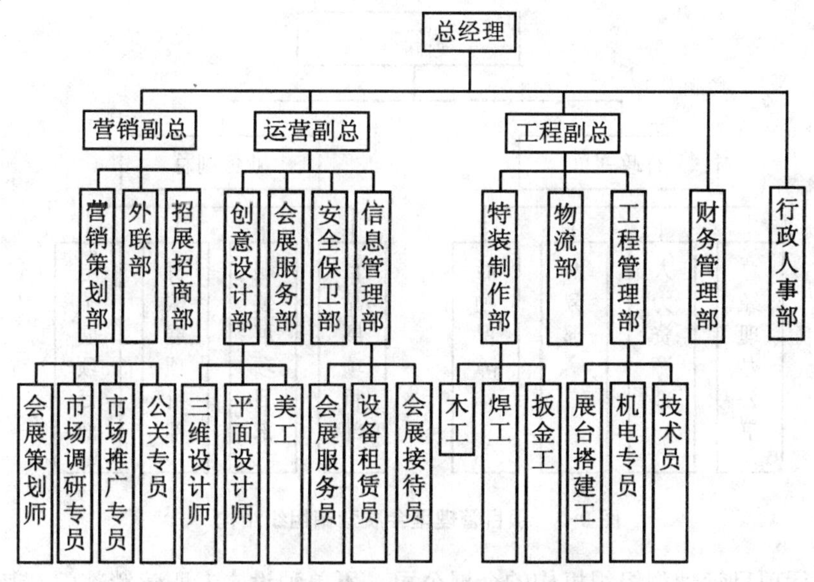

图 9-2　某中型会展公司的组织机构图

按职能对会展营销部门进行组织架构，优点在于会展公司的各项职能划分明确，设置了承担会展营销工作的专职部门。这些专职从事会展营销的工作人员，通常都具有一定营销知识和技能，在对参展商进行招展和服务介绍中能够运用专业化的营销手段和技巧，营销能力较强。有的会展公司还会设置客户服务部，向参展商和专业观众提供电话坐席服务，不但为他们了解会展服务提供便利，更能通过电话营销与参展商联系，进行展会介绍、招展说明、参展提醒、收集参展商意见等。

职能型营销组织结构也存在一定的弊端，由于会展公司按职能设置业务部门，业务部门之间进行横向联系，经常会出现各部门之间信息沟通不畅的问题，这就使得营销部门的工作人员对其他部门的工作内容不十分熟悉。采取职能型营销组织结构的会展公司，应加强各业务部门之间的配合与沟通，定期让营销部门的人员到各业务部门学习，了解展会的最新进展情况，确保营销人员的信息储备不断更新。

（2）项目管理型组织结构

会展活动都是按照项目形式运作的，而职能型组织机构在运作项目时存在比较突出的问题，即不是以项目为导向，且缺乏一个直接对项目负责的强有力的权力中心或个人。有鉴于此，对于拥有多个会展项目的会展公司，在实施会展项目时，还可以围绕会展项目设置项目部（见图 9-3）。

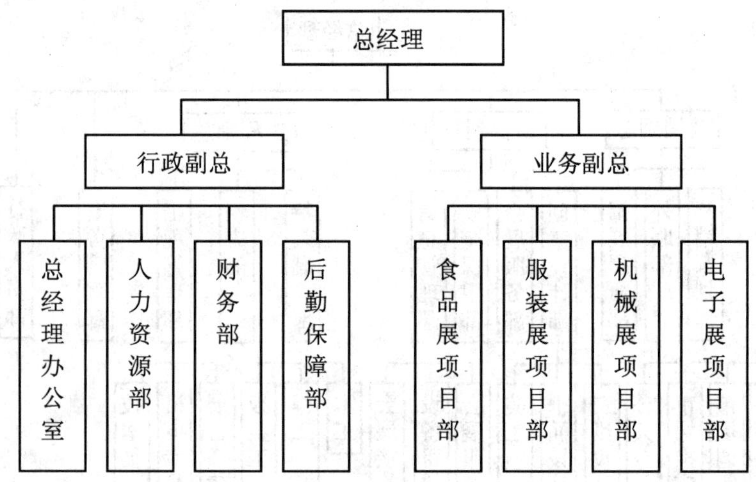

图 9-3　项目管理型会展营销组织结构

实行项目管理型组织机构的会展公司，不单独设立专职营销部门，其营销人员分别安排在各项目部中，与项目部的其他业务人员一起工作。这种组织结构的优点在于营销人员与其他岗位人员联系密切，熟悉会展项目的特色与优势，掌握展会从策划、筹备、布置、现场管理到展后的全部流程，在进行会展营销时，可以非常专业地推介本展会，解答客户提出的关于展会的各类问题。

项目管理型的营销组织结构也有比较大的不足，它将会展公司的全部营销资源分解到各项目部中，由于每个项目中的营销人员和可利用的营销资源是有限的，导致无法对参展商进行高频度、密集性的集中营销，特别是一些大型展会的参展商数量众多，仅使用该项目下的营销人员，效率较低，很难在短时间内取得显著的招展效果。因此，实行项目管理型组织机构的会展公司，应根据展会项目的规模、特点、客户数量、市场变化等因素，不断调整和配备该会展项目的营销人员，必要时可以调动全公司的营销资源为该项目的营销工作提供支援。

二、会展营销人员

1. 会展营销人员的职业能力与职业素质分析

（1）会展营销人员的职业能力分析

职业能力指顺利完成某种职业活动所必须的并影响活动效率的个性心理特征，分为一般职业能力和专业能力。其中，一般职业能力包括学习能力、语言文字表达能力、社交与活动能力、外语和计算机应用能力等从事任何岗位、职业都应具备的通用能力；专业能力指从事某一特定职业并胜任岗位工作的专项能力。

结合会展营销工作的具体特点，对会展营销人员应该具备的专业能力做如下描述：

● 会展项目的市场调查与分析能力；

● 会展项目的营销管理与市场推广能力，包括会展产品定价、营销渠道设计、宣传推广方案拟定、关系营销及服务系统设计等能力；

● 会展合同的谈判能力，包括与会展活动的参展商、赞助商、服务商以及各类代理机构进行商务洽商与签署合同的能力；

● 会展产品的销售能力，包括客户需求的识别与引导、销售策略与技巧的运用、上门推销、电话推销、网络推销等销售方法的实施、售后服务等能力；

● 客户管理与客户服务能力，包括客户购买行为研究、客户关系管理、大客户维护、全过程客户服务等能力；

● 会展策划与营销相关文案，如会展项目可行性分析报告、招展函、营销策划方案等的撰写能力。

（2）会展营销人员的职业素质分析

职业素质指通过教育培训、职业实践、自我修炼等途径形成和发展起来的，在职业活动中起决定性作用的、内在的、相对稳定的基本品质。具体到会展营销人员，其应该具备的职业素质包括以下方面：

● 强烈的事业心和严谨的工作态度，热爱会展业，对工作充满激情；

● 具备系统、扎实的专业知识，掌握会展策划、会展营销、参展、招展、招商等各环节关键知识和技能，具有很强的理论联系实际能力，受过系统的职业技能培训，并有相关的实务操作经验；

● 较强的个人整体素质，思路清晰，思维活跃；

● 良好的沟通表达能力，善于交际，具有亲和力和感染力；

● 较强的开拓精神和创新意识；

● 具备全局观念和团队合作精神。

2．会展营销人员的管理

会展业属于服务业，而“服务行业的经济增长点是人”，会展业自上世纪90年代起在我国快速发展，至今不过十几年时间，优秀的会展人才仍然处于供不应求的状况，这其中尤以会展策划与营销类人才最为稀缺。根据我国人力资源和社会保障部颁布的《会展策划师国家职业标准》，会展策划与营销类人才指“专业从事会展项目的市场调研、方案策划、营销和运营管理等相关活动的人员”，其核心技能包括“会展项目的市场调研、立项、招商、招展、预算与运营管理等方案策划、会展项目的销售及会展现场运营管理等”。办展机构要组建一支素质高、能力强且具有创新意识的会展营销队伍，就需要在会展营销人才的招聘、培养和管理上多下功夫。

（1）会展营销人员的招聘

招聘营销人才是办展机构筹建和充实营销队伍的主要方式。同其他企业一样，会展营销人员的招聘通常需要经过以下四个途径：

①接受求职者简历

办展机构可以将招聘启事发布到招聘网站、报纸、杂志等媒体上，或是在自己的网站上发布招聘信息，还可以通过参加人才招聘会、高校的人才招聘专场获得招聘者的信息。

②安排求职者面试

对接受的招聘简历进行初次筛选，挑选出符合条件的应聘者，安排他们面试。面试时需对应聘者进行会展知识、营销知识、外语知识的考核，也可以通过面对面的观察、提问和交流，来考察应聘者的应变能力、亲和力、沟通能力等。

③签订劳动合同并试用

对于面试合格的应聘者，可以签订劳动合同并进入试用期。一般来说，试用期限为3～6个月，一些重要岗位的试用期也可能需要1年。

④考核并签订正式劳动合同

新员工试用期结束后，人力资源部要对这些新员工进行德、能、勤、绩等方面的综合测评，考核合格的人员将与会展企业签订正式劳动合同。

（2）会展营销人员的培训

培训是提高会展营销人员职业能力与职业素质的重要途径。会展企业要进行有效培训，必须做好以下工作：

①做好培训的各项准备工作

首先，培训部门和营销部门的领导要加强沟通，深入分析当前营销人员最需要培训和提高的地方，在培训主导思想上达成一致。其次，培训部门还应对营销人员进行培训需求的调查，并对调查结果进行细致的分析，设计培训主要内容，经营销部门领导审定后实施。最后，培训部门依据培训内容，提前联系和安排好培训时间、场地、学员、讲师等细节内容。

②安排好培训时间

要坚持集中培训与日常培训相结合的原则，科学安排培训时间。对会展营销人员的统一培训最好安排在 12 月份前后，这个时期通常是举办展会的淡季，开展培训不会过多地耽误日常的营销工作。同时，上一营销年度的工作已基本结束，下一营销年度的工作尚未全面铺开，可根据下一年度的营销计划安排更有针对性的培训内容。一般来说，统一的集中培训时间不能少于一周。在做好统一培训的同时，还要在各部门内开展内部培训，主要是结合本部门营销人员工作中存在的问题进行分析，通过分析，发现问题的成因，同时提出解决问题的有效措施，不断提高会展营销人员的职业能力与职业素质。

③实现培训内容的多元化

现代市场竞争对营销人员的素质要求是综合的、全面的，会展营销人员不但要有坚实的营销知识和会展知识，还要具备较强的纪律性、团队意识、创新意识、竞争意识、服务意识以及责任意识。因此，对会展营销人员培训的内容应是多层次的、多角度的。对会展营销人员的培训通常应包括以下内容：

● 企业忠诚度培训

旨在使营销人员了解企业、认同企业的经营理念并融入企业文化，从而树立起“为企业创造利润、为客户提供优质服务”的服务宗旨，培养热忱亲切的服务态度和敬业细致的服务精神。主要培训内容包括企业的背景与展会业务介绍、企业的经营理念及企业文化、企业的发展目标、营销战略目标、各种营销管理制度以及员工福利制度等。

● 专业知识培训

会展营销人员必须具备系统、扎实的专业知识，不仅要熟练掌握营销理论和方法，而且要对会展活动有比较深入的理解，了解展会相关的背景知识和行业状况，深谙展会的运作流程，唯有如此，才能有效地说服客户，并通过自己扎实的专业知识赢得客户的信赖。对会展营销人员进行专业知识培训，包括会展业发展现状与趋势、展会相关的背景知识和行业状况、会展营销管理的流程、参展商的参展行为研究、客户关系管理、招展和招商实务、展会宣传与推广策略等。

● 销售技巧培训

会展营销人员必须具备一定的销售能力，能够运用销售技巧，胜任上门招展、电话招展、售后服务等各项工作，对营销人员进行销售技巧培训，旨在提高他们的沟通能力、应变能力、现场把握能力，从而提高招展效果、促进整体销售业绩。此方面的培训包括：客户需求的识别与引导、客户心理分析、客户异议处理、洽谈技巧、接（拨）电话技巧、推销技巧等。

相关链接

什么是会展营销师？

会展营销师是为政府、会议策划公司、展览场馆、参展商及相关媒体等提供营销决策和服务的专业人士。一个专业展览会的成功离不开优秀的策划和组织，更离不开精心设计的营销方案，会展营销人员是会展活动不可或缺、十分重要和所需人员最多的群体。

考取会展营销师资格证书，需要参加全国统一的会展营销师资格考试，考试内容分通用知识、实务知识和实践技能三部分。考试合格者获得人力资源和社会保障部中国就业培训技术指导中心颁发的《会展营销师职业培训证书》。

考取会展营销师需要学习的基础课程主要有会展营销概述、会展活动的内涵与特点、会展营销理念、会展产品与服务、会展客户的采购行为、会展宣传与推广、会展营销渠道管理、会展产品定价方法与技巧、会展赞助策划与营销、会展客户关系管理、因特网在会展营销中的应用、办展机构营销管理等。

（3）会展营销人员的激励

会展营销人员的精神面貌、工作态度直接影响展会在客户心目中的地位，决定营销活动的成败。会展企业应按照现代营销观念建立一套科学合理的激励机制，引导并激励营销人员进行营销活动，确保营销目标的实现。常用的激励方式包括以下四种。

①目标激励

目标激励指给会展营销人员设定一定的目标，以目标为诱因，引导他们努力工作以实现目标。目标激励要求把展会的经营目标与员工的个人目标结合起来，使集体目标和个人目标相一致。例如，会展企业可以为营销人员设定一定时期内的展位销售数量、销售金额、费用支出等目标，根据目标完成的情况确定升职、奖金发放等。

②参与激励

参与激励指让营销人员参与到展会的营销管理工作中，使他们产生主人翁责任感，激发他们发挥主观能动性。参与激励的方式有：鼓励营销人员对展会的发展提出合理化建议，对有益的建议进行采纳并适当奖励；鼓励营销人员对会展营销过程进行监督；经常邀请营销人员参与会展营销过程中重大问题的决策或列席会议；让营销人员及时了解公司的发展计划及发展方向等。

③公平激励

公平激励指会展企业的管理者在各种待遇上，公平对待每一位员工所产生的激励作用。在公平的环境中，营销人员享受的工资、奖金、福利、晋升、工作环境等各种待遇，应根据其本人的业务素质及对会展营销工作的贡献程度来决定，而不是通过人情或关系来决定。公平的激励手段会激发营销人员专注于工作，通过努力工作实现个人的奋斗目标。

④奖罚激励

奖罚激励指会展企业通过采取奖励和惩罚手段，使营销人员采取符合组织需要的行动。奖惩激励也是当前使用较为普遍的激励手段之一，会展企业可根据营销人员的工作表现及贡献，对其采取奖励或惩罚措施。

第四节　会展营销控制

会展营销活动的开展，除了做好营销计划外，还必须对营销活动的过程加以控制，审核计划与实际执行是否一致，如发现实际的执行情况偏离了营销计划，就要找出原因并采取适当的措施和行动予以纠正，以确保会展营销计划的完成。

一、会展营销控制的含义

会展营销控制，指办展机构的营销管理者对营销计划的执行情况进行检查，对营销工作的实际成果进行衡量与评估，对未按照营销计划执行或未达到预定目标的情况，采取纠正措施以确保营销目标完成的过程。

营销管理者需要根据会展营销计划，跟踪营销活动的全过程，对关键的营销环节进行监督和审计，审核营销计划中的每个任务指标是否按时完成，如发现实际的执行情况与营销计划出现了偏差，则应采取相应的补救措施。

进行会展营销控制，是办展机构推行现代科学管理的重要一环，其不但有利于办展机构经营管理水平的提高，还有利于办展机构目标管理的推行和目标利润的实现。

二、会展营销控制的内容

会展营销控制一般围绕营销战略、营销运行状态两方面进行，主要采取项目控制、效率控制、盈利能力控制等方式。

1．项目控制

每个会展项目都会制定具体的营销计划和任务，办展机构可以针对每一个会展项目，分别开展营销计划的监督、检查和控制，以确保各会展项目的营销计划得以顺利完成。实施会展项目的营销控制，需要根据会展项目的实际进展情况，对展前、展中、展后等不同阶段采取相应的营销控制措施，若发现实际工作偏离了原计划，就要找出原因并采取行动，使营销工作回到计划的轨道上来。如果偏差很显著，则须对营销计划做出相应调整。

整个项目控制的程序可分为前馈控制、反馈控制、同期控制等，在不同的阶段要采取适当的营销管理或调节手段，以保证展会各项营销目标的顺利完成。对会展项目进行营销控制是一个动态变化的过程，更是对会展营销计划不断修正的过程。项目控制的流程主要分为 7 个主要步骤（见图 9-4）。

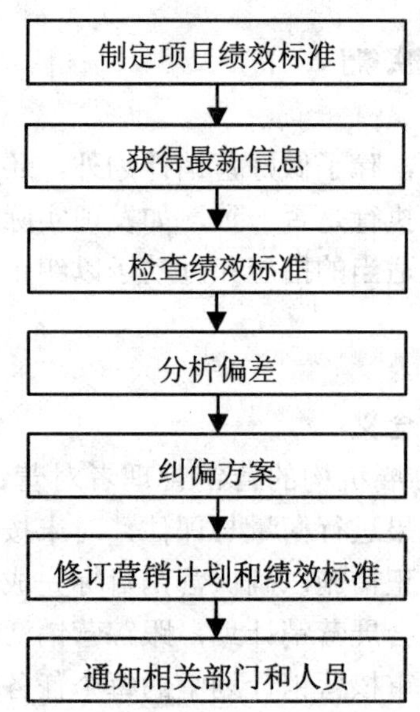

图 9-4　会展项目营销控制的步骤

（1）制定项目绩效标准

针对会展项目，要根据组织者自身的规模和营销能力，结合该会展项目市场需求的大小、实际可接近的参展商数量以及竞争者的营销能力，设立具体的项目绩效标准，如要达到的盈利标准、市场占有率、参展商数量、展位销售额等。

（2）获得最新信息

在制定了会展项目的绩效标准后，营销管理者需要密切关注与该会展项目有关的各种市场信息，尽量收集一些新的市场动态数据资料，从中发现细微的市场变化，分析未来市场动向，以期准确地预测市场发展趋势。

（3）检查绩效标准

营销管理者在对各种市场信息进行实时监控的过程中，会不断发现新的信息，这时需要将新的市场信息与原来掌握的市场信息进行综合分析，不断考察原来制定的项目绩效标准是否合理，是否能够适应市场变化，如出现偏离实际市场要求的现象，就应对项目绩效标准进行修正。

（4）分析偏差

如出现绩效标准与实际发生偏差的情况，就需要对出现的偏差进行认真分析，包括出现了哪些偏差；这些偏差出现在哪些业务环节中；为什么会出现这些偏差；造成偏差的原因是什么等，为下一步纠正偏差做准备。

（5）纠偏方案

针对偏差分析得出的结论，提出纠正偏差的方案，确定纠正偏差的具体办法。如果仅仅是在会展营销的具体执行过程中出现了问题，就要责令会展营销人员严格按照计划执行。如果是在制定项目绩效标准上出现了失误，就要协调各有关部门、人员，对会展项目的营销计划和绩效标准进行修订，并且对纠偏方案的正确性和可行性进行评价，然后实施具体的纠偏措施。

（6）修订营销计划和绩效标准

对会展项目的营销计划进行修正，同时也要修改相应的营销绩效标准，建立一个与实际相符的营销绩效标准，不但能够确保会展营销工作的顺利开展，还能为更有效地开展营销控制提供依据。

（7）通知相关部门和人员

修订了项目绩效标准后，要通知相关人员，包括该会展项目的策划、管理、运营、销售、客户服务等各部门的人员，使该会展项目的所有运作人员都了解到新的绩效标准，并相应地调整本部门的工作计划，以确保顺利完成绩效标准。

2．效率控制

效率控制也是会展营销控制的重要内容之一，是办展机构为提高会展营销人员招展和招商、展会宣传与推广、销售促进等营销活动的效率，不断寻求更有效的方法来管理销售队伍或改善不良营销绩效的活动。对会展营销而言，效率控制主要是对营销人员工作效率、广告宣传效率和现场服务人员效率等方面的控制。

（1）营销人员的工作效率

办展机构的营销管理者应如实记录本会展的营销人员的工作效率，如招展、招商、客户服务等人员的工作效率。以对招展人员的工作效率控制为例，通常采用的指标包括：

- 每个招展人员每天平均的销售访问次数；
- 每次会晤客户的平均访问时间；
- 每次招展访问的平均收益；
- 每次招展访问的平均成本；
- 每次招展访问的招待成本；
- 每百次招展访问与订购的百分比；
- 每次招展期间的新顾客数；
- 招展成本占总销售额的百分比。

（2）广告宣传效率

会展营销管理者可以采取多种途径来提高广告效率，包括进行更加有效的展会定位、明确广告宣传目标、制定广告宣传计划、选择广告媒体以及进行广告效果测定等。对广告宣传效率的评价，通常采用的指标包括：

- 每一媒体接触每百名参展商所花费的广告成本；
- 参展商或观众对会展广告的阅读率、收视（听）率；
- 参展商或观众对会展广告的记忆程度；
- 参展商或观众对广告内容和效果的意见反馈；
- 参展商或观众在广告前后对展会态度的变化；
- 受广告刺激而引起的询问次数。

（3）现场服务人员效率

为改善展会现场服务人员的服务水平，提高服务质量，办展机构的管理层应对每一位服务人员的工作状况进行评估。服务水平的评价方法比较隐性，较难对考核指标进行量化统计，但至少应做好如下记录：

- 展会中服务人员能否及时到位；
- 展会中参展商或观众提出投诉的次数；
- 对客商投诉的反馈速度；
- 客商对投诉反馈的满意程度；
- 展会中为参展商即时解决问题的次数；
- 会场服务人员的专业知识；
- 会场服务人员的服务态度。

知识链接

对会展服务进行控制的 7 个关键点

在繁杂的会展营销管理工作中，要有效实现既定的营销目标，必须做好会展营销控制。对会展服务进行控制，应把握好以下 7 个关键的控制要点：

控制点一：服务内容

提供能满足参展商要求的服务内容。首先，要提供科学可行的专业买家促进计划，包括实力买家邀请、贸易配对活动等，这是参展商最关心的服务内容；其次，要提供完善的配套服务，包括海关通关、检验检疫、运输仓储、食宿交通等服务，为参展商营造便捷、舒适的工作生活环境；第三，要提供有价值的展会信息，如展会规模、参展商数量、行业内知名企业参展情况等，为参展商筹划参展活动、制定参展目标提供信息支持。此外，为感谢多次参展的客商的支持以及争取一些特殊的客商，还可为他们设置一些额外的服务内容。

控制点二：服务标准

服务标准包括服务数量、质量以及价格。服务数量主要指某项服务的次数，如提供给参展商参与的贸易配对活动次数，贸易配对中能见到的实力买家数量等；服务质量主要指服务的速度和效率，如客商投诉的反馈速度，客商对投诉反馈的满意程度等。服务质量也应通过一定的量化指标予以体现。参展商对服务价格比较敏感，所以必须根据市场情况和服务数量、质量，制定合理的价格，并在参展商决定参展前，将各类服务价格全面完整地提供给参展商，使其明白消费。同时，服务价格的制定也要有弹性，对老客户、经济落后地区的客户、团体客户等应给予优惠，但这种优惠必须建立在客户普遍理解的基础上。

控制点三：服务人员

服务人员提供服务的专业化程度，直接影响到参展商和观众对展会的评价。而服务人员的服务质量的好坏，取决于其个人素质和对服务内容的熟悉程度，因此必须十分重视展会服务人员的选拔和培训。对于一些长期服务于展会的人员，如招展、招商人员，展会营销管理机构应立足于长期培养，给他们更多的内训和外培机会；还有些服务人员，如接待人员、翻译等，只是在开展前后一段时间内使用，则可以和有关单位协商，采取委托或共同培养的方式，临近展会前再抽调或选用。

控制点四：服务设施

服务设施指服务的硬件设施和智能化系统。硬件设施包括场馆的空间、水电、空调、电梯、展示器材、运输和吊装设备、安保设施、通讯设施、金融服务机构网点数量、邮局和代办运输网点数量、医疗服务点数量、可调度的车辆数量、停车场等。智能化系统包括基于互联网平台的参展商查询系统、媒体服务系统、展台观众流量监测系统等。在当今竞争激烈的会展市场中，先进的服务设施是会展项目成功的重要保障。

控制点五：服务考核

考核的目的是确保展会服务的数量和质量达到设计要求，同时也为下届展会提升服务水平积累基础数据。展会服务考核是一项系统工作，包括考核的内容、方法、反馈、奖罚、提升等。考核内容应根据不同服务岗位的具体特点而制定，突出对重点环节或重点工作事项的考核；考核方法的选用要坚持简便易操作的原则，明确具体操作人、操作时间和操作规范；考核反馈要遵循及时性原则，即对考核结果应及时向当事人反馈，帮助其对服务进行自我改善；奖罚应以公开的形式进行，以鼓励或警示相关人员；提升指根据考核结果，及时与被考核人沟通，帮助其认识不足，并找到提高服务水平的方法。

控制点六：服务跟踪

为保证会展产品有良好的可拓展性，服务跟踪是必不可少的。有效的服务跟踪，与客户维持并发展良好的关系，为客户提供一些意想不到的增值服务，是确保客户持续参展的重要工作。服务跟踪包括及时征询客商参展的意见和建议，不间断地为客户提供贸易信息，重要节日的问候等。服务跟踪必须有整体的计划和步骤，同时应针对不同客户，制定具有个性化的服务跟踪内容和跟踪实施时限。在服务跟踪过程中，必须做好客户意见的收集和反馈工作，对提意见的客户应重点跟踪，因为这些客户往往最有可能成为展会的忠诚客户；贸易信息的提供也要尽可能做到个性化，针对不同的客商，提供他们各自感兴趣的信息，使之感觉获得了额外利益并受到了重视。

控制点七：服务传播

良好的会展服务传播，是确保展会服务内容及时到达客商的重要保证。会展服务传播的方式包括直接访问、公共关系、大众媒体、互联网、直邮、手机短信等。对于展会的支持方和合作方，如行业协会、专业媒体以及重要客户，办展机构应派专人登门拜访，以显示重视和诚意；对于重点区域的客商，可采用公共关系手段，如赞助公益活动等，树立展会的良好形象；对于客商较集中的区域，通过大众媒体，如电视、广播、报纸、杂志等发布广告，传播展会的品牌形象。

（信息来源：商场现代化. 2007（24），作者：钟颖，本文有所删减）

3．盈利能力控制

除了项目控制之外，办展机构还需要运用盈利能力控制来测定不同产品、不同区域、不同客户群体以及不同渠道的盈利能力。由盈利能力控制所获取的信息，有助于会展营销管理者决定各种产品或营销活动是扩展、减少还是取消。以下是展会盈利能力指标的简要介绍。

展会的盈利能力历来被会展营销管理者高度重视，因而盈利能力控制在会展营销管理中占有十分重要的地位。一般来说，办展机构将销售利润率作为评估展会项目获利能力的重要指标，销售利润率指利润与销售额之间的比率，表示每销售 100 元可获得的利润，其公式为：

$$\text{销售利润率}=\frac{\text{本期利润}}{\text{销售额}}\times 100\%$$

由于对销售利润率的评价常常要与同行业的平均水平进行对比，因此，在评估展会的获利能力时，最好能将利息支出加上税后利润，这样能大体消除由于举债经营而支付的利息对利润水平产生的影响。这样的计算方法，在同行业间衡量盈利水平时，能比较准确地评价出营销效率。因此，销售利润率的计算公式应该是：

$$\text{销售利润率}=\frac{\text{税后息前利润}}{\text{展会销售收入净额}}\times 100\%$$

三、营销战略控制与营销审计

1．会展营销战略控制

由于会展活动所处的市场环境处于动态变化之中，办展机构制定的营销战略在实施过程中可能会出现实际营销活动偏离总体营销战略的情况，也可能出现由于市场环境骤变而导致的原有营销战略与市场脱节的现象，这就涉及会展营销战略控制的问题。

会展营销战略控制，是指办展机构的营销管理者对实际的会展营销工作进行分析、评价、监督和控制，不断对会展营销计划的完成情况进行评审和信息反馈，对整体营销战略进行不断修正的过程。

会展营销战略控制的目的是确保办展机构的营销目标、营销制度、营销战略和措施与市场环境相适应。但是，会展营销战略控制关注的是对未来市场变化的控制，控制的是还没有发生的事件，这就要求战略控制必须根据最新的市场情况重新评估营销计划和进展，有鉴于此，会展营销战略控制的作用很重要，而实施难度也比较大。

办展机构在进行营销战略控制时，可以运用营销审计这一重要工具。在办展机构内部，一般都会有会计审计制度，对一定时期内的财务账表和会计活动进行检查、审核、分析，并根据所获得的数据按照专业标准进行判断，这种财务会计的控制制度有一套标准的理论和做法，无论是法律层面还是制度层面都已经形成了非常完备的监督管理体系。但是，由于我国会展业开展市场化运作起步比较晚，很多中小型会展企业营销管理能力不高，还不具备开展营销审计的能力，大多数会展企业只是在遇到危急情况时才进行内部营销审计，其目的也只是为了解决一些临时性的问题。而在会展业发达国家或地区，很多会展企业已能够运用营销审计进行会展营销战略的控制。

2．会展营销审计

会展营销审计是常用的战略性控制手段，是对一个办展机构或一个展会项目的营销环境、营销目标、营销战略和营销活动所做的全面的、系统的、独立的和定期的检查，其目的在于界定营销活动存在的问题并提出改善计划，以提高展会的营销业绩。

会展营销审计通常是由办展机构外部的一个相对独立且富有经验的营销审计机构，对展会的整体营销活动进行审计。如德国的展览会统计资料自愿审核协会（FKM）就是德国展览会的“第三方审计机构”。该机构于 1965 年由 6 个会展公司共同创办，发展到今天已有 74 个德国展会主办者和 3 个非德国展会主办者成员。该机构每年 4 月份发布对上一年展会审核的结果，并发布当年申报展会的名单。目前，我国会展业尚未建立一套规范的营销审计制度，加之缺乏外部法律制度的约束，只能依靠办展机构的自主约束规范其营销行为。

会展营销审计的主要特点是不限于评价某一些问题，而是对全部营销活动进行评价，其主要内容包括会展营销环境审计、会展营销战略审计、会展营销组织审计、会展营销系统审计、会展营销盈利能力审计和会展营销职能审计。

（1）会展营销环境审计

会展营销必须审时度势，对营销环境进行分析，并在分析经济、政策、生态、技术、社会文化等环境因素的基础上，制定会展营销战略。这种分析是否正确，需要经过会展营销审计的检验。由于营销环境不断变化，原来制定的会展营销战略也必须相应地改变，需要经过会展营销审计来进行修订。目前，我国许多展会重复投资、重复举办、盲目上马，不能适应市场需要，不利于形成适度的市场规模，因而难以取得理想的经济效益，原因就在于缺乏充分的会展营销环境的调查与分析。会展营销审计内容主要包括市场规模，市场增长率，参展商对展会的评价，竞争者的目标、战略、优势、劣势、规模、市场占有率、服务商的供应方式等。

开展会展营销环境审计，必须明确影响会展营销效果与效益的外部因素与内在因素。一般来说，外部因素既包括经济、政策法律、社会文化、自然生态等宏观营销环境，也包括目标客户、竞争展会、会展服务商、公众等微观营销环境；而影响营销效率的内在因素则包括营销战略、营销目标、营销计划、营销组织和营销人员等，以上因素是开展会展营销审计时必须要考虑的。

（2）会展营销战略审计

会展营销战略审计，主要评价办展机构是否能够以市场为导向，按照参展商和专业观众的需求制定营销战略、确定营销目标、安排营销活动；是否正确地进行了市场细分并准确地选择了目标客户；是否开发出了与自身竞争地位相一致的会展产品；是否能合理地配置营销资源，并保证展会在广告宣传、品牌推广、营销公关等方面的战略卓有成效，所有这些都需要通过会展营销战略审计的检验。

（3）会展营销组织审计

会展营销组织审计，主要评价展会的营销组织在执行会展营销战略方面的组织保证程度和对营销环境的应变能力，主要包括：是否有坚强有力的决策团队和领导集体；营销组织内部的责、权、利是否明确清晰；是否能有效地组织会展营销活动；是否有一支训练有素的会展销售队伍，对会展营销人员是否有健全的激励、监督机制和评价体系；营销部门与办展机构内部的策划、广告、公关、宣传、财务以及其他部门的沟通是否顺畅以及能否密切合作等。

（4）　会展营销系统审计

会展营销系统包括营销信息系统、营销计划系统和营销控制系统等。对营销信息系统的审计，主要是审计办展机构是否有足够的有关会展市场发展变化的信息来源；是否有畅通的信息渠道；是否进行了充分的会展营销研究；是否恰当地运用营销信息进行科学的市场预测等。对会展营销计划系统的审计，主要是审计办展机构是否有周密的营销计划；计划的可行性、有效性以及执行情况如何；是否有长期的市场占有率增长计划；是否有适当的销售指标及其完成情况如何等。对会展营销控制系统的审计，主要是审计办展机构对年度计划目标、盈利能力、市场营销成本等是否有准确的考核和有效的控制。

（5）会展营销盈利能力审计

盈利能力审计是在展会成本效益分析的基础上，对展会获利能力的审核。

审核营销费用支出情况及其效益，进行营销费用与销售分析，包括会展销售队伍与销售额之比、广告推介费用与销售额之比、招展费用与销售额之比，以及进行资本净值报酬率分析和资产报酬率分析等。

（6）会展营销职能审计

会展营销职能审计，是对会展营销组合决策，如产品和服务策略、定价策略、招展招商策略、宣传与推广策略等的效率进行审计，包括审计会展产品和服务对目标客户的受欢迎程度、展位价格制定的有效性、招展和招商的效果、各营销服务机构的工作效率、广告预算、媒体选择及广告效果、销售队伍的规模、素质以及能动性等。

本章小结

会展营销管理是指对办展机构的经营项目和营销活动进行计划、组织、执行和控制，以实现办展机构经营目标的活动。会展营销管理过程主要包括分析会展营销环境、制定会展营销战略、制定会展营销计划、组建会展营销队伍、执行会展营销方案和实施会展营销控制。

会展营销计划是指在对会展营销环境进行调研分析的基础上，针对具体会展项目制定的营销目标，以及实现这一目标所应采取的措施步骤的明确规定和详细说明。会展营销计划的制定，受市场环境的变化、目标客户的需求、竞争状况等因素影响，通常包含了产品与服务计划、宣传等推广计划、营销成本计划、营销队伍计划、营销预算编制等。

会展营销组织的形式主要受宏观会展营销环境、营销管理理念以及办展机构自身所处的发展阶段、经营范围、业务特点等因素的影响。我国大多数会展企业的营销组织都比较简单，常见的有职能型组织结构和项目管理型组织结构。会展营销组织中最重要的工作是对营销队伍的建设和管理，包括对营销人员的招聘、培训和激励。

会展营销控制指营销管理者对会展营销计划执行情况的检查，审核计划与实际是否一致，对偏离计划的情况采取适当措施予以纠正，以确保会展营销计划的完成。会展营销控制围绕营销战略、营销运行状态两方面内容进行，主要采取项目控制、效率控制、盈利水平控制等方式。其中，会展项目控制是一个动态变化的过程，包括制定项目绩效标准、获得最新信息、检查绩效标准、分析偏差、纠偏方案、修订营销计划和绩效标准、通知相关部门和人员 7 个主要步骤。会展营销审计作为会展营销控制的一部分，指对办展机构一定时期内的全部营销业务进行总体效果评价，其基本内容包括会展营销环境审计、会展营销战略审计、会展营销组织审计、会展营销系统审计、会展营销盈利能力审计和会展营销职能审计。

习　题

一、名词解释

会展营销管理	会展营销计划	会展营销控制
会展营销审计	目标激励	参与激励

二、简述题

1. 会展营销管理的主要工作内容包括哪些？
2. 会展营销组织的设置需考虑哪些因素？
3. 职能型会展营销组织结构有哪些优、缺点？
4. 如何对会展营销人员进行激励？
5. 会展营销控制有哪几种方法？各控制方法的特点是什么？
6. 会展营销审计的主要内容包括哪些方面？

三、小组实训

以小组为单位，深入调研某一会展企业，对其营销部门的组织结构、岗位设置、人员培训、管理与激励等工作进行分析，提交调研分析报告。

四、案例分析题

会展风险管理机制亟待加强

第9届中国北京国际科技产业博览会（简称科博会）的最大亮点之一，就是首次出现了公众责任险。借鉴发达国家举办大型展会的成功经验，科博会组委会委托中盛国际保险经纪公司对科博会的主会场以及场馆安全现状进行了全面查勘和评估，对可能出现的各类突发事件编制了紧急预案。在此基础上，组委会为本次科博会所有参观人员投保了高达2000万元的公众责任险。

会展业已日益成为我国城市发展的一个新兴产业。然而，与日渐成熟的会展市场形成鲜明对比的是,很多展馆和会展组织者对保险的态度依然十分冷淡。而在国际上一些成熟的会展市场中，会展主办者的风险管理意识非常强，也懂得怎样通过保险转移财物损失、责任赔付以及经营损失等各类风险。

因为缺乏必要的风险意识，以往国内的会展业就“吃过亏”。例如，2003年“非典”期间，北京取消或延期的会展项目占全年会展总数的40%至65%。展览场馆和主要经营会议场所的损失，占其全年收入的40%左右；主办单位和承办单位的损失，占其全年收入50%以上。而原定于当年春天举办的北京最大规模的展会——第6届科博会因为推迟到了秋天举办，导致规模只有原计划的1/3。

据了解，现在很多参展商的保险意识还是比较强的，一般会主动找保险公司投保财产险和运输险，但这基本上都属于个体行为。作为展会的主办方或者承办方，仍然缺乏常规的风险意识，很少愿意把展会当作一个整体来投保。由于责任险涉及展会各方的利益，不仅包括主办方、承办方、参展方，甚至还会涉及运输方，而目前法律又对风险发生后各方的责任做不到明确的界定，因此实际操作的难度很大。

业内有关专家认为，随着我国会展业与国际水平的接轨，风险意识也会逐步提高。因此，对于保险业来说，要想更多地挖掘会展保险市场，除了根据会展业的特点，设计有针对性的保险产品以外，还应该注意发挥自身的技术优势，帮助其建立科学、完善的风险管理机制，最大可能地把原有的事后补偿功能转变为事前的预防，这样才能促使办展机构更愿意接受保险。

思考：

1. 对于办展机构而言，举办一个展会可能面临哪些方面的风险？
2. 你认为在会展营销管理中，如何对这些风险进行预防和控制？

第十章

会展营销创新思路

学习目标

- 理解会展客户关系管理的内涵
- 了解会展客户关系管理的实施流程
- 理解会展整合营销传播的含义与特点
- 掌握会展整合营销传播的主要工具及其应用
- 了解会展网络营销的主要形式

引　言

随着我国会展市场的发展与完善，会展营销理论也在实践中不断发展并日臻成熟。近年来，借鉴市场营销学的前沿理论，结合会展产业特点，一些创新性的会展营销模式或理念不断涌现，如会展客户关系管理、会展整合营销传播、会展网络营销等，上述理论研究与实践应用，都是会展界的热点话题。

本章将选择较具代表性的会展营销创新模式或理念，向读者做深入、系统的介绍。希望对读者了解会展营销的发展动态及前沿理论，理解会展营销的创新观念及创新模式有所帮助。

第一节　会展客户关系管理

客户关系管理（CRM）被认为是21世纪打造企业核心竞争力的重要手段。它不仅是一个营销管理系统工程，更代表着一种经营管理思想，即以客户为中心，视客户为最重要的企业资源，通过稳定良好的客户关系以及高度的客户忠诚为企业创造独特的竞争优势。

尽管目前我国本土会展企业实施客户关系管理尚处于初级阶段，还鲜有成功的实施案例，但面临着日益激烈的竞争态势，特别是在我国会展业全面对外开放，外资进入我国会展市场全面提速的形势下，面对国内外竞争对手的严峻挑战，已有越来越多的会展企业意识到实施客户关系管理对保持市场竞争优势、获得稳定超额利润以及实现可持续发展具有重要意义，正所谓“得客户者得天下”。本节将系统介绍会展客户关系管理的内涵及实施流程，对我国会展企业实施客户关系管理现状中存在的主要问题进行剖析并提出解决建议。

一、会展客户关系管理的内涵

近年来，我国会展市场竞争日趋激烈，会展题材同质化的现象日益严重，造成包括参展商、采购商、观众在内的会展客户的分流。据不完全统计，大部分展会客户流失率都在25%左右，有的展会客户流失率甚至在50%以上。在新的竞争态势下，会展市场营销已进入客户主导阶段，客户关系与客户价值受到比以往更多的关注，客户关系管理思想及其系统应用在我国会展业界得到日益广泛的关注。

会展客户关系管理指会展企业通过各种渠道收集客户信息，借助CRM应用软件系统，积累和共享客户知识，有针对性地对不同客户提供个性化服务，快速而妥善地处理客户需求，从而提升客户对展会的满意度，培养客户对展会的忠诚度。

对会展客户关系管理的理解可以从以下三方面入手：

1．会展客户关系管理体现“以客户为中心”的营销思想

现代市场营销观念已由“以产品为中心”转变为“以客户为中心”，越来越多的企业意识到稳固持久的客户关系对自身长远发展的重要意义。会展客户关系管理的核心思想是将会展企业的客户（既包括参展商、与会者、专业观众，也包括场地提供商、各类服务商、合作单位等）作为最重要的企业资源，通过深入的客户分析与完善的客户服务来满足客户需求，在帮助客户实现最大价值的同时也实现会展企业自身价值的最大化。“以客户为中心”要求会展企业变以往与客户的交易关系为战略合作伙伴关系，将关注重点由内部业务的管理转向对外部业务即客户关系的管理，把“为客户解决需求”的经营理念贯彻到企业经营管理的所有环节。

2．会展客户关系管理强调“关系也是一种资产”，对客户关系的管理实质上是对展会战略资产的管理

人们通常把企业发展所必需的厂房、设备、资金、技术、人才等理解为资产，然而事实上这些资产只是产品价值得以实现的部分条件而非完全条件，其

缺少产品价值实现的最后阶段也是最重要的阶段，而这一阶段的主导者是客户。会展企业作为不生产实物产品的服务性企业，更应视客户为企业的重要资产，视客户关系为企业发展不可或缺的重要资源，不论是在市场营销、销售实现，还是在客户服务与支持等业务流程上，都把客户视为价值链中的重要环节。

3．实现会展客户关系管理的工具是CRM应用软件系统

会展企业实施客户关系管理的技术支持是基于数据库、互联网、计算机联机数据分析处理、数据挖掘和聚类分组算法等信息技术而形成的CRM应用软件系统。鉴于会展客户关系管理有其自身的特点，会展企业在考虑自身业务运作流程和功能需求的前提下选择适合的CRM系统。该系统一般应具备如下特点：①强大的客户数据库，且鉴于会展业客户信息一般每年以20%～35%的速度在变化，因此该数据库能对客户数据及时地更新删补，对敏感数据进行有效保护；②较强的数据聚类分组分析功能，能按会展企业的要求对有关客户信息进行聚类分组分析；③较强的数据挖掘功能，能从大量繁杂的客户数据中探寻出有用的客户信息，提升信息的价值，确保与客户互动时更加体贴周到；④符合会展活动的业务和服务流程。

二、会展客户关系管理的实施流程

会展客户关系管理是一个将客户信息转化为客户知识，再通过高影响的客户互动将客户知识转化为客户关系，最终形成客户忠诚的循环过程。这一实施流程包括以下四个主要步骤（见图10-1）。

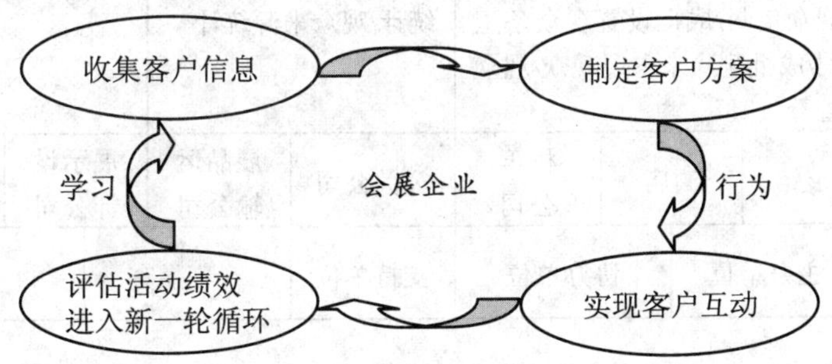

图10-1　会展客户关系管理的实施流程[①]

1．收集客户信息

收集客户信息是会展企业实施客户关系管理的第一步。展会所面对的客户市场是一个广泛而复杂的群体，会展企业在与客户群体的接触中，通过各种途

① 该图摘自：马勇，王春雷．会展管理的理论、方法与案例．高等教育出版社，2003

径如互联网、客户跟踪系统、呼叫中心档案等收集客户信息，包括客户资料、消费偏好、交易历史资料等，并将数据存储到统一的客户数据库中。

需要指出的是，在收集客户信息的过程中，零乱的或不完整的客户数据是没有利用价值的，且大量关于参展商、采购商、服务商、合作单位的各类记录以及商业机会的信息资料分散于各部门或岗位员工的私人邮件、文本文档、传真件、工作簿中，这就需要整合与客户接触的各业务单位的客户信息，将它们集成到统一的会展客户数据库系统中。

表 10-1 给出了会展客户数据库中所涉及的相关客户信息，供读者参考。

表 10-1　会展客户数据库中的信息

<table>
<tr><td>参展商信息</td><td colspan="4">全部展商清单/本年签约展商/潜在展商/未审核展商/展商回收站/邮编为空的展商清单/联系人为空的展商清单/打印展商信封/批量展商分配/未分配展商清单/组团设置</td><td colspan="2">展位数量排序表/展商经营产品项目统计表/展商投入金额排序表/展商地区统计表/海外展商统计表</td><td colspan="3">展商款项情况表/展商广告款项情况表/展商活动款项情况表/展商运输款项情况表/展商租赁款项情况表</td></tr>
<tr><td>专业观众信息</td><td colspan="4">观众清单/本届预登记观众/未审核观众/观众回收站/错误列表/重复记录列表/条型码重复观众/地址为空观众/邮编为空观众/城市错误观众/国家错误观众/姓名地址重复观众/打印观众信封/成批设置观众条型码/成批删除未参展观众/观众查看</td><td colspan="2">观众查询统计/观众职业统计/观众企业性质统计/观众经营产品项目统计/观众地区统计/海外观众统计/观众入场情况统计/观众来源统计</td><td colspan="3">从网上导入观众数据/标准观众数据导入/将有条码观众导出到 Excel</td></tr>
<tr><td>供应商信息</td><td>展馆</td><td colspan="2">酒店</td><td>租车公司</td><td>公关公司</td><td>展品运输公司</td><td colspan="2">展示设计公司</td><td>广告公司</td></tr>
<tr><td>主办单位信息</td><td colspan="2">主办单位</td><td colspan="2">协办单位</td><td>支持单位</td><td colspan="2">开幕嘉宾</td><td colspan="2">媒体</td></tr>
</table>

2．制定客户方案

从会展企业实施客户关系管理的角度来看，对各类客户一视同仁是不合算的，CRM 要求“看人下菜”，即针对不同客户制定不同的营销策略方案。国外学者指出，CRM 应让客户更方便、对客户更亲切、个性化和立即反应，才能更好地维系客户关系。会展企业实施客户关系管理应体现“以人为本”的思想，确认“一对一营销”观念，视客户的不同而提供针对性服务和差异化服务，提高会展企业在客户互动中的投资机会。

首先应对会展客户进行细分，即将客户信息转化为客户知识。会展企业可通过参展商的个性化资料、参展支付费用及频率、参展方式、地理区位、客户的关系网等指标对客户进行细分。其次，在会展客户细分的基础上识别不同价值的客户或客户群。CRM 观念认为，并非所有客户都是企业的盈利顾客，客户价值也有高低之分，企业应采用科学方法筛选出优质客户，进而将企业资源（如市场推广的经费及与客户保持联系交流等）投放到可能为企业带来高回报的优质客户群上。再次，会展企业在客户识别和客户筛选的基础上，针对不同客户的消费行为模式，预测其在本次会展活动中可能的服务期望和参展行为的变化，制定不同的销售策略，提供针对性服务。

3．实现客户互动

本阶段会展企业使用各种互动渠道和前端办公应用系统，如客户跟踪系统、销售应用系统、客户接触应用和互动应用系统等，通过与客户互动，随时追踪参展商的需求变化以及参展后的有关评价，不断修改客户方案。

例如，会展企业可利用数据库和分析技术创造一个集中的“单一客户视图”，并用它量身定制与每个客户的实时互动。如“销售预测”就是利用客户数据，以附加的产品和服务来定位特殊的客户群。当客户来电时，公司 CRM 系统可以迅速识别来电者，并对此客户信息和公司能提供的现有产品进行分析，同时帮助预测此客户的可能性买入，确定什么产品最适合他，并在几分钟内将建议发送给一线销售人员，使销售人员在客户挂机之前就能推断出要销售的展位或服务类型，知道客户以往的交易习惯，增加销售成效。

在以往，市场营销活动一经推出，通常无法及时监控活动带来的反应，而效果如何只能最后以销售成绩来判定。CRM 系统却可以通过客户服务中心或呼叫中心及时地进行互动反馈，适时调整下一步的营销活动。

4．评估活动绩效

会展企业通过捕捉和分析来自于客户互动中的数据，理解客户对企业各项营销措施所产生的具体反应，为下一个 CRM 循环提出新的建议，以此不断改善会展企业的客户关系。对会展客户关系管理实施效果的评估可采取以下方法：

其一是进行客户调查。会展企业可利用各种与客户互动的方式测试客户需求的满足程度、客户对展会的满意度以及展会的运作成效等。通过 WEB 站点和展会现场调查就是很好的方法。调查中让客户回答一些预定问题，如对参展商提出诸如“您对本次展会的服务是否满意？”；“您是否打算明年还参加本展会？”；“您是否达成了贸易合同或找到了有合作意向的伙伴？”等等，调查问卷对帮助会展企业理解其客户的感受和体验有很大作用。

其二是通过呼叫中心性能指示器。客户满意度的相关参数可通过呼叫中心性能指示器进行测量，如客户解决一个问题需要联系公司的次数、对较好路由的电子邮件成功分类的比例、WEB 站点上经常被提问的问题的频度、WEB 交流转变为电子邮件和电话交流方式的数目等，这些参数有助于帮助会展企业判断其 CRM 系统的实施效果。

其三是交易评测，通过企业实施 CRM 而产生的实际交易情况来测评 CRM 系统的效果，如一定时期内展位销售数目增加的百分比、展位销售与去年同期相比的提升情况、由销售机会转变为实际订单的展位数目等测评指标。

三、我国会展企业实施客户关系管理的现状

有资料显示，早在 2000 年，国内一些软件开发商如北京昆仑亿发科技有限公司、西安远华软件有限公司等就着手推出了针对于会展企业的 CRM 整体解决方案。但客观地讲，我国会展企业实施客户关系管理仍处于初级阶段，主要受以下原因所限：

其一，尚有为数不少的会展企业没有真正树立起“以客户为中心”的经营管理理念。尽管深知“客户是企业最重要的无形资产”这一事实，但在实际工作中对客户关怀和客户满意度重视不够，对客户的个性化需求更是无从考虑。展会结束以后主动征询客户意见和建议的会展企业很少，大部分企业只是整理好客户（参展商和专业观众）的名片以备来年招展或招商时再用，很少关心客户对本次展会是否满意以及其是否在展会中受益。更有诸如不能兑现展前承诺、服务不周、投诉处理不及时、展后沟通不够等诸多问题出现，最终导致大量客户流失。

其二，由于 CRM 系统结构复杂，CRM 全套方案做下来动辄几十万、数百万，目前我国实施 CRM 的多是银行、电信、石化、制造等大型企业，而本土会展企业规模普遍偏小，资金实力不雄厚，较难承受昂贵的费用。这是目前 CRM 在我国会展业不能得到很好应用的重要原因。

其三，我国会展企业现有的管理能力不足以承受实施 CRM 的要求。首先，CRM 作为先进的营销管理理念，必须在科学的营销管理体系中才能保障实施，我国目前绝大多数会展企业营销体系还不完善，使 CRM 实施较难；其次，CRM 的应用必须仰仗企业先进的信息化建设，目前绝大多数会展企业由于种种局限，尚未将核心业务流程、客户关系管理等延伸到 Internet，用户或供应商还不能在真正意义上通过 Internet 与企业进行互动、实时的信息交流。许多公司甚至连自己开设的网站与公司自身的呼叫中心都不能连贯，信息无法畅通。最后，实施 CRM 对国内会展企业的人力资源能力提出了较高要求，CRM 最终是一个管

理过程，需要人来控制实施，而我国会展企业专业人员较匮乏，人力资源能力还未达到 CRM 要求的水平。

四、我国会展企业实施客户关系管理存在的主要问题

如前所述，随着我国会展市场竞争的日趋激烈，越来越多的会展企业认识到维持与发展良好的客户关系对自身长远发展的重要意义，客户关系管理思想及其系统应用也得到日益广泛的关注。但客观地讲，会展企业实施客户关系管理在我国还处于初级阶段，真正有效实施客户关系管理的本土会展企业更是凤毛麟角，究其原因，除了受上述因素所限外，会展企业自身也存在一些认识及操作上的误区，主要表现在以下方面：

1．认为 CRM 只是一套管理软件系统和技术

很多会展企业认为实施 CRM 就是花钱买一套软件系统，像财务软件一样买回来就可以用。会展企业把实施 CRM 看成是技术问题，而忽略了 CRM 在本质上是一种经营管理理念，是一个以客户为导向的企业营销管理系统工程，这种认识上的错误导致企业将 CRM 项目预算的 90%都花在购买功能齐全的软件系统上，而忽视了对人员的培训和系统流程的调整。

2．认为客户关系管理只是销售部门的事

很多会展企业内部存在着一种认识误区，即认为客户关系管理既然是以客户为核心的营销管理创新，那么理所当然地应由公司的销售部门或客户服务部门负责实施，这种认识是片面的。全体员工都应对 CRM 负责任，因为 CRM 的最终目的在于赢得对企业有价值的客户，要做到这一点，只有不断地提供令客户满意的产品或服务，而优质的产品或服务需要全体员工的共同努力，只靠销售部门难以建立客户关系管理体系，CRM 实质上是一种整合营销，它需要各部门的参与和配合。

3．认为 CRM 功能越多越全越好

一些会展企业选择 CRM 软件时并没有充分考虑自身的业务运作流程和功能需求，而是盲目选择模块多、功能全的应用软件。而实际上，一些华而不实的功能模块不但增加系统的固定成本，同时也使系统的复杂度变大，维护成本提高。“适合自己的才是最好的”，会展企业选择 CRM 系统应基于自身的业务需求，盲目追求功能多而全反而会导致不必要的资金与管理资源的浪费。

4．对实施 CRM 的投资回报期望过高

一些会展企业把 CRM 看成是包治百病的灵丹妙药，认为本企业的所有问题都可以通过实施 CRM 来解决。CRM 是在市场竞争日趋激烈、客户需求日趋个性化的情形下产生的，它主要是帮助企业充分利用客户资源，通过与客户的

互动交流不断提升客户的满意度，实现由“以产品为中心”向“以客户为中心”的转变。CRM 力图解决的是企业竞争中最直接和最关键的问题——市场问题，但它不可能解决企业的所有问题，比如企业战略选择、企业文化塑造、企业制度确立或企业融资等问题。

5．对实施 CRM 的投资成本构成不清楚

很多会展企业认为实施 CRM 最大的经费支出就是购买软件，而据国外研究显示，实施 CRM 前期和后期投入的经费比介于 1:3～1:4 之间，对高额的 CRM 系统后期的修改、升级及维护费用，很多企业没有合理预测。

案例链接

××会展公司 CRM 软件的主要功能及介绍

功　能	功能简介
客户数据库管理	客户数据库的建立是对客户进行管理的前提和基础。通过 Excel 自动导入原有客户数据，软件还可以自动备份、刻录客户数据库。
数字通讯管理	除日常方便联络客户外，还可在节假日、纪念日自动定制各种信息，为客户提供个性化服务。主要功能包括手机短信群发、电子邮件群发、在线客户互动等。
重点客户分类管理	根据客户级别进行客户分类管理，将重点客户、普通客户分级管理，对重点客户采用会员制手段进行跟踪交流。
客户财务管理	客户的财务账务可以及时反映在软件界面上，便于各级管理人员进行决策分析和业务考核。同时，客户可以通过网上支付、汇款等多种手段实现客户费用的自动管理。
客户个性化服务管理	针对客户需求的不同为其提供个性化服务。这些服务需要根据客户等级的不同分层次、分类别享用。同时，软件的服务模块的框架是可扩充的，如客户对某项服务的预约、提醒功能、查询统计、文件上传下载、论坛发帖、在线订阅等。
客户在线互动管理	展会数据库可以根据客户等级的不同向其开放，实现数据共享，有助于对客户的个性化服务和展会数据的价值提升，为客户提供切实服务。
客户分析管理	对客户数量、客户财务管理情况、客户进展状态、历史客户状况等信息进行查询和统计，以便对客户进行跟踪管理，提高营销效率。

第二节　会展整合营销传播

整合营销传播（Integrated Marketing Communication，简称 IMC）理论产生

于20世纪90年代的美国，90年代中期进入我国。作为重要的营销传播理论，整合营销传播强调以目标客户为核心并与其进行双向沟通，整合多种传播工具和传播手段，共同对目标客户产生影响，形成对品牌形象的一体化传播。整合营销传播理论对会展营销，尤其是会展项目的宣传推广具有积极的借鉴意义，会展企业在进行会展项目的市场推广与宣传时必须贯彻整合营销传播的思想。

一、整合营销传播理论回顾

1．整合营销传播与4C理论

整合营销传播理论被公认为新营销时代的主流，它的形成与现代市场营销理念的发展是分不开的。20世纪90年代以后，市场营销4P组合理论渐为4C理论所取代（见表10-2）。

表10-2　从4P理论到4C理论

4P → 4C	实施要点
Product → Consumer （产品）　（消费者）	研究消费者的需求与欲望，注重销售的不是企业能够生产的产品，而是消费者希望购买的产品。
Price → Cost （价格）（价值）	研究消费者对产品的价值感以及愿意支付的成本，摒弃传统的企业定价策略。
Place → Convenience （渠道）　（便利）	从消费者的角度考虑怎样使购买方便，而不是企业销售渠道规划。
Promotion → Communication （促销）→（沟通）	与消费者保持持久性的联系，做好整合营销传播和互动传播。

由表10-2可见，4P到4C的演变体现了“以生产者为主导”到“以消费者为主导”的市场营销理念的转变。4C理论的核心是消费者的需求，变“请消费者注意”为“请注意消费者”。

2．整合营销传播产生的背景——传统营销传播受到严重挑战

4C理论强调与目标消费者进行有效的沟通与互动，而不是将产品简单地促销出去。在沟通手段与沟通形式上，传统营销传播受到严重挑战，主要体现为：

（1）传播媒体的发展以及受众更加细分化

传统媒体不断发展，新型媒体不断涌现，传播媒体无论在数量、种类，还是规模上都有了前所未有的发展。一方面，受众对媒体的选择机会越来越多，另一方面，受众也在不断被分化。因此，在没有一种媒体可以覆盖所有消费者、垄断所有消费信息并完全左右购买决策的情况下，就需要整合各种传播媒体，使其共同对消费者发生作用。

（2）信息的可信度下降

消费者接触信息的广度增加而深度降低，单纯一种媒体发送的信息可信度下降，以多种方式、多个途径与消费者进行信息交流就显得愈发重要。

（3）传播媒体的费用上升而传播效果下降

传播媒体的费用上升，导致企业需要付出比以往更多的信息传播费用，但传统营销传播所达到的实际传播效果并不理想，这就需要企业将全部“具有传播价值”的活动进行整合，以取得整体效益。

（4）同性质产品增加使品牌形象更显重要

品牌形象的塑造仅运用广告传播这一单一手段是不够的，必须使消费者有多个信息接触点，进行系统、持续、统一的传播。

3．整合营销传播理论框架的形成

整合营销传播理论的形成，源于美国市场营销学、传播学和广告界学者的共同研究。

（1）达恩·舒兹首先提出了“整合营销传播”的概念

美国西北大学教授达恩·舒兹（Don E. Schultz）于1990年首先提出了“整合营销传播”的概念，他在著作《新广告运动——战略性统合传播规划》中说：“在混乱复杂的市场环境中，再没有比此时更需要整合营销传播了……对消费者、经销商或零售商做整合性单一讯息传递是重要的关键，唯有经过通盘的统合后才可能让讯息一致地传达给目标对象。”

1993年，舒兹又与他人合著《整合营销传播：揉在一起发挥功用》一书，确认了整合营销传播的理论框架，进一步明确以消费者为中心的观点，同时强调建立资料库的重要性，认为这是确保与目标受众的沟通渠道畅通的基础，继而可以利用“关系营销”，强化“品牌—消费者”的联系。

（2）菲利浦·科特勒提出“营销传播一体化”

菲利浦·科特勒是美国著名的市场营销学家，他于1994年在著作《市场营销管理》第八版中专门增加一章，阐述营销同其他功能合作关系的重要性。他从传播学角度对营销传播进行了探讨，有了“营销传播一体化的组织和管理”的提法，以及运用营销资料库系统的“可持续发展”营销观念，公共关系也被提升到了“营销公关”的层次。

（3）贝尔驰教授兄弟提出“推广组合”概念

美国圣迭戈州立大学的乔治·贝尔驰（George E. Belch）和迈克尔·贝尔驰（Michael A. Belch）教授兄弟提出了“推广组合”概念，他们认为，“推广组合”是整合营销传播的工具，应把广告、人员推销、公共关系或公共报道、促销活动等联结起来，统一管理。

贝尔驰教授兄弟在 1993 年编写的教科书《广告与推广管理》中，导入了“整合营销传播”的概念。1998 年将其书更名为《广告与推广：整合营销传播观点》，其重要结论为：“推广组合是整合营销传播的工具。”

至此，整合营销传播理论有了比较完整系统的理论架构。

二、整合营销传播的内涵与特点

1. 整合营销传播的概念

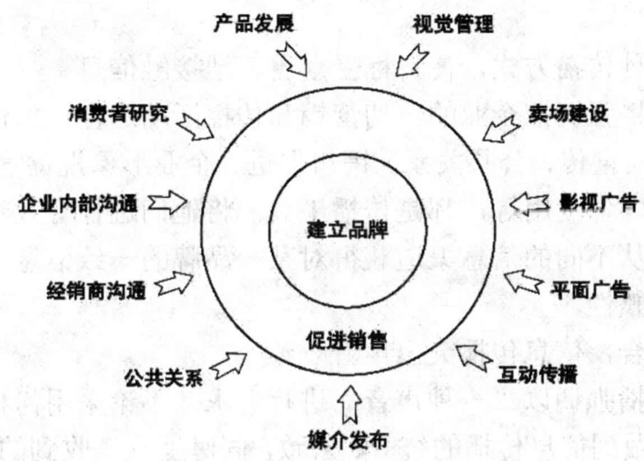

图 10-2　整合营销传播的工具

整合营销传播作为一个相对比较新的理论，仅在美国就有八种以上的定义，比较具有代表性的如美国广告协会对整合营销传播下的定义为：“这是一个营销传播计划概念，要求充分认识用来制定计划时所使用的各种带来附加值的传播手段——如普通广告、直接反应广告、销售促进和公共关系，并将之结合，提供具有良好清晰度、连贯性的信息，使传播影响力最大化。”

我国学者对整合营销传播的定义为：“整合营销传播指统筹运用各种传播方式并加以最佳组合，以特定的目标群体为传播对象，传达基本一致的营销信息，促进联系和沟通的系统传播活动。”①

这里，各种传播方式，不仅包括广告、新闻宣传、公共关系、销售促进、企业形象视觉管理等营销传播要素，而且包括产品自身、卖场建设、经销商沟通、新媒体使用等。整合营销传播就是要整合上述各种传播手段和形式，从而使传播的影响力最大化的过程。

①倪宁. 广告学教程. 中国人民大学出版社, 2003: 143

2．整合营销传播的特点

与传统营销传播相比，整合营销传播具有以下四大鲜明特征：

（1）以消费者为中心，重在与传播对象的沟通

整合营销传播强调以消费者为中心，度身打造适合的沟通模式。这里的消费者不是所有消费者，而是特定的目标对象。整合营销传播的目的就是综合运用多种传播手段，坚持“一个观点，一个声音”的原则，传达企业或品牌的一致形象，进而影响特定消费者的行为，并希望建立品牌与特定消费者之间的永续关系。

（2）整合多种传播方式，使目标受众更多地接触信息

整合营销传播强调把企业的一切营销和传播活动进行一体化的整合，如前所述，广告、新闻宣传、公共关系、销售促进、企业形象视觉管理、卖场建设、经销商沟通、新媒体使用等，都是传播工具，将他们进行有效整合，使消费者在不同的场合、从不同的信息渠道获得对某一品牌的一致信息，以增强品牌诉求的一致性和完整性。

（3）形象整合，信息传播突出声音一致

整合营销传播强调以“一种声音”进行诉求。不论采用何种营销传播技术和工具，都必须做到信息传播的统一、一致，同时受众接收到的信息也应单一、明晰，即“speak with one voice, hear one voice”，为建立强有力的品牌形象服务。如果受众通过不同渠道获得的信息南辕北辙，甚至互相抵消，整合营销传播就完全失去了意义。

（4）强调传播活动的系统性

整合营销传播是复杂的系统工程，强调营销信息传播的系统化，以及传播过程中各种要素的协同行动，发挥联合作用和统一作用。

三、整合营销传播与会展营销

会展市场营销已进入客户主导时代。会展企业对会展项目进行商业包装和市场推广时必须遵循整合营销传播的思想，通过统筹运用诸如广告、新闻宣传、公共关系、销售促进、企业形象视觉管理等多种传播方式，用统一的传播目标和传播形象，向目标客户传递一致的会展信息，以减弱会展营销各环节中的信息不对称，达到营销传播效果的最大化。

案例链接

国际特许经营巡展多渠道推广吸引全球展商

国际特许经营巡展于 1998 年落户中国。作为该展的主办机构，著名 B2B 媒体公司——环球资源于 2007 年 11 月再度在上海、广州和北京三地举办了第 10 届国际特许经营巡展。该巡展现已成为中国最具国际性、影响力最广泛、参观投资者质量最佳的特许经营盛会。

主办方借助环球资源属下出版物和多种海内外媒体，通过杂志、网站、书籍出版、会议等多渠道方式对展会进行强势推广。内容包括：

其一，杂志专栏

拥有逾 19 万审核发行量的《世界经理人》杂志，自 2007 年 5 月起开设“特许经营”专栏，以每月 6～8 页的篇幅向读者重点报道世界领先特许经营理念及管理实践，并深入采访国际特许经营成功案例。杂志还同时开辟“2007 国际特许经营巡展参展商名录”，同时出版“2007 国际特许经营巡展参展商宣传册”，为参展商提供增值推广良机。

其二，网站频道

自 2007 年 5 月起，世界经理人网站开设“特许经营”频道，全天候在线推广国际特许经营巡展，包括对领先特许经营理念和成功案例的报道、2007 年参展商信息介绍，并且提供展会资料下载服务。除此之外，多轮电子直销邮件和印刷直销邮件宣传攻势，向逾百万商务人士进行深入推广。

其三，专业书籍

环球资源在巡展十周年之际出版特许经营专辑，由行业顶尖专家与资深记者对成功特许经营品牌进行深入采访，并于 2007 年 11 月举办首发仪式。

其四，相关会议活动

巡展期间，在北京、上海、广州举办特许经营系列论坛和商机座谈会，与权威人士针对实际问题展开话题，同时也促成特许经营商与投资者之间的合作关系。

其五，主流和专业媒体/协会

展会主办方还通过主流和专业媒体共同联合推广国际特许经营巡展，包括《亚洲特许与经营》杂志、《特许与经营》杂志、21 世纪经济报道等众多媒体。此外，展会已多年获得国际特许经营协会（IFA）和新加坡特许经营协会（FLA）等国际机构的大力支持，并于 2007 年获得美国商务部授权，成为其大力支持的海外展览会合作伙伴。

（资料来源：搜狐财经，本文有所删减）

四、会展整合营销传播的主要工具

在会展项目的整合营销传播中，经常运用的传播工具包括广告（advertising）、直复营销（direct marketing）、营销公关（marketing public relations）和销售促进（sell promotion）等，这些传播工具各有偏重，各具特色（见表 10-3）。

表 10-3　会展整合营销传播的主要工具

传播工具	定义	优点	缺点
广告	会展活动的主办方通过大众媒体或专业媒体宣传展会，旨在招商招展以及促进展会品牌形象传播的付费的商业行为。	密集性和大众性；便于快速树立品牌知名度。	一般不促成直接的行为反应；广告效果的滞后性和累积性；大众媒体广告价格昂贵；受众对广告有抵触心理。
直复营销	会展活动的主办方利用人员上门推销、邮寄、电话销售、网络销售等方式进行展会营销，具有高目标受众选择性。	一种有针对性（依靠准确的数据库）和可衡量效果（依靠反馈结果）的互动营销体系。	沟通范围有限； 沟通成本高。
营销公关	为维护或改善与社会公众的关系，打造展会或企业的品牌形象，进而促进会展项目销售所付出的努力以及为此进行的一系列活动。	促销动机隐蔽； 具有高度可信性并能消除公众防卫心理； 促销成本低。	不促成直接购买行为； 在速度和密集性方面较广告逊色。
销售促进	旨在刺激目标客户购买或销售代理商经销的一切短期激励手段。	较强的激励性；明显的邀请性；旨在促进短期销售和刺激即期购买。	短期效应； 作用的暂时性和局限性。

以上是会展营销传播中最为常见的传播工具。越来越多的事实显示，成功的会展营销传播单靠某一种传播工具是很难获得成功的，会展主办方必须有效地整合包括广告、新闻宣传、直复营销等在内的各种营销传播工具或手段，发挥“协同效果”，共同对目标客户发生影响，才能达成最佳传播效果。

关于会展广告、会展新闻宣传已分别在本书第八章第二节、第三节进行了详细的介绍，故本节重点介绍会展整合营销传播的另外三个重要工具，即直复营销、营销公关和销售促进。

1．直复营销（Direct Marketing，简称 DM）

美国直复营销协会对直复营销所给出的定义为："借助于一种或多种广告媒体，以在任何地点产生可度量的反应或达成交易的互动营销体系"。

直复营销包括人员销售（Personal Selling）、直接邮购（Direct Mail Marketing）、电话营销（Telemarketing）、电视营销（Television Marketing）、网络营销（Internet Marketing）等多种形式。无论是哪种直复营销形式，都包括以下几个步骤（见图 10-3）。

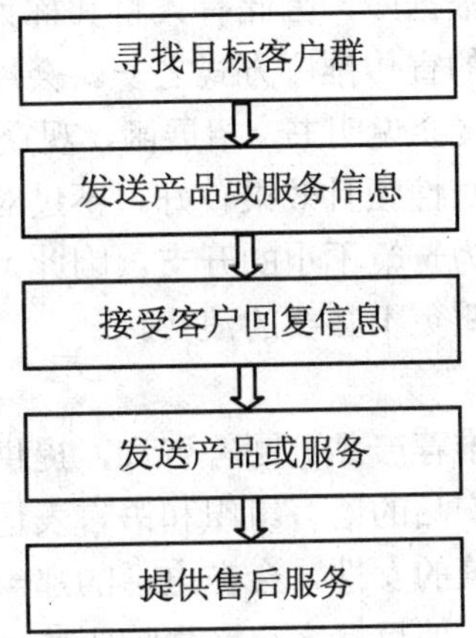

图 10-3　直复营销的流程

直复营销最大的好处是"零级销售渠道"，即商品销售无需经过代理商、经销商等中间环节，可以一路直奔到终端客户处。企业不仅可以节省大量的中间流通费用，而且与终端客户的"零距离"沟通，可以使企业更好地了解客户需求，并为其提供更具体、更富个性的商品或服务。

具体到会展项目营销，最常见的直复营销形式包括以下四种：

（1）人员销售

人员销售是一种人际传播过程，通过销售人员面对面地与客户直接沟通，了解其需求，便于直接促成其行为反应；可以即时地解决异议；更为重要的是，可以使双方建立起一种长远的利益关系。人员销售可以与广告活动密切配合：广告引起潜在顾客的注意或购买欲望，为人员销售做好铺垫；销售人员通过面对面的讲解、演示以及答疑解惑，促进顾客采取购买行为，推动广告的传播效果。

人员销售是主要的会展营销方式之一，主办方的销售人员通过登门拜访，与目标客户进行面对面的沟通，向其宣传和推介会展项目，促进招展与招商。

人员销售有利于增强目标客户对会展项目的了解和认知，同时易于使目标客户感到亲切和受到重视。但鉴于运行成本较高，因此在实际操作中，会展企业往往针对较为重要的 VIP 客户采取此形式进行促销。

（2）直接邮寄

通过收集、整理、筛选潜在客户名单，确定符合条件的客户群，然后利用产品目录、传单、直邮广告等媒体，主动将信息传递给客户，以激起他们的购买欲望。又或借助推广资料上的各种优惠或促销信息，吸引客户立即回复。直邮依赖于信息强大的客户数据库，因此有人将其称为“数据库营销”。

直邮是展会最常采用的宣传推广方式之一。会展企业直接向目标客户邮寄展会的各种宣传资料，如展会说明书、招展函、观众邀请函、宣传单、门票等，简单易行、成本较低、针对性强且效果较好。不过对于会展企业而言，直邮数量如果过于庞大，也将成为一笔不小的开支。因此，直邮时应尽量找准目标客户群，提高直邮针对性以避免不必要的浪费。

（3）电话营销

通过电话向目标客户推荐产品，回答咨询，提供与销售有关的服务。电话营销的核心内容，是推广产品的语言组织和语言表达。通常，训练有素的电话行销员（大部分是声音甜美的女性）会在电话的那一端，用精心设计的考究语言，井然有序地介绍产品，使目标客户产生购买冲动。

电话营销也是会展企业进行招展、招商的常用方式之一。因其具有省时、省力、省费、沟通快速等特点，已成为当前会展企业最重要的营销手段。建立并完善以电话营销为基础的营销模式，已成为会展营销活动能否成功的必要条件。

（4）网络营销

互联网的飞速发展改变着人们的购物习惯和沟通方式，这为网络营销提供了广阔的天地。以因特网为工具的网络营销在提高企业形象、增强企业知名度、吸引目标客户等方面显示出了其他传统媒体无法比拟的优势，已成为现代企业营销的重要方式之一。目前会展网络营销的主要方式有：建立会展官网、发放电子广告、邮件群发、交换链接等。关于会展网络营销的知识，本章第三节将详细讲解，此处从略。

2．销售促进（sell promotion，简称 SP）

销售促进指以刺激目标客户购买或销售代理商经销为目的的一切短期激励手段。其突出特征是具有较强的激励性、明显的邀请性，旨在促进短期销售和刺激即期购买。

如果说广告使消费者对产品产生兴趣，那么 SP 是将消费者的兴趣直接转化为购买行动。为此，企业开展市场营销活动时常常将广告宣传与销售促进配合使用，二者互补联动，常能达到意想不到的营销效果。

销售促进在消费品市场营销中被广泛采用。近年来，随着我国会展市场竞争的日趋激烈，越来越多的会展企业认识到 SP 在会展项目招展招商活动中所发挥的立竿见影的效果，并开始大量使用。

会展营销中的 SP 分为以招展代理商为对象的 SP 和以终端客户（参展商和专业观众）为对象的 SP。

（1）以招展代理商为对象的 SP

招展代理商是会展营销渠道的中间环节，其主要职责是进行展位销售。招展代理商的工作成效直接决定会展营销的效率，因此主办方应做好对招展代理商的 SP，协助其更好地销售展位，激励其多销、快销，同时对招展代理商的销售成果进行物质奖励和有效激励，从而促进会展市场的开发。具体方式包括：对招展代理商的工作提供业务支持、配合代理商进行招展宣传、建立科学的佣金管理制度、加强对代理商的培训等。

例如，为激励招展代理商多销展位，主办方会提供佣金累进折扣，即按照一定时期内招展代理商累计销售展位数量或面积给予其代理佣金。累计销售展位数量越多或展位面积越大，计提佣金比例就越高，以此激励招展代理商的工作积极性。

（2）以终端客户为对象的 SP

会展主办方为鼓励参展商持续参展和多订购展位，针对展位销售促进的基本方式有两类：其一是根据客户类别、付款时间等因素制定不同的展位价格；其二是根据单次认购或累计认购面积，对参展商进行一定比例的优惠。当然除上述两种方式外，主办方还可根据自身条件进行销售促进，以达到更好的展位销售效果。如 2010 年 5 月举办的“第 4 届上海国际室内供暖、通风及净化展览会”，正值世博会举办之时，组委会特别承诺将为参展的合作伙伴免费提供世博会参观门票，用上海世博会的影响力提高展会的吸引力。

3．营销公关（marketing public relations）

营销公关也是整合营销传播的一种重要工具。广告以培养消费者对品牌的长期忠诚为主旨，SP 以促进短期销售和刺激即期购买为主旨，营销公关则以塑造和提升企业在社会、公众心目中的形象为主旨，三者互为补充，相辅相成。

就会展营销而言，营销公关指会展主办方利用各种传播手段与公众沟通感情，旨在塑造和提升会展企业或会展项目的公众形象。与其他整合营销传播手段相比，营销公关具有促销动机隐蔽、促销成本低、具有高度可信性并能消除公众防卫心理等特点。会展整合营销传播过程中，常见的营销公关包括以下类型：

（1）新闻报道型

即会展主办方通过新闻报道的方式对展会或办展机构进行宣传，新闻报道的主要形式有：大众媒体的新闻、展会特殊事件的深度报道、开辟展会专栏等。同样是向目标客户传达信息，区别于广告的张扬与自夸，新闻公关的表现方式显得客观、公正，更易打动目标客户。

（2）社交型

会展主办方通过策划和实施一些能够引起公众注意的公共关系活动，达到会展宣传与推广的目的，具体方式有客户联谊会、开幕式、会展企业庆典活动等。成功的公关活动不仅能持续提高会展品牌的知名度和美誉度、顾客忠诚度和满意度，提升会展品牌形象，而且能在不同程度上促进会展营销。

案例链接

中国安徽国际汽车展

一年一度的中国安徽国际汽车展于2010年9月30日～10月4日在安徽国际会展中心隆重举行。本届车展主要展示国内外乘用车、商用车、国内外汽车零部件及相关产品，总展出面积6万平方米，参展企业100多家。

在车展活动期间，组委会组织了多层面、多主题的汽车文化活动10余项，如“安徽汽车自驾游目的地活动基地”的授牌仪式、汽车贴膜争霸赛、汽车摄影大赛、汽车彩绘比赛、新车试乘试驾大体验、安徽省十六地市看车团等。

本届车展开幕仪式也是创意不断。与以往开幕式不同，本届开幕式融入到9月29日晚在安徽大剧院举行的“中国银行·车展之夜晚会”之中，在“海峡两岸情歌演唱会”中拉开帷幕，声势颇为浩大。

（资料来源：2010中国安徽国际汽车展官方网站）

（3）公益型

会展企业通过捐款捐物、慈善活动、义卖等方式对社会公益事业进行赞助，以提高会展企业或会展项目的知名度和美誉度。会展企业在实施公益型公关时，需借助大众媒体的力量，并对此进行正面报道，以达到更好的宣传及树立品牌形象的目的。

如2008年第10届北京国际车展，组委会为了让车展更具人情味、让汽车文化更加立体多元并与我国现阶段的社会主流文化水乳交融，特别推出了“同做公益人”的车展专场活动。为提升该活动的影响力，组委会还邀请了多位影视和体育明星到场做志愿服务。“公益专场”为所有嘉宾设置了一个门槛，即每位嘉宾必须认捐公益善款 3800 元。入场嘉宾像明星一样走上红地毯铺就的“星光大道”，而汽车企业的老总和文体明星就是现场服务人员中的普通一员。该活动得到了新浪汽车、网易汽车、大洋网、爱卡汽车网等众多媒体的广泛报道，在推动公益发展的同时对本届北京国际车展起到很好的宣传效果，提升了展会的品牌形象和社会美誉度。

除上述营销公关形式外，“事件营销”（Event Marketing）也是近年来国内外非常流行的一种公关传播与市场推广手段。事件营销指企业通过策划、组织和利用具有名人效应、新闻价值以及社会影响的人物或事件，通过制造有“热点新闻”效应的事件，吸引媒体和社会公众的注意与兴趣，以达到提高社会知名度、塑造品牌良好形象，和最终促进销售的目的。“事件营销”集新闻效应、广告效应、公共关系、形象传播、客户关系于一体，在产品市场推广、树立企业品牌形象和建设品牌美誉度方面，发挥了重要作用。会展营销活动中利用事件营销亦能达到良好传播效果。

第三节　会展网络营销

随着 21 世纪互联网技术的发展与普及，利用网络进行会展项目的市场推广及品牌建设，已在会展营销活动中得到广泛应用。与传统营销模式相比，网络营销具有发展前景广阔、不受时空限制、交互性强、营销成本低等特点，已日益成为数字经济时代的一种全新的营销理念和营销模式。

一、网络营销的定义与特点

1．网络营销的定义

网络营销是以国际互联网为基础，利用数字化的信息和网络媒体的交互性来辅助营销目标实现的一种新型的市场营销方式。[①]换言之，网络营销是以客户为中心，以互联网为主要手段，为实现企业营销目标而开展的一系列活动，包括市场调研、网站策划与建设、网站优化、网络广告、网络推广等各项工作。

2．网络营销的特点

网络营销作为一种全新的营销理念，其飞速发展的背后，依靠的是传统营销模式所不具备的一些鲜明特点，主要表现为：

①摘自百度词条 http://www.baidu.com

（1）良好的发展前景

2009年7月，中国互联网络信息中心（CNNIC）正式发布《第24次中国互联网络发展状况统计报告》，据统计，截至2009年6月底，中国大陆网民规模达到3.38亿人，较2008年底增长13.4%，上网普及率达到25.5%。网民规模持续扩大，互联网普及率平稳上升。在欧美国家，90%以上的企业建立了自己的网站，通过网络寻找客户、寻找需要的产品，已经成为一种习惯。网上巨大的消费群体特别是企业的商务习惯变化，给网络营销提供了广阔的空间。

（2）突破传统营销模式对时间和地域的限制

相比于传统营销模式，互联网的跨时空信息交换的特点，使得企业进行24小时全球营销成为可能，做到随时随地与客户沟通，而不受时间和地域范围的限制。

（3）一对一的人性化营销

区别于传统营销模式的一对多、单向的信息传播，依靠互联网的交互性，网络营销可以轻松实现供需双方的互动与沟通，而且这种营销模式是一对一的和个性化的。同时，由于避免了推销员强势推销的干扰，网络营销也具有了非强迫性的特点，因此也更加人性化。营销人员通过网络向客户提供信息并与之进行交互式沟通，达到与客户建立长期良好关系的目的。

（4）营销成本更低

网络营销的低成本主要表现在两个方面：其一，广告费用更低。相对于在报纸、电视等传统媒体投放广告，建立并维护企业官方网站的成本是非常低的；其二，沟通费用更低。通过电子邮件与客户沟通，不仅减少了印刷方面的支出，同时也大大降低了以往通过电话、信函等方式沟通的成本，降低了由于迂回或多次交换带来的损耗。

（5）营销效率更高

互联网具有随时更改信息的功能，企业可以根据经营决策的变化、市场供求的变化以及目标客户的变化，及时更改或补充商品信息，调整报价，或者将最新的产品信息及时传达给目标客户。同时，通过网络营销，可以实时地接收到客户的反馈，及时与之进行有效沟通，或利用交互技术直接回答客户提出的疑问，实现一对一的直接的市场营销。

二、会展网络营销的主要形式

会展企业利用互联网传播范围广、信息容量大、时效性强、信息交互性强以及成本低廉等优势，开展网络营销，进行会展项目的市场推广与品牌建设。目前会展网络营销的常见方式包括：

1．建立展会的官方网站

展会的官方网站是办展机构为目标客户提供了解展会、参加展会以及评价展会的信息沟通平台。通过官方网站发布展会信息和提供展会动态，一方面是对会展项目进行宣传与推广，另一方面则是为目标客户提供便利，如可在网上办理展商预约登记、专业观众登记等业务。

图 10-4 是“第 16 届中国义乌国际小商品博览会”官方网站的网页截图，该网站设计有简体中文、繁体中文、英语、西班牙语、日语等多种文字和语言，方便目标客户浏览。同时，将“义博会概况”、“资讯中心”、“参展商指南”、“采购商指南”、“义乌指南”、“客服中心”等栏目设计在首页最显眼的位置，并在这些栏目下编排有针对性的信息，使目标客户更容易获取期望得到的相关信息与服务。同时提供“网上博览会”服务，使一些客户不出家门也能在线参观展会。

图 10-4 “第 16 届中国义乌国际小商品博览会”官方网站的网页截图

2．投放电子广告

会展主办方在建立官方网站作为发布展会相关信息的权威平台外，还经常在目标客户浏览量比较集中的网站投放展会的电子宣传广告，以达到吸引目标客户关注与浏览的目的。鉴于一般展会的专业化程度较高，主办方往往选择专业性网站，以提高电子广告投放的针对性。

图 10-5 为“阿里巴巴展会网”的网页截图。在网页左侧设有类型、大小不同的广告位，滚动显示相关展会 logo、名称、时间等信息，如网货交易会、中国国际玩具及礼品展等。虽然“阿里巴巴展会网”浏览量不及我们熟知的一些门户网站，但在会展网站中具有一定影响力，且其目标客户相对集中，通过在网站页面投放展会电子广告，可以对展会招展及招商起到很好的宣传效果。

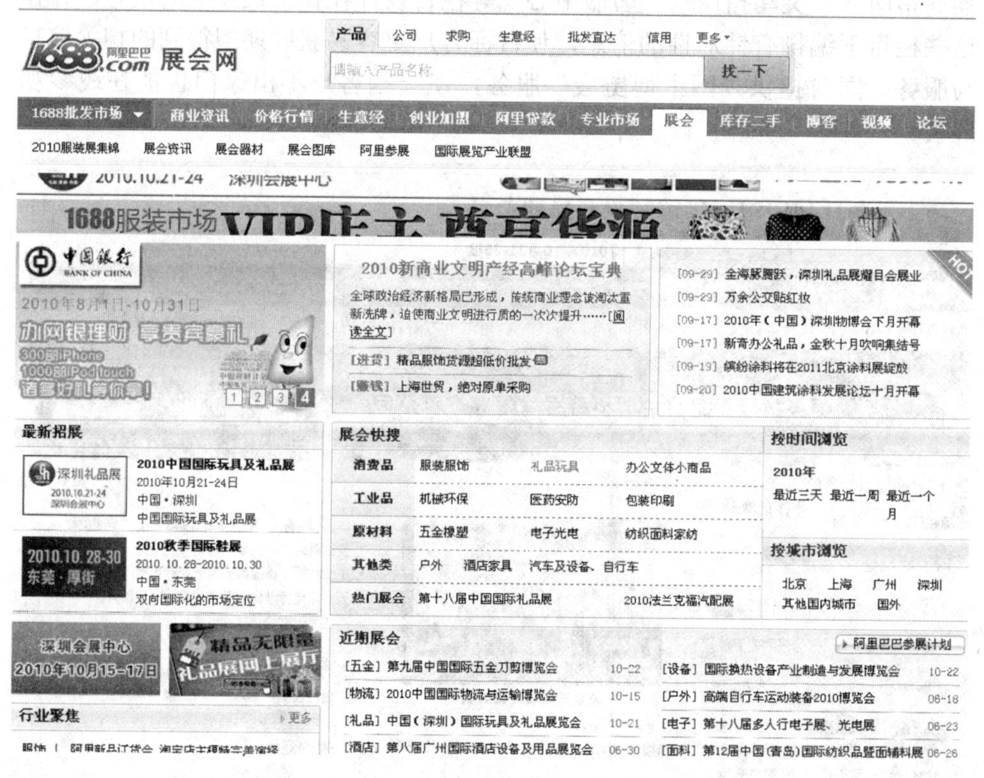

图 10-5 “阿里巴巴展会网”的网页截图

3．邮件群发

群发邮件已成为会展行业使用最为频繁的营销工具之一。电子邮件具有传输信息量大、传递速度快、成本低且内容易保存等特点。办展机构通过向会展数据库中的客户和准客户大量发送邮件，广泛地宣传和推介会展项目，以低成本的方式实现营销目标。需要注意的是，群发邮件的内容中应包括展会的信息和链接，同时，语言要生动、简洁、有吸引力。

办展机构进行群发邮件时，可以采取租用电子邮件地址数据库的方法，通过从出租经纪人处或直接从拥有数据库的公司处租用电子邮件数据库地址，大量发送会展宣传邮件，扩大会展目标客户群。需要注意的是，这些公司或组织的出租行为必须事先征得其订户或会员的同意，同时必须符合会展宣传与推广的需要。

4. 交换链接

交换链接也称友情链接、互换链接等，是一种与展会有直接或间接关系的公司或个人交换网站链接的简单合作形式，以达到互相推广的目的。交换链接也是会展网络营销的常见方式之一。

例如，“中国鞋网”是中国鞋类行业网络媒体中最具知名度与影响力的网站，通过和多个会展项目合作，设置交换链接。图 10-6 是中国鞋网“展会信息”栏目的网页截图，在网页上方和右侧设有同类展会链接，如广东国际体育用品博览会、中国鞋业皮具商品博览会、2010 广州鞋类皮革展等。网站浏览者可直接点击到对方的官方网站，同样，在对方网站也设置了相应链接，起到互相宣传的作用。

图 10-6　中国鞋网“展会信息”栏目的网页截图

知识链接

“线下+线上”会展模式与“线上+线下”会展模式

传统会展和网络展览的融合已经成为会展业发展的必然趋势。“线下+线上”会展模式指一些实体展会利用互联网构建网上展示平台，作为自己线下展会的补充，例如网上世博会、网上广交会等，使观众不出家门就可以浏览、参观展会。“线下+线上”会展模式融合了网络展览和实体展览，它的发展方向是从线下到线上，线下为主、线上为辅。

与“线下+线上”会展模式相对应的，目前我国会展领域还出现了“线上+线下”会展模式，不过这种模式的发起者不是实体会展公司，而是长期“扎根”于网上的电子商务公司。该会展模式由线上业务和线下业务两部分组成。线上业务主要改进原有的电子商务平台，向专业化网络展览平台过度；线下业务主要是依据自身网络平台收集的大量行业信息，了解市场需求与动态，寻找适合办展的领域和主题，最终举办线下实体展会。

“线上+线下”会展模式在我国首现于 2008 年。当年网盛生意宝公司宣布涉足线下会展业，并投资 1000 万元人民币在上海成立了实体会展公司“网盛会展”。该公司于 2008 年 12 月携手中国贸促会化工行业分会在上海成功举办了“2008 中国国际精细化工展”，这是国内互联网企业首次举办全球性专业展会，也是网盛首度突破 B2B 线上服务，进军线下 B2B 会展领域。时隔一年，该公司又在上海举办了“2009 中国国际精细化工展”，展会规模超过欧美等同类精细化工展，成为世界精细化工领域规模最大的专业展览会。国内电子商务巨头阿里巴巴也从 2008 年开始将触角伸向会展业。不仅在同年 8 月推出了网上博览会系统，实现了几百万客商同时登陆贸易通，在线进行商务洽谈和交易的壮举，而且在线下成立了阿里会展有限公司，并于 2009 年分别在广州、杭州、成都成功举办了三届网货交易会（简称“网交会”）。除了网盛生意宝、阿里巴巴公司以外，慧聪网、环球资源和中国制造网等 B2B 电子商务上市公司，也都已涉足线下会展业，以线上“虚拟展会”加线下“实体交易会”的虚实互补方式，为展会带来充沛的人脉和企业资源，同时也帮助网络客户实现快速发展。

三、会展网站建设

1．会展网站的主要构成内容

会展网站是主办方发布会展信息的权威平台。目前大多数国内优秀的展会都有自己的官方网站，展会可在自己的网站做广告，还可将网站开发成交互式的电子商务平台，参展商可以直接在网站上办理各种业务。

会展网站的主要构成包括展会介绍、相关信息发布、行业资讯、展商服务、观众服务、媒体中心、联系方式等栏目。除此之外，添加互动系统也是目前会展网站构成的重要部分。互动系统一方面可用于展会组织者和网站浏览者之间的直接信息交流，如网上答疑、观众满意度调查等；另一方面则可用于网上交易，如网上预定展位、网上支付等。

前文中提到的“第 16 届中国义乌国际小商品博览会”官方网站就是很好的例子，读者可结合图 10-4（该展会官方网站的首页截图）一并理解和学习。

2. 会展网站的设计原则

会展网站的重要商业功能决定了网站在设计时应遵循以下原则：

（1）风格简洁稳重

会展网站是供目标客户了解展会相关信息，并进行有效沟通的平台，主办方在网站设计上应力求体现简洁、稳重的风格。与展会主题无关的信息务必要删除，同时，会展网站的整体布局和色调搭配上也应避免过于花哨。

（2）内容详尽权威

会展网站是主办方发布会展相关信息的权威平台，对于大多数参展商和专业观众而言，浏览会展网站是其了解展会，决定是否参展、参观的重要途径。因此，会展网站的内容应尽可能详尽全面，当其他媒体宣传信息和会展网站信息有出入时，应以会展网站信息为准。

（3）功能简单实用

主办方建设会展网站的根本目的是为展会的组织、招展、招商和管理服务的，会展网站的功能以满足需求为准，不需要面面俱到。同时，会展网站的栏目设置应避免过多，且要注意脉络清晰，使网站浏览者能够快速查询所需信息，提高工作效率。

知识链接

会展网站设计的注意事项

1. 首页设计要简洁

没有必要做成大篇幅的动画，因为并非所有上网的人都能正常浏览动画，且动画下载占用时间较长，尚未看到具体的内容就让人失去耐心，这样做有悖网站建设的初衷。但建议在有可能的条件下尽可能采用多语言版本，以吸引境外展商与观众，增强其对展会的了解，同时也是展会走向国际化的必然。

2. 会展企业介绍要全面

应从会展企业的历史、成长、规模、优势、特色、社会地位、媒体评价、荣誉及诚信等方面，配以照片多层次、多角度进行包装宣传。需要注意的是，对于会展企业理念之类用于内部营销的内容，无需过多介绍。

3. 会展产品及相关内容要详细

要将会展项目的名称、日期、主办和协办单位、主要概况、成长史、参展范围、以往实况照片、项目标识、具体参展报价、相关参展办理流程以及与展商紧密关联的《参展商手册》等详细资讯放在网上。一些会展企业出于竞争或保密等原因，上述内容在网站上显示得不够完整、详尽，这样做并不利于展会的组织管理工作。

4. 要提供联系方式

建议将展会组织单位各相关部门及具体负责人，如招展部门、现场办理部门、货物租赁部门、各地招展招商代理机构、客服中心等详细的联系方式通过网站显示出来，便于参展商或采购商需要提供服务时能够及时联络、沟通。

5. 具备下载和打印功能

网站上公开发表的照片、文章、表单、说明书等资料，应具备网上下载和打印功能，便于浏览者在网下研究会展项目，增加招展、招商的机会。

对于其他的栏目，会展企业可按照自身的需求进行个性化设计。需要注意的是，真正有意向参展或参观的展商或观众，都非常注重实效，而不会对网站是否花哨评头论足。因此，网页的美工制作只要做到恰如其分地表现即可，没必要搞得过于花哨。

（以上内容节选自：展览网站建设与展览营销. 人民网. 2010-07-18，作者:黄彬）

本章小结

本章选取了近年来会展营销理论研究与实践应用中较具创新性的营销理念和营销模式，分三节进行了深入系统的阐述。

会展客户关系管理是一个将客户信息转化为客户知识，再通过高影响的客户互动将客户知识转化为客户关系，最终形成客户忠诚的循环过程。会展客户关系管理的内涵包括以下三方面：其一，体现“以客户为中心”的营销思想；其二，强调“关系也是一种资产”，对会展客户关系的管理，实质上是对会展企业战略资产的管理；其三，实现会展客户关系管理的工具是 CRM 应用软件系统。

会展整合营销传播指会展企业统筹运用多种营销传播要素，以特定的目标客户为传播对象，传达基本一致的营销信息，促进联系和沟通的系统传播活动。会展整合营销传播的主要工具包括广告、直复营销、营销公关和销售促进等。会展企业对会展项目进行商业包装和市场推广时必须遵循整合营销传播的思想。

网络营销具有发展前景广阔、不受时空限制、交互性强、营销成本低等优势，已成为数字经济时代的一种全新的营销模式，并在会展行业得到广泛应用。建设官方网站是会展网络营销的重要方式。作为发布会展信息的权威平台，会展网站设计时应遵循风格简洁稳重、内容详尽权威、功能简单实用的原则。

习　题

一、名词解释

会展客户关系管理	会展整合营销传播	会展网络营销
事件营销	直复营销	营销公关

二、简述题

1. 简述会展客户关系管理的内涵。
2. 简述会展整合营销传播的特点。
3. 会展直复营销有哪些主要形式？
4. 办展机构如何进行营销公关？
5. 会展网络营销的主要形式有哪些？
6. 简述会展网站的设计原则。

三、论述题

1. 当前我国本土会展企业实施客户关系管理的现状及存在的主要问题。
2. 会展整合营销传播的主要工具有哪些？各有何特点？